BKC 강해 주석 6
열왕기상·하

The Bible Knowledge Commentary

Copyright © 1985 by SP Publications, Inc.

Originally published in English under the title: Bible Knowledge Commentary OT and NT
David C. Cook, 4050 Lee Vance View, Colorado Springs, Colorado 80918 U.S.A.
All rights reserved.

This Korean edition copyright © 1988, 2016 by Duranno Ministry
38, Seobinggo-ro 65-gil, Yongsan-gu, Seoul, Republic of Korea

This edition is published by arrangement with David C. Cook.

본 저작물의 한국어판 저작권은 David C. Cook과 독점 계약한 두란노서원이 소유합니다.
신 저작권법에 의거하여 한국 내에서 보호받는 저작물이므로 무단 전재와 무단 복제를 금합니다.

BKC 강해 주석 6
열왕기상·하

지은이 | 토머스 칸스터블   옮긴이 | 문동학, 이명준
개정2판 1쇄 발행 | 2016. 4. 25

등록번호 | 제1988-000080호
등록된 곳 | 서울특별시 용산구 서빙고로 65길 38
발행처 | 사단법인 두란노서원
영업부 | 2078-3333   FAX 080-749-3705
출판부 | 2078-3332

▎책값은 뒤표지에 있습니다.
ISBN 978-89-531-2539-1 04230
(set) 978-89-531-2540-7 04230

▎독자의 의견을 기다립니다.
tpress@duranno.com   http://www.Duranno.com

▎이 책의 성경 본문은 개역개정판을 사용했습니다.

두란노서원은 바울 사도가 3차 전도여행 때 에베소에서 성령 받은 제자들을 따로 세워 하나님의 말씀으로 양육하던 장소입니다. 사도행전 19장 8~20절의 정신에 따라 첫째 목회자를 돕는 사역과 평신도를 훈련시키는 사역, 둘째 세계선교(TIM)와 문서선교(단행본·잡지) 사역, 셋째 예수문화 및 경배와 찬양 사역, 그리고 가정·상담 사역 등을 감당하고 있습니다. 1980년 12월 22일에 창립된 두란노서원은 주님 오실 때까지 이 사역들을 계속할 것입니다.

BKC 강해 주석 6

열왕기상·하

토머스 칸스터블 지음 | 문동학, 이명준 옮김

두란노

CONTENTS

열 왕 기 상

서론 ……………………………………………………………… 8
개요 ……………………………………………………………… 18
주해 ……………………………………………………………… 22

I. 솔로몬의 통치(1~11장) ………………………………………… 24
  A. 새로운 왕을 위한 준비(1:1~2:12) ……………………………… 24
  B. 솔로몬의 초기 통치(2:13~4:34) ………………………………… 39
  C. 솔로몬의 성전과 왕궁(5~8장) …………………………………… 56
  D. 솔로몬의 후기 통치(9~11장) …………………………………… 74

II. 왕국 분열의 초기 역사(12~22장) ·············· 89

A. 왕국 분열(12:1~24) ······························· 89
B. 이스라엘 왕 여로보암의 악한 통치(12:25~14:20) ············ 94
C. 유다 왕 르호보암의 악한 통치(14:21~31) ················108
D. 유다 왕 아비얌의 악한 통치(15:1~8) ··················111
E. 유다 왕 아사의 선한 통치(15:9~24) ··················112
F. 이스라엘 왕 나답의 악한 통치(15:25~32) ···············116
G. 이스라엘 왕 바아사의 악한 통치(15:33~16:7) ············117
H. 이스라엘 왕 엘라의 악한 통치(16:8~14) ···············119
I. 이스라엘 왕 시므리의 악한 통치(16:15~20) ··············119
J. 이스라엘 왕 오므리의 악한 통치(16:21~28) ·············120
K. 이스라엘 왕 아합의 악한 통치(16:29~22:40) ·············122
L. 유다 왕 여호사밧의 선한 통치(22:41~50) ···············159
M. 이스라엘 왕 아하시야의 악한 통치(22:51~53) ············161

열 왕 기 하

개요 ··· 164
주해 ··· 166

I. 분열 왕국의 후기 역사(1~17장) ·· 168

A. 이스라엘에서 아하시야의 악한 통치(1장) ························· 168
B. 이스라엘에서 요람의 악한 통치(2:1~8:15) ······················· 174
C. 유다에서 여호람의 악한 통치(8:16~24) ···························· 215
D. 유다에서 아하시야의 악한 통치(8:25~9:29) ····················· 217
E. 이스라엘에서 예후의 악한 통치(9:30~10:36) ··················· 223
F. 유다에서 아달랴의 악한 통치(11:1~20) ···························· 231
G. 유다에서 요아스의 선한 통치(11:21~12:21) ···················· 236
H. 이스라엘에서 여호아하스의 악한 통치(13:1~9) ·············· 240
I. 이스라엘에서 요아스의 악한 통치(13:10~25) ··················· 241
J. 유다에서 아마샤의 선한 통치(14:1~22) ···························· 246
K. 이스라엘에서 여로보암 2세의 악한 통치(14:23~29) ·········· 249
L. 유다에서 아사랴의 선한 통치(15:1~7) ······························ 251
M. 이스라엘에서 스가랴의 악한 통치(15:8~12) ··················· 253
N. 이스라엘에서 살룸의 악한 통치(15:13~16) ······················ 253
O. 이스라엘에서 므나헴의 악한 통치(15:17~22) ·················· 254

P. 이스라엘에서 브가히야의 악한 통치(15:23~26) ·················· 255
　　Q. 이스라엘에서 베가의 악한 통치(15:27~31) ····················· 255
　　R. 유다에서 요담의 선한 통치(15:32~38) ························· 257
　　S. 유다에서 아하스의 악한 통치(16장) ···························· 258
　　T. 이스라엘에서 호세아의 악한 통치(17:1~6) ····················· 262
　　U. 포로가 된 이스라엘(17:7~41) ·································· 263

II. 잔존 왕국 유다의 역사(18~25장) ································ 270

　　A. 히스기야의 선한 통치(18~20장) ································ 270
　　B. 므낫세의 악한 통치(21:1~18) ·································· 291
　　C. 암몬의 악한 통치(21:19~26) ··································· 294
　　D. 요시야의 선한 통치(22:1~23:30) ······························· 295
　　E. 여호아하스의 악한 통치(23:31~35) ····························· 305
　　F. 여호야김의 악한 통치(23:36~24:7) ····························· 307
　　G. 여호야긴의 악한 통치(24:8~17) ································ 309
　　H. 시드기야의 악한 통치(24:18~25:7) ····························· 310
　　I. 바벨론 통치하의 유다(25:8~30) ································ 312

וְהַמֶּלֶךְ דָּוִד זָקֵן בָּא בַּיָּמִים וַיְכַסֻּהוּ בַּבְּגָדִים וְלֹא יִחַם לוֹ
וַיֹּאמְרוּ לוֹ עֲבָדָיו יְבַקְשׁוּ לַאדֹנִי הַמֶּלֶךְ נַעֲרָה בְתוּלָה וְעָמְדָה לִפְנֵי
הַמֶּלֶךְ וּתְהִי־לוֹ סֹכֶנֶת וְשָׁכְבָה בְחֵיקֶךָ וְחַם לַאדֹנִי הַמֶּלֶךְ
וַיְבַקְשׁוּ נַעֲרָה יָפָה בְּכֹל גְּבוּל יִשְׂרָאֵל וַיִּמְצְאוּ אֶת־אֲבִישַׁג הַשּׁוּנַמִּית וַיָּבִאוּ אֹתָהּ לַמֶּלֶךְ
וְהַנַּעֲרָה יָפָה עַד־מְאֹד וַתְּהִי לַמֶּלֶךְ סֹכֶנֶת וַתְּשָׁרְתֵהוּ וְהַמֶּלֶךְ לֹא יְדָעָהּ
וַאֲדֹנִיָּה בֶן־חַגִּית מִתְנַשֵּׂא לֵאמֹר אֲנִי אֶמְלֹךְ וַיַּעַשׂ לוֹ רֶכֶב וּפָרָשִׁים וַחֲמִשִּׁים אִישׁ רָצִים לְפָנָיו

The Bible Knowledge Commentary 6

1, 2 Kings
서론

서론

제목

이 책의 제목이 열왕기상·하라 이름 붙여진 것은, 사울을 제외한 이스라엘과 유다의 모든 왕들의 통치를 기록하고 설명하고 있기 때문이다 (왕상 1:1~2:12에 다윗의 말년이 언급되어 있으나, 그의 치세의 대부분의 사건들은 삼하 2~24장과 대상 11~29장에 기록되어 있다). 히브리어 구약성경에서 열왕기상·하는 한 책이었으며, 사무엘상·하로부터 시작된 역사적인 기사의 연속으로 간주되었다. 헬라어 구약성경 번역본인 70인역에서는 열왕기서를 두 부분으로 나누는데, 그것이 영어 성경에서 열왕기상·하가 되었다. 하지만 70인역에서는 이 두 책을 "왕국 3, 4서"(사무엘상·하는 "왕국 1, 2서")라고 불렀다. "열왕기"라는 제목은 제롬의 라틴어 번역본(불가타 역)에서 유래된 것으로, 이 번역본은 70인역으로부터 약 6세기 후에 제작되었다. 제롬은 이 두 책을 "열왕들의 책"이라고 불렀다.

범위

열왕기상·하는 이스라엘의 역사를 서술하고 있다. 그것은 솔로몬을 다윗 왕좌에 앉히려는 운동의 시초부터 유다의 마지막 왕인 시드기야의

통치 말년에 이르기까지의 역사다. 시드기야는 남 왕국이 바벨론에 사로잡히고 바벨론의 통치자가 팔레스타인을 관할하기까지 다스렸다.

열왕기상·하를 통해서 이스라엘 역사상 주요한 세 시기를 다음과 같이 구분할 수 있다.

(1) 통일 왕국(이스라엘과 유다가 사울과 다윗 때처럼, 솔로몬의 통치 아래에 있던 기간)

(2) 분열 왕국(이스라엘이 유다 왕들의 지배에 반기를 든 때부터 이스라엘이 앗수르의 포로로 끌려간 때까지의 기간)

(3) 잔존 왕국(이스라엘이 추방된 때부터 유다가 멸망해 바벨론에 포로로 끌려간 때까지의 기간)

열왕기서를 상·하로 나눈 것은 기사 내용 때문이기 보다는, 열왕기상·하의 두루마리를 보다 다루기 쉽게 나눠야 할 필요가 있었기 때문이다. 그 결과 두 책의 길이가 지금은 거의 같게 되었다.

연대

여호야긴이 감옥에서 풀려난 것이 열왕기하에 기록된 마지막 사건이다. 이 일은 그가 수감된 지 37년 되던 해에 이뤄졌다(BC 560년). 따라서 열왕기상·하는 그 사건 전에 기록될 수 없었을 것이다. 유대인들이 BC 538년에 바벨론으로부터 귀환한 사건이 열왕기상·하가 기록될 때 일어났다고 보기는 어렵다. 그때 그런 일이 생겼다면 저자가 기록했을 것이다. 열왕기상·하는 아마 BC 560년과 BC 538년 사이에 그 마지막 형태가 이뤄졌을 것이다.

저자

저자가 열왕기상·하를 집필하면서 여러 자료를 이용한 것은 분명하지만, 본서는 저자가 한 사람인 것으로 보인다. 그 근거는 선별된 자료의 기록(왕들의 행적과 평가, 선지자들의 사역 등)과 책 전체에 흐르는 강조점(예를 들면, 선지자들의 사역과 왕들의 행적을 모세 율법과 다윗 왕조의 탁월성에 연관해 평가하고 있다), 왕들의 치세의 시작과 끝을 표현하는 방법(왕상 14:31; 15:1~3, 23~26)과 처음부터 끝까지의 구절과 용어가 되풀이되는 것(예를 들면, "남은 사적과 … 기록되지 아니하였느냐", "여호와 보시기에 악을 행하여…", "…년 동안 다스리니라. 그의 어머니의 이름은…", "여호와께서 살아 계심을 두고 맹세하노니…") 등이다.

저자가 누구인지는 알려져 있지 않으나, 아마도 바벨론으로 끌려간 포로 가운데 한 사람이었을 것이다. 어떤 주석가들은 이러한 결론을 지지하며, 저자가 바벨론에 수감되었던 여호야긴의 석방 사실을 기록한 것을 지적한다. 왜냐하면 이 사건은 포로로 잡혀 있던 유대인들에게 아주 인상 깊은 일이었을 것이기 때문이다. 이런 논리의 귀결로 열왕기상·하를 연구하는 이들은 에스라와 에스겔 같은 주목할 만한 유대인 포로를 저자로 꼽는다. 예레미야 역시 물망에 오른다. 그는 물론 바벨론으로 끌려간 포로는 아니었다. 그는 애굽에서 죽었기 때문이다. 고전과 전통은 다른 자들을 고려하기보다 이들 세 사람 중 한 명을 유력한 자로 본다.

목적

열왕기상·하는 역사를 기록하기 위해 쓰였다. 그러나 보다 중요한 점은 역사의 교훈을 가르치기 위해 쓰였다는 사실이다.

저자의 주된 역사적 관심은 이스라엘과 유다 왕들의 기록을 보존하는 것이다. 이 기록에서 중점을 둔 것은 왕들과 선별된 선지자들이 그들의 통치 기간에 이룬 행적이다. 그러나 보다 중요한 사실은 저자가 모세 율법을 기준으로 해서 왕을 평가하려고 했다는 것이다. 북 왕국과 남 왕국의 몰락을 추적하는 것 외에 그는 전반적으로 그 몰락의 원인을, 상세하게는 각 왕의 운명을 지적한다. 저자는 바벨론에 있는 포로들에게 그들이 곤경에 처한 이유를 가르침으로써 과거로부터 교훈을 얻도록 하려고 했을 것이다. 특히 언약(순종하면 축복을 받고, 불순종하면 심판을 받는다는 언약)에 대한 하나님의 신실하심과 우상숭배의 죄악을 크게 강조했다.

역대하는 열왕기상·하와 거의 같은 시기의 역사를 기록하고 있다(역대상은 다윗의 계보[1~9장]와 사울의 죽음[10장], 다윗의 치세와 죽음[11~29장] 등의 내용을 포함하고 있다). 두 기사의 목적과 강조점은 현저히 다르다. 역대기 저자는 유다 왕들에 대해 더 관심을 갖는 반면, 열왕기의 저자는 이스라엘과 유다 왕 모두에게 관심을 가진다. 역대상·하는 성전과 예배 같은 제사장적인 요소를 강조하는 반면, 열왕기상·하는 왕과 선지자적인 요소에 더 관심을 둔다. 역대하에서 다윗 이후의 유다 왕들은 야웨께 드리는 예배와 다윗에 비추어 평가되었다. 열왕기상·하에서는 두 왕국의 왕들이 모세의 율법에 비추어 평가되었다 (역대상·하의 목적과 강조점에 대해 더 알고 싶으면 역대상의 서론을 참조하라).

역사적 배경

솔로몬이 BC 971년에 왕위에 올랐을 때, 이스라엘 주위에는 군사적으로 크게 위협이 될 만한 나라가 없었다. 애굽과 앗수르가 모두 약해져 있었다. 하지만 앗수르가 점점 막강해지면서 BC 722년에 이스라엘의 수도인 사마리아를 공격해 빼앗았다. 얼마 후에 유다를 공격해 남쪽의 성읍 몇몇을 탈취했지만, 유다의 수도인 예루살렘만은 함락시키지 못했다. 앗수르는 애굽에도 영향력을 행사했다. BC 609년에 애굽 왕 바로느고는 그의 군대를 이스라엘 북쪽 아람의 하란으로 끌고 가서 신바벨론 제국으로부터 위협을 받고 있는 앗수르를 도우려 했다.

BC 605년, 느부갓네살이 이끄는 바벨론은 갈그미스에서 애굽을 패배시키고 남쪽의 유다로 진격해 세 차례 공격으로(BC 605, 597, 586년) 예루살렘을 완전히 멸망시켰다. 그리고 BC 586년에 가난한 유다인들만 빼고 모두 포로로 사로잡아 갔다.

연대기

열왕기상·하를 연구하는 이들이 당면하는 주요 문제는 통치자들의 연대기인데, 특히 유다 통치자들의 연대가 골칫거리다. 어떤 경우에는 공동 섭정이나 부섭정, 즉 두 왕이 함께 통치하는 기간으로 하여 해답을 얻을 수 있다. 또 다른 경우에는 왕의 통치 연대를 셈하기 시작한 때를 확정

지음으로써 문제를 해결할 수도 있다. 유다와 이스라엘은 두 가지의 다른 방법으로 왕의 통치 시작을 정했다. 각 왕국은 열왕기상·하에 기록된 역사 중에 적어도 한 번은 그 방법을 바꿨다. 그러나 세 번째 요인이 연대기 문제를 훨씬 복잡하게 만든다. 유다와 이스라엘은 그들의 역년(曆年)을 서로 다른 시기에 시작했기 때문이다. 지면 관계상 열왕기상·하의 연대기 문제를 더 이상 설명할 수 없다(참고 문헌에 수록된 책들을 통해서 더 많은 자료를 얻을 수 있을 것이다). 몇몇 다른 연대기가 보수적인 학자들에 의해 작성되었는데, 그것은 본문과 일치한다. 대부분의 경우 이 방식들은 서로 1~2년 정도밖에 차이가 나지 않는다.

이 기간 중에 주요 연대는 BC 931년 왕국 분열, BC 722년 이스라엘 함락, BC 586년 유다 멸망(참조, "구약 역사의 개관" 도표, 왕상 12:25, "유다와 이스라엘의 왕들과 추방 전 선지자들" 도표)이다.

신학

열왕기상·하는 구약의 다른 역사서와 마찬가지로 역사상 중요한 사실을 단순히 기록한 것이 아니라, 영원한 가치가 있는 영적 교훈을 밝히고 보존하려고 기록한 것이다. 예를 들면 열왕기상·하에서 분명한 사실은, 저자가 왕들뿐 아니라 선지자들에게도 관심을 두었다는 것이다. 하나님은 자신과 메시지를 그분의 종인 선지자들과의 교통을 통해 나타내셨다. 하나님은 또한 역사적인 사건을 통해서도 자신을 드러내셨다. 백성의 결단, 즉 믿음으로 순종하거나 불신으로 불순종하는 결단은 피할 수 없는 결과를 낳았다.

하나님은 이스라엘 모든 백성에게 하나님의 지배 아래에 사는 것이 얼마나 영광스러운지를 보여 주셨다(출 19:4~6). 하나님은 아브라함을 선택하여 한 가족의 아버지가 되게 하셨다. 그 가족은 나라를 이룰 것이며 온 세계에 복이 될 것이다(창 12:1~3). 이 복은 온 인류에게 임할 것인데, 이스라엘이 하나님 임재의 빛을 허락하되 그것이 자신들 안에 거하게 하고, 그들 자신을 변화시키고, 그들로부터 만민에게 빛나도록 할 때에야 임하게 될 것이다(사 42:6).

하나님이 아브라함과 맺은 언약(창 15:12~21)은 그에게 땅과 후손과 복을 보증하신 것이다. 이 언약의 약속은 그의 후손에게 여러 번 반복되었다. 그런데 어떤 중요한 경우에 하나님은 이 약속 중 하나를 부연해서 상세히 설명하셨다. 이스라엘이 약속의 땅에 들어갈 준비를 할 때 하나님은 그 약속을 반복하셨다. 즉, 이스라엘은 하나님으로부터 땅에 대한 영구적인 임차권을 얻게 된 것이다. 그러나 그들은 그 영토의 소유주이신 하나님을 믿는 한도만큼만 그것을 차지하게 될 것이다(신 28~30장).

다윗 당시에 하나님은 약속하시기를, 다윗을 통해 이어 온 아브라함의 씨가 특별한 방식으로 축복받게 될 것이라고 하셨다(삼하 7:11~16). 특히 이스라엘의 왕은 반드시 다윗의 후손 중에서 나올 것이라고 하셨다(삼하 7:16). 나중에 하나님은 예레미야에게 약속하시기를, 새 언약을 통해 특별한 방식으로 이스라엘에게 복을 주실 것이라고 하셨다(렘 31:31~34).

열왕기상·하는 하나님이 이스라엘에게 약속하신 말씀에 대해 신실한 분이심을 보여 준다. 이런 큰 목적을 안고 저자는 인간의 행위가 하나님이 그분의 백성을 다루시는 데 어떻게 영향을 끼치는지를 보여 준다. 또한 하나님이 원수들의 방해와 그분의 백성의 실패에도 불구하고 목적하신 것을 어떻게 이루시는지도 보여 준다.

열왕기상·하에서 이스라엘은 왕정(monarchy)에 의해 다스려졌지만, 그것은 신정(theocracy) 이상의 것이었다. 이스라엘의 왕은 이스라엘의 참된 왕이신 야웨의 지배 아래에 있는 부섭정이었다. 이스라엘의 왕들이 모세의 율법과 선지자들을 통해 계시하시는 천상의 왕의 지시에 따라 믿음으로 나라를 다스리는 만큼, 그 나라는 하나님이 의도하신 대로 부강하게 되었다. 그러나 지상의 왕들이 불신앙을 표명했을 때, 이스라엘은 필연적으로 하나님이 그들을 위해 마련하신 온갖 좋은 것을 얻을 수 없게 되었다.

따라서 열왕기상·하는 하나님이 그분의 말씀에 신실하시다는 것과 하나님의 백성과 다른 모든 백성에 대한 하나님의 절대적인 주권, 그리고 하나님의 인내를 드러내 보인다. 또한 모든 백성의 불신앙과 불순종을 증명하기도 한다. 심지어 하나님의 선택과 축복을 받은 자들까지도 불신앙과 불순종하는 것을 보여 준다. 이처럼 열왕기상·하는 하나님이 그들과의 특별한 관계를 맺고자 선택하신, 하지만 불순종하는 이스라엘 백성을 결코 저버리지 않으심을 보여 준다.

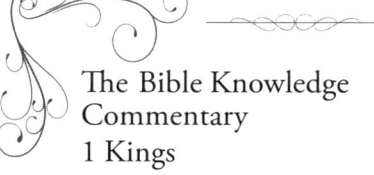

개요

I. 솔로몬의 통치(1~11장)

    A. 새로운 왕을 위한 준비(1:1~2:12)

        1. 다윗의 노년(1:1~4)

        2. 아도니야의 음모(1:5~53)

        3. 솔로몬에게 내린 다윗의 훈령(2:1~9)

        4. 다윗의 죽음(2:10~12)

    B. 솔로몬의 초기 통치(2:13~4:34)

        1. 솔로몬의 숙청 작업(2:13~46)

        2. 솔로몬의 지혜(3장)

        3. 솔로몬의 정치(4장)

    C. 솔로몬의 성전과 왕궁(5~8장)

        1. 건축 준비(5장)

        2. 성전 건축(6장)

        3. 솔로몬의 왕궁(7:1~12)

        4. 성전 기구(7:13~51)

        5. 성전 낙성식(8장)

    D. 솔로몬의 후기 통치(9~11장)

        1. 솔로몬과 맺은 하나님의 언약(9:1~9)

    2. 솔로몬의 업적(9:10~28)
    3. 솔로몬의 번영(10장)
    4. 솔로몬의 배교(11장)

II. 왕국 분열의 초기 역사(12~22장)

  A. 왕국 분열(12:1~24)
    1. 궁지에 빠진 르호보암(12:1~5)
    2. 르호보암의 모사들(12:6~11)
    3. 르호보암의 결정(12:12~15)
    4. 이스라엘의 반역(12:16~20)
    5. 르호보암의 보복(12:21~24)

  B. 이스라엘 왕 여로보암의 악한 통치(12:25~14:20)
    1. 여로보암의 우상숭배(12:25~33)
    2. 유다에서 온 하나님의 사람(13:1~32)
    3. 여로보암의 완고한 배교(13:33~34)
    4. 여로보암에 대한 아히야의 예언(14:1~18)
    5. 여로보암의 죽음(14:19~20)

C. 유다 왕 르호보암의 악한 통치(14:21~31)
   1. 르호보암의 악함(14:21~24)
   2. 시삭의 침입(14:25~28)
   3. 르호보암의 죽음(14:29~31)

D. 유다 왕 아비얌의 악한 통치(15:1~8)
   1. 아비얌의 악함(15:1~6)
   2. 아비얌의 죽음(15:7~8)

E. 유다 왕 아사의 선한 통치(15:9~24)
   1. 아사의 선함(15:9~15)
   2. 아사의 바아사 제패(15:16~22)
   3. 아사의 죽음(15:23~24)

F. 이스라엘 왕 나답의 악한 통치(15:25~32)
   1. 나답의 업적(15:25~28)
   2. 이스라엘 첫 번째 왕조의 붕괴(15:29~32)

G. 이스라엘 왕 바아사의 악한 통치(15:33~16:7)
   1. 바아사의 평가(15:33~34)
   2. 예후의 예언(16:1~4)
   3. 바아사의 죽음(16:5~7)

H. 이스라엘 왕 엘라의 악한 통치(16:8~14)

I. 이스라엘 왕 시므리의 악한 통치(16:15~20)

J. 이스라엘 왕 오므리의 악한 통치(16:21~28)

K. 이스라엘 왕 아합의 악한 통치(16:29~22:40)

    1. 아합의 악함(16:29~34)

    2. 아합의 형벌(17~18장)

    3. 아합의 악한 아내(19장)

    4. 아합의 적수, 아람(20장)

    5. 아합의 나봇에 대한 범죄(21장)

    6. 아합의 죽음(22:1~40)

L. 유다 왕 여호사밧의 선한 통치(22:41~50)

M. 이스라엘 왕 아하시야의 악한 통치(22:51~53)

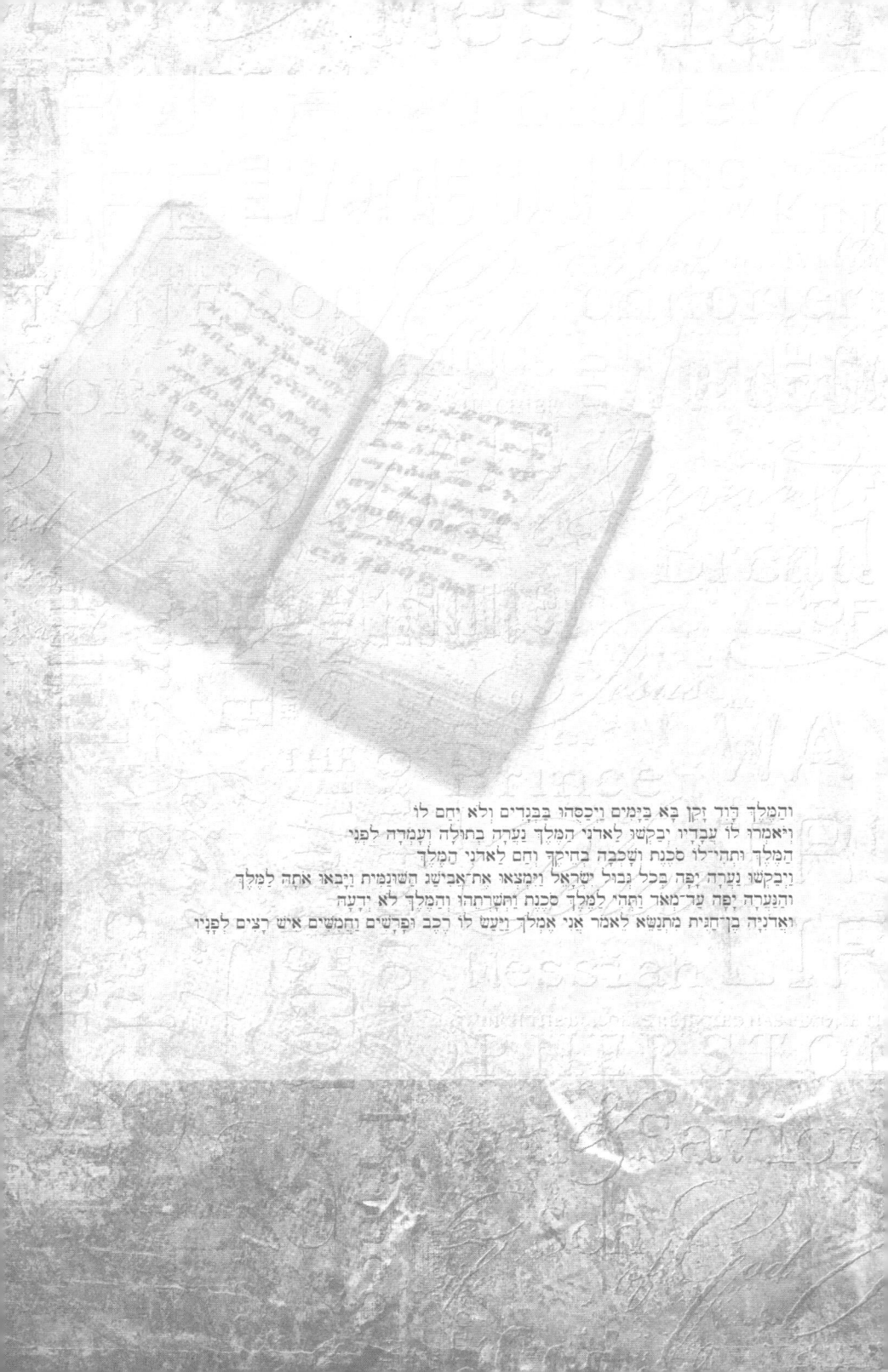

וְהַמֶּלֶךְ דָּוִד זָקֵן בָּא בַּיָּמִים וַיְכַסֻּהוּ בַּבְּגָדִים וְלֹא יִחַם לוֹ
וַיֹּאמְרוּ לוֹ עֲבָדָיו יְבַקְשׁוּ לַאדֹנִי הַמֶּלֶךְ נַעֲרָה בְתוּלָה וְעָמְדָה לִפְנֵי
הַמֶּלֶךְ וּתְהִי־לוֹ סֹכֶנֶת וְשָׁכְבָה בְחֵיקֶךָ וְחַם לַאדֹנִי הַמֶּלֶךְ
וַיְבַקְשׁוּ נַעֲרָה יָפָה בְּכֹל גְּבוּל יִשְׂרָאֵל וַיִּמְצְאוּ אֶת־אֲבִישַׁג הַשּׁוּנַמִּית וַיָּבִאוּ אֹתָהּ לַמֶּלֶךְ
וְהַנַּעֲרָה יָפָה עַד־מְאֹד וַתְּהִי לַמֶּלֶךְ סֹכֶנֶת וַתְּשָׁרְתֵהוּ וְהַמֶּלֶךְ לֹא יְדָעָהּ
וַאֲדֹנִיָּה בֶן־חַגִּית מִתְנַשֵּׂא לֵאמֹר אֲנִי אֶמְלֹךְ וַיַּעַשׂ לוֹ רֶכֶב וּפָרָשִׁים וַחֲמִשִּׁים אִישׁ רָצִים לְפָנָיו

The Bible Knowledge Commentary 6

1 Kings 주해

The Bible Knowledge Commentary

주해

I. 솔로몬의 통치(1~11장)

열왕기상은 사무엘하에서 끝난 이스라엘의 왕정 역사를 이어 나간다.

A. 새로운 왕을 위한 준비(1:1~2:12)

이 부분은 다윗의 통치와 마지막 사건들을 기록하고 있다. 그것은 솔로몬이 차기 왕이 되도록 이끄는 사건들이었다.

1. 다윗의 노년(1:1~4)

1:1~2 다윗 왕은 70세 정도에 생을 마감했다(삼하 5:4). 열왕기상 1장 1~4절에 의하면, 그의 건강은 악화되었고 죽기 직전에는 심히 허약했다. 그가 체온을 제대로 유지하지 못하자 신하들은 그를 **따뜻하게 해 줄 방**

법을 모색해야 했다. 그래서 그들은 **젊**은 처녀를 준비하기로 했다. 다윗 옆에 누워 그를 따뜻하게 해 주고, 그의 수종자로서 시중들게 하기 위한 것이었다. 이것은 그 당시 의술적인 관습으로 볼 때 합당한 것이었다. 유대인 역사가 요세푸스(AD 37~100년)와 그리스의 의사인 갈렌(AD 130~200년)의 기록을 보면, 중세까지 계속된 이런 종류의 치료술에 대해 언급하고 있다.

다윗의 **시종들이 따뜻하라고** 그에게 **덮어 준** 이불은 홑이불이나 담요 같은 것이지 옷가지가 아니었다. **처녀를 구하는** 것이 이치에 맞는 일이었다. 왜냐하면 결혼하지 않은 여자라야 건강을 유지하고 가사에 얽매이지 않으면서 다윗이 필요로 할 때 언제든지 그의 시중을 들 수 있기 때문이었다.

1:3 다윗이 왕이었기에 신하들은 수종자로서 갖추어야 할 성품과 아름다움을 겸비한 처녀를 물색해야 했다. 그들은 한 아리땁고 젊은 처녀를 수넴 성읍에서 **찾았다**. 수넴 성읍은 나사렛 북서쪽 7마일 지점에 위치했으며, 잇사갈 지파 영토 내에 있는 다볼 산기슭 근처에 있었다. 아비삭이 아름답다는 것은 다윗의 아들 아도니야가 그녀에게 매혹된 것으로 증명된다

(2:17). 그리고 아비삭이 솔로몬의 마음을 사로잡은 술람미 여자(수넴 여자)였다면(아 6:13), 그녀의 매력은 분명 뭇 남성들을 끌었을 것이다. 하지만 아비삭과 아가서의 술람미 여자를 연관 지을 만한 뚜렷한 근거는 없다.

1:4 다윗이 아비삭과 **잠자리**(즉, 성관계)를 같이하지 않았다는 사실은, 그것이 그녀의 할 일이 아니었다는 것과 다윗이 매우 쇠약한 상태였다는 것을 보여 준다. 건강이 좋았을 때 그는 성적인 유혹을 못 이겨 밧세바와 간음을 하기도 했다. 그에게는 처첩들도 여럿 있었다. 그러나 이제 쇠약하고 나이가 들어 정력이 쇠퇴한 것이다.

아비삭의 이름이 본문에 소개된(3절) 또 다른 이유는 아도니야가 왕위를 차지하려고 할 때, 그녀가 매우 중대한 역할을 했기 때문이다.

2. 아도니야의 음모(1:5~53)

다윗의 집안 문제가 그의 임종 자리까지 따라왔다. 그가 약해졌을 때 그의 또 다른 아들(압살롬. 참조, 삼하 15장)이 왕국을 탈취하려고 들고 일어난 것이다.

a. 아도니야의 준비(1:5~10)

1:5~6 아도니야는 다윗의 넷째 아들이었으며(삼하 3:4), 그 당시 생존한 형제 중 가장 연장자였을 것이다(참조, 삼하 3:2~5, "다윗의 가계" 도표). 아도니야가 왕위를 뺏으려고 결심한 기사를 보면 이기적인 동기가 강하게 암시되어 있다. 그는 **스스로 높여서** 단호하게 이르기를 내가 왕이 되리라고 했다.

아도니야가 **병거와 기병과 호위병 오십 명**을 준비한 것은 백성이 보는 데서 자기 위신을 세우려는 속셈이었다. 이것은 아버지에 대항하는 쿠데타 준비에도 도움이 되었을 것이다.

저자는 그가 버릇이 없고 방종한 젊은이라고 기록함으로써 아도니야를 이해하는 데 한층 도움을 준다. 그가 성품보다는 보기 좋은 용모로 많은 칭찬을 받았다고 했다(그는 … **용모가 심히 준수한 자**라). 아도니야가 거사를 일으키기에 적당한 인물이었다기보다는, 자신의 인기 있는 용모 때문에 그의 음모가 성공을 거두리라고 확신했던 것이다.

1:7 다윗의 측근 중에 **요압과 아비아달**이 왕을 저버리고 아도니야 편에 가담했다. 요압은 다윗의 조카로서 그의 이복 자매인 **스루야의 아들**이었다(대상 2:16. 참조, 삼하 3:2~5, "다윗의 가계" 도표). 그는 다윗이 사울에게 쫓기던 시절부터 오랜 세월 신실하게 왕을 섬겼다. 그래서 다윗은 그를 군대장관으로 삼았다. 그는 그 지위에서 용감한 용사이자 명석한 전략가로서 명성을 떨쳤다. 하지만 요압은 잔인하여 그의 지위를 이용해 적어도 두 명의 주요 인물을 죽였다. 그 두 사람은 사울의 군대장관 아브넬(삼하 3:22~30)과 전투 중에 정당하게 요압의 아우를 죽인 아마사(삼하 20:8~10)다. 요압이 언제나 다윗에게 충성을 다했던 것은 아니다. 압살롬이 다윗에 대항해 반란을 일으켰을 때, 요압은 왕의 명령과는 반대로 압살롬을 처형했다(삼하 18:5~15).

제사장 아비아달은 사울이 에돔 사람 도엑에게 놉에 있는 모든 제사장들을 죽이라고 한 이후에 다윗과 연합했다(삼상 22:18~20). 그는 다윗에게 충성을 맹세했기 때문에 왕의 모사이자 친구가 되었다. 아도니야와 연대한 사건은 아비아달로서는 첫 번째 불충 행위였다.

1:8 제사장 사독은 전쟁에서 사울이 죽임을 당한 후 다윗과 연합했다(대상 12:28). 그는 다윗을 보좌했으며, 압살롬의 반란 때 그의 첩자 노릇을 했다. 브나야(참조, 왕상 1:10)는 다윗의 막강한 용사와 장관들 중 한 사람이었다(삼하 8:18; 20:23; 23:20~23). 선지자 나단(참조, 왕상 1:10)은 적어도 두 번은 왕에게 여호와의 말씀을 전달했다(삼하 7:4~17; 12:1~14). 시므이가 다윗을 저주했다가(삼하 16:5~13) 나중에 다윗에게 용서받은(삼하 19:16~23) 자와 동일 인물이라면, 이제 왕께 바치는 시므이의 충성심은 납득할 만하다. 하지만 그는 마음속에 사악한 음모를 품었을지도 모른다(참조, 왕상 2:36~38 주해).

1:9~10 아도니야는 그의 지지자들에게 향연을 베풀었으며 다른 자들에게도 그의 거사에 합류하도록 설득하려고 했다. 그러나 그의 희생 제사는 종교적인 제사라기보다는 향연이었음이 분명하다. **소헬렛 바위**는 평야가 내려다보이는, 경사가 급한 바위 모퉁이인 것으로 여겨진다. 그곳은 힌놈 골짜기와 기드론 골짜기가 만나는 곳으로, 다윗 성읍이 위치한 시온 산 바로 남쪽에 있었다. **에느 로겔**은 예루살렘에 물을 공급하던 기드론 골짜기의 주요 샘들 가운데 하나였다(참조, 9:15, "왕정 시대의 예루살렘" 지도).

아도니야는 그의 향연에 **모든** 궁중 요인을 **청하였다**. 그들은 아도니야의 부친이나 그의 **동생 솔로몬**과 확고한 유대 관계를 맺지 못한 자들이었다. 솔로몬은 다윗과 하나님이 택한 왕자였다. 아도니야의 행위는 권력을 잡으려는 정치인들에게서 오랜 세월 동안 답습되어 온 것이었다. 그 당시 풍습에서 나단과 다윗의 다른 지지자들이 초대를 받아 아도니야와 함께 음식을 먹었다면 아도니야는 그들을 보호할 의무를 져야 했다. 이는 그들이 그 자리에 참여하여 음식을 나눴기 때문이다.

b. 나단의 책략(1:11~14)

1:11~12 아도니야의 반역을 막는 일에 나단이 주도권을 잡은 사실은, 하나님이 예전에 그러셨던 것처럼(삼하 12:1), 이런 일을 하도록 그의 선지자를 감동시키셨음을 암시한다. **밧세바**는 다윗이 그녀를 처음 본 순간부터 그의 말년에 이르기까지 그에게 총애를 받았다. 사실상 **아도니야**는 대중이 택했다는 면에서 **왕**이 되었다. 그는 비록 기름 부음을 받거나 즉위하지는 않았지만 왕이었다. 나단은 밧세바에게 충격을 줌으로 사태가 심각하다는 것을 깨닫도록 의도한 것 같다. 그때까지 다윗은 음모에 대해 몰랐던 것이 분명하다(참조, 왕상 1:18). 나단이 밧세바와 솔로몬에게 위험하다고 허풍을 떤 것은 아니었을 것이다. 그는 그녀의 **생명**과 솔로몬의 **생명을 구하기 위한 계책을 마련할** 필요가 있다고 말했다. 그것은 아도니야가 그의 향연에 그들을 초대하여 음식을 나누지 않았으므로, 동양 풍습에 따라 주인으로서 그들의 생명을 보호할 의무가 없었던 것이다.

1:13~14 나단이 언급한 말 중에 다윗이 밧세바에게 **솔로몬**이 그를 이어 **왕**이 되리라고 맹세했다는 말은 성경에 기록되어 있지 않다. 그러나 여기서 나단이 밧세바에게 말한 것에 비추어 보아 다윗이 그런 약속을 했음이 분명하다(참조, 대상 22:8~10).

나단은 다윗의 약속을 두 명의 증인, 즉 밧세바와 자기가 들었다고 장담했다. 모세의 율법에 의하면 적어도 두 명의 증인이 있어야 책임을 물을 수 있었다. 다윗이 나이 들어 건망증이 심해 그것을 기억하지 못한다면, 다른 증인(이 경우에는 나단)이 왕이 그런 약속을 했다고 확언해야 하는 것이다.

c. 밧세바의 보고(1:15~21)

1:15~16 다윗은 노쇠하여 침상에 누워 지냈던 것으로 보인다(15, 47절). 밧세바는 다윗을 왕처럼 여기어 그에게 몸을 굽혀 절했다. 그녀는 그에게 사태를 바로 봐야 한다고 호소할 셈이었다. 다윗은 그녀가 원하는 것이 무엇인지 알고자 그녀를 맞아들였다.

1:17~21 밧세바는 아도니야가 반란을 일으킨 사실에 대해 과장이나 수식 없이 말했다. 그녀는 다윗의 의무감(20절)과 그녀와 솔로몬에 대한 다윗의 사랑(21절)에 호소하면서 누가 후계자가 될 것인지 공언하라고 재촉했다. 그녀와 솔로몬이 아도니야로 말미암아 정치적으로 죄인이 될 것임을 지적했다. 고대 근동에서는 관례상 새 왕이 권력을 잡으면, 훗날 솔로몬도 그랬듯이, 그의 정적들을 숙청하곤 했다(2:13~46).

d. 나단의 보고(1:22~27)

1:22~26 나단은 밧세바가 다윗과 이야기하고 있을 때 왕을 배알하려고 했다. 그는 밧세바가 말한 것과 동일한 사실을 인정하고 보고했다. 대신 그의 지위에 어울리도록 밧세바보다 좀 더 자세하게 말했다. 아도니야의 향연이 바로 이 순간에 일어났다는 나단의 말은, 다윗으로 하여금 곧 행동을 취하도록 했을 것이다. 나단은 다윗이 밧세바에게 솔로몬이 자신의 뒤를 이을 것이라고 약속했음을 알고 있었다(13절). 그러나 그는 그것을 다윗이 아닌 다른 이에게서 들었던 것 같다.

1:27 나단은 다윗에게 솔로몬에 관한 그의 약속을 상기시키며, 그의 선택이 많은 사람들에게 알려지기를 원치 않는 **왕**의 심경을 불쾌하게 하는 대신, 나단은 그에게 현 상황이 계획했던 것이냐고 외교적 차원에서 물었다. 그는 다윗이 방어 자세를 취하기보다는 주도권을 쥐도록 한 것이다.

e. 다윗의 약속(1:28~31)

1:28 밧세바는 그 당시 풍습에 따라 나단이 들어왔을 때, 방을 나갔던 것으로 보인다. 다윗은 그녀에게 다시 들어오라고 했다.

1:29~30 왕은 야웨, 즉 그를 모든 환란에서 **구하신** 하나님의 신성한 이름에 호소했다. 여호와께서 살아 계심을 두고 맹세하노라는 말은, 다윗이 의도한 행동이 하나님의 면전에서 일어나는 것처럼 확실하다는 의미다. 이런 말이 구약성경에서 빈번히 쓰이는데, 열왕기상·하에서만 14번 나온다(1:29; 2:24; 17:1, 12; 18:10, 15; 22:14; 왕하 2:2, 4, 6; 3:14; 4:30; 5:16, 20). 다윗은 그가 하리라고 지금 말하는 것을 더 이상 강하게 장담할 수 없었다. 다윗을 구하셨던 하나님은 이제 다윗을 통해 밧세바와 그의 아들을 구하실 것이다. 다윗은 그의 약속을 반복해 말하기를, 밧세바의 아들 **솔로몬**이 다윗을 이어 왕이 될 것이며 하나님이 복을 약속하신 왕위에 앉을 것이라 했다.

1:31 밧세바는 요구를 들어준 것에 감사하며, 왕에게 절했다. 내 주 다윗 왕은 만세수를 하옵소서(참조, 34절)라는 표현은 성경에서 흔히 쓰이는 표현인데, 하나님이 왕에게 복을 주시어 장수하길 바란다는 뜻이다. 이것은

경의를 표하는 말이다. 하나님은 의로운 자에게 그의 생명을 길게 하는 것으로 복을 주시겠다고 약속하셨다. 그러므로 이 말은 왕이 의로운 일을 했기에 하나님의 복을 받을 만하다는 의미다.

f. 다윗의 지시(1:32~37)

1:32 다윗은 예루살렘의 남쪽 에느로겔 시내에서 모의된 반역(참조, 9절)을 능숙하게 진압했다. 사독과 나단 그리고 브나야는 각각 고위 제사장, 선지자, 군인이었다(참조, 8절). 브나야는 아도니야와 결별한 상태였다. 잇따라 일어나는 사건에서 그들의 지도력은 그들이 왕의 대표자들로서 행동한다는 것을 일반 백성에게 나타냈다.

1:33 너희 주의 신하들은 그렛 사람과 블렛 사람이었다(38절. 참조, 삼하 8:18). 그들은 브나야 휘하에 있는 다윗의 특별 시위대였다(삼하 23:22~23). 그들은 왕과 그의 가족, 성읍을 돌볼 책임이 있었다. 다윗은 그들에게 솔로몬을 노새에 태우고 예루살렘을 지나 기름 부음 받을 곳으로 인도하라고 했다. 고대 근동에서 왕들이 노새를 타는 것은 그들의 역할이 백성의 종임을 나타내는 것이었다. 백성은 솔로몬이 노새를 탄 것을 보면 그것이 그의 왕권을 의미한다고 여길 것이다. 다윗이 지정한 노새는 다윗의 소유였다. 백성은 노새의 치장을 보고 그 사실을 알아챌 것이며, 다윗이 솔로몬에게 그의 후계자로서 그의 노새를 타도록 허락했다고 여길 것이다.

신하들은 솔로몬을 기혼 샘으로 인도해 내려가야 했다. 에느로겔 샘과 기혼 샘이 예루살렘에 대부분의 물을 공급했는데, 에느로겔 샘은 성벽에서 그리 멀지 않은 예루살렘 남동쪽에 위치했다. 그곳에서 아도니야는 그의 손님들에게 향연을 베풀었다(참조, 9절). 기혼 샘 역시 성벽 밖에 있었는데, 약 반 마일 북쪽이며 예루살렘의 정동쪽에 위치했다. 두 행렬이 하나는 반역자들에 의해, 또 하나는 왕의 신하들에 의해 인접한 두 개의 샘에서 진행되고 있었다.

1:34~35 기혼 샘에서 제사장 사독과 선지자 나단은 솔로몬에게 기름을 부었다. 반면 아도니야 진영에는 선지자가 없었다. 나단의 참석은 하나님이 솔로몬을 왕으로 택하셨음을 상징하는 것이었다. 사독 혼자 참석하는 것으로는 충분히 그런 것을 나타낼 수 없었다. 뿔나팔을 부는 것은 기름 부음을 공식적으로 나타내는 신호였다. 이스라엘의 모든 왕은 머리에 기름 부음을 받는데, 그 의식이 상징하는 바는 하나님이 택하신 지도자에게 그의 성령이 임한다는 것이었다.

솔로몬 왕은 만세수를 하옵소서라고 외친 것은 백성의 요구와 기도를 표현한 것이다. 그들은 새 왕의 통치가 길고 영화롭기를 바랐다. 지도자들은 시온 산으로 다시 올라가서 다윗 성읍에 이르러 솔로몬을 다윗의 왕위에 앉히라는 분부를 받았다. 이것은 다윗이 솔로몬을 선택했다는 완전한 증거가 될 것이다. 솔로몬은 그 순간부터 통치를 시작해야 했다. 즉, 왕위에 앉은 것이 단순히 상징적인 행위로 그쳐서는 안 되었다. 다윗은 그가 왕권을 가지고 솔로몬을 이스라엘과 유다의 주권자가 되게 한 것이 즉각적으로 유효하다고 말했다. 이스라엘과 유다가 구별된 것(참조, 4:20, 25)은 열왕기상이 BC 931년, 왕국이 분열된 후에 쓰였기 때문이거나, 또는 왕국의 남북 간에 이미 불화가 뚜렷했기 때문일 것이다(참조, 삼하 19:41~20:2).

1:36~37 군대장관이며 이런 명령들을 수행할 책임이 있는 자인 브나야

가 최고 명령권자에게 대답했다. 그는 아멘, 내 주 왕의 하나님 여호와께서도 이렇게 말씀하시기를 원하오며라고 했는데, 이 말의 의미는 "왕이 말하는 것이 야웨께서 말씀하시는 것이 되기를 바란다"는 뜻이다. 그런 후에 브나야는 하나님이 솔로몬과 함께 계셔서 그의 왕위에 다윗의 왕위보다 더한 복을 내리시기를 바란다고 했다.

g. 솔로몬의 기름 부음 받음(1:38~40)

1:38~40 그렛 사람과 블렛 사람은 노련한 지휘자 브나야의 휘하에 있던 왕족의 시위대였다(참조, 33절; 삼하 8:18, "주의[다윗의] 신하들"). 기혼은 기드론 골짜기에 있는 다윗 성읍의 동쪽에 위치했으며, 성벽 바로 밖에 있었다. 그 샘은 그 당시 예루살렘에 물을 공급하던 주요 근원이었다(참조, 1:33 주해). 사독이 기름 담은 뿔(아마 용기로 쓰이던 동물 뿔이었을 것임)을 가져왔다. 그 뿔은 예루살렘에 있는 성막에서 왕들과 제사장들에게 기름을 부을 때 쓰던 것을 기혼으로 가져온 것으로 보인다. 아마 이 성막은 다윗이 세웠을 것이며(대상 15:1), 모세의 장막과 비슷했을 것이다. 감람유는 하나님의 임재와 능력을 상징했다. 많은 백성이 행렬을 따르며 기름 부은 사실을 입증했다. 이날은 이스라엘 역사상 영광스러운 날이었으므로 많은 백성이 열렬히 축하했다. 얼마나 크게 축하했던지 땅이 갈라질 듯했다.

h. 솔로몬이 기름 부음을 받았다는 보고(1:41~48)

1:41~48 아도니야의 무리는 기혼으로부터 남쪽으로 겨우 반 마일 떨어진 곳에서 향연을 대접받는 중이었다. 그들은 축하하는 소리를 어렵지 않게 들

을 수 있었다. 그러나 **뿔 나팔 소리**, 즉 공식적인 행사를 알리는 신호를 듣고서야 **요압**은 흥분해서 **성 중에서 나는 소리**가 어찌 된 일이냐고 물었다.

마침 아비아달의 아들 요나단이 그 성읍에 있다가 향연 장소에 이르러 무슨 일이 진행되고 있는지를 알려 줬다. 아도니야의 낙관주의와 모반을 종식할 책략에 대한 완전한 무지는 그가 요나단을 환영한 것에서 찾아볼 수 있다(42절). 이미 말한 사건들을 전해 주는 것 외에 요나단은 왕의 신하들이 다윗을 **축복했으며** 솔로몬에게 하나님의 복이 있기를 빌었다고 덧붙여 말했다(47절).

다윗은 **침상**에 누워 있었기에 솔로몬이 기름 부음 받는 것을 직접 목격하지는 못했던 것 같다. 요나단은 분명 궁궐에 들어갔거나 적어도 궁궐에서 나온 정보를 입수했을 것이다. 다윗이 그의 침상에서 말한 것을 아도니야에게 전했기 때문이다(48절). 다윗은 과연 그답게, 그의 뒤를 이어 왕위에 앉을 자를 눈으로 보게 할 정도로 장수의 복을 더해 주신 하나님을 찬양했다.

i. 아도니야의 두려움(1:49~53)

1:49~51 아도니야와 함께한 손님들은 반역자로부터 멀리 그리고 되도록 빨리 흩어져야 했다. 그래야 그와 연루되지 않을 것이며, 모반을 꾀하려고 했다는 판단을 받지 않을 것이기 때문이다. 고대 근동에서 반역자들은 새 왕에 의해 숙청당했기에, 겁에 질린 **아도니야는 성막으로 갔다.** 그곳에서 그는 성막 뜰에 있는 놋 제단의 **뿔**을 잡고 보호를 요청했다. 그러한 관습은, 당시 이스라엘과 인접한 이웃 나라에서는 흔한 일이었다(참조, 출 21:13~14). 제단 뿔을 잡는 것은, 하나님이 인간에게 은혜를 베푸셨듯이 인간도 죄를 범한 자에게 은혜를 베풀어야 함을 의미했다. 하나

님이 인간에게 은혜를 베푸신 것은, 인간의 죄를 속하도록 그들의 제사를 받으신 것에서 볼 수 있다.

1:52~53 솔로몬은 아도니야를 성막에서 끌어내어 처형할 수 있었다. 그러나 그는 그렇게 하지 않고 자비를 베풀었다. 솔로몬은 통치하는 동안 이런 은혜의 규범을 따랐다. 새 왕은 그의 의붓형에게 다만 약속하라고 했는데, 그것은 다시는 반역하지 않을 것이며 선한 사람, 즉 **충성된 신하**가 되겠다는 것이었다. 아도니야는 그렇게 하기로 약속했으며, 솔로몬은 순순히 그를 집으로 돌려 보냈다. 그러나 얼마 안 되어 아도니야는 다시 반란을 꾀했고, 결국 목숨을 잃고 만다(2:13~25).

3. 솔로몬에게 내린 다윗의 훈령(2:1~9)

1장의 사건과 본문 기사 사이에 어느 정도 시일이 경과했는지 알 수 없으나, 다윗의 건강 악화와 나이에 비추어 보면(1:1~4, 15, 47) 그의 훈령은 아마 솔로몬이 기름 부음을 받은 직후에 내려졌을 것이다.

a. 솔로몬의 하나님과의 관계(2:1~4)

2:1~4 다윗이 그의 아들에게 내린 훈령의 첫 번째 부분은 가장 중요한 일에 관한 것이다. 세상 모든 사람이 가는 길이란 죽음을 회화적으로 묘사한 것이다. 다윗은 현실주의자였다. 그는 죽을 날이 임박했음을 알았다. 그래서 여러 가지 계획을 세웠는데, 그중에는 그의 후계자에게 조언하는 것도 포함되었다. 그의 훈령은 모세가 여호수아에게 내린 훈령을

생각나게 한다(신 31:23).

솔로몬은 다윗으로부터 여호와의 말씀을 힘써 지키라는 권고를 받았다. 그는 정의를 따르고 불의에 맞서는 용기를 가짐으로써 대장부가 되어야 했다. 그는 야웨께 순종한다는 점에서 **여호와의 명령**을 지켜야 했다. 여호와의 명령은 그 **길로 행하는** 것인데, 말하자면 그 **법률**(법령)과 **계명**과 **율례**와 **증거**(가르침)를 지키는 것이다. 이들 네 단어(법률, 계명, 율례, 증거)는 모세의 율법 중에 있는 서로 다른 교훈들을 말하는 것이었다. 다윗은 솔로몬에게 하나님이 말씀하신 것에 순종하면 성공은 보장될 것이라고 말했다. 하나님의 복은 그분의 백성이 모세의 율법에 순종하느냐에 달려 있었다. 솔로몬의 순종은 하나님의 말씀이 성취되는 결과를 낳게 될 것이다. 그 말씀은 다윗의 자손이 영원히 이스라엘 왕위에 오르리라는 약속이었다(삼하 7:12~16).

b. 솔로몬의 인사 처리(2:5~9)

2:5~6 요압을 죽이라는 다윗의 지시는 원한을 품은 마음이나 자기 손으로 자신의 장관을 처형하길 거부하는 비겁한 태도를 드러내는 것이 아니었다. 요압은 두 사령관, 아브넬과 아마사를 살해했다(참조, 1:7 주해). 다윗은 이들 두 명의 무고한 희생자들의 피가 계속해서 요압의 띠와 신을 더럽혔다고 말했다. 즉, 그 피가 그의 범죄를 나타내려고 붙들고 늘어졌다는 것이다. 다윗은 자비를 베풀어 요압이 받아 마땅한 벌을 내리지 않았는데, 아마 요압이 다윗에게 깊은 충성심을 보였으며 그를 잘 섬겼기 때문일 것이다. 그러나 정의는 실현되어야 했으며, 솔로몬이 그 일을 해야 했다. 요압은 시간을 차용해서 살아왔으나 곧 그가 범한 죄의 대가를 치러야 했다.

2:7 길르앗(요단 강 동편) 바르실래는 다윗과 그의 신하들이 압살롬을 피해 도망할 때에 그들을 부양했다(삼하 19:31~39). 다윗은 솔로몬에게 바르실래의 아들들이 그의 상에서 함께 먹게 하라고 했다. 바르실래와 그의 아들들이 광야에서 다윗에게 양식을 제공했듯이 솔로몬 역시 그렇게 하라는 말이었다. 다윗은 바르실래의 아들들이 그들의 아버지가 뿌렸던 것을 거두길 원했다.

2:8~9 베냐민 사람 시므이는 다윗을 저주했을 뿐만 아니라 더 나아가 다윗의 생명을 위협하기까지 했다(삼하 16:11). 다윗에게는 시므이가 자신의 생명을 다시 위태롭게 할 것이라고 생각할 만한 충분한 이유가 있었다. 그러나 솔로몬은 시므이에게 은혜를 베풀었다. 하지만 베냐민 사람 시므이는 신실하지 못함을 드러냈으며, 아도니야처럼 자기 파멸의 길을 가고 말았다(36~46절).

4. 다윗의 죽음(2:10~12)

2:10 그의 조상들과 함께 누워라는 회화적인 표현은 다윗의 죽음을 아름답게 묘사하며, 그의 활동이 영원히 끝나지 않을 것임을 암시한다. 사실 모든 믿는 자들의 죽은 몸은 단지 '자고' 있을 뿐이다. 하나님과 함께 살면서 그분을 영원히 섬기기 위해 부활할 때까지 그렇게 있을 것이다.

다윗 성(참조, 3:1; 8:1; 9:24; 11:27; 15:8, 24; 22:50)은 예루살렘으로, 다윗이 여부스 사람에게서 빼앗아 수도로 삼았다. 그 당시 예루살렘은 꽤 작았다. 골짜기들에 의해 동쪽과 남쪽과 서쪽이 둘러싸인, 높은 지대의 반도와 같았다. 솔로몬이 나중에 북쪽으로 성읍을 넓혔으며, 다른 왕들이 그것을 더욱 확장시켰다.

2:11~12 다윗이 이스라엘 왕이 된 지 사십 년이 되었다(BC 1011~971년). 예루살렘으로 옮기기까지 칠 년 동안 헤브론을 그의 수도로 삼았다. 예루살렘에서 그는 삼십삼 년을 다스렸다. 그는 칠십 세 정도에 생을 마감했다(삼하 5:4). 그는 여러 가지 면에서 뛰어난 인물이었다. 그는 용사였으며, 시인이고 음악가였으며, 군사 전문가이고 행정가였으며, 하나님의 사람이었다. 그는 놀랄 만한 성공과 뼈를 깎는 실패를 맛보았다. 그는 국경을 넓히고 나라의 영향력을 막강하게 했다. 그는 일생 동안 크게 사랑을 받았으며 미움도 많이 받았다. 그러나 그의 가장 특별한 성품은 하나님에 대한 열심이었다. 그리고 이제 그의 아들 솔로몬이 그를 계승해 평화로운 통치를 시작했다.

B. 솔로몬의 초기 통치(2:13~4:34)

이 부분에서 솔로몬을 유명하게 만들었던 지혜에 대해 잘 찾아볼 수 있다. 솔로몬의 현명한 결단이 그의 치세 초기에 있었다. 그 결과 솔로몬은 40년 동안 이스라엘을 평화와 번영으로 이끌었다(BC 971~931년).

1. 솔로몬의 숙청 작업(2:13~46)

솔로몬은 그의 통치 기반을 다지기 위해 정치적으로 위협이 되는 그와 아버지의 적들을 처리해야 했다.

a. 아도니야의 처형(2:13~25)

2:13~14 아도니야는 왕이 되려는 꿈을 포기하지 않았다(참조, 1:5). 그러나 왕위를 차지하려면 솔로몬을 제거해야 했다. 그가 꾸민 음모는 교묘했다. 그는 황태후인 솔로몬의 어머니 밧세바('아도니야는 학깃의 아들'. 참조, 삼하 3:4)에게 접근해 그의 책략을 펼치기 시작했다. 밧세바를 통해 솔로몬으로부터 유리한 결과를 얻어 내길 원했던 것이다. 밧세바는 예전에 아도니야가 음모를 꾸몄던 것을 고려해서 신중을 기했다. 아도니야는 그의 목적이 평화스러운 것으로 말씀드릴 것이 있으니 들어 달라고 했다.

2:15~16 아도니야는 온 이스라엘이 다 얼굴을 그에게로 향하여 왕을 삼으려 했다고 말한다. 그는 실제 믿었을지도 모르나 진상은 그렇지 못했다. 아도니야는 자신이 바라는 꿈이 사실인 것처럼 확신했다. 그러나 왕위가 그의 것이 된 적은 없었다. 그가 현재의 상황이 **여호와께로 말미암았다고** 한 것은, 다음과 같은 사실을 밧세바에게 확신시키려고 꾸민 위선적인 술책이었다. 그는 솔로몬이 하나님의 뜻으로 기름 부음 받았다는 것을 인정하며, 그것에 복종한다고 말했다. 그러나 아도니야가 여호와께서 원하시는 것에 진심으로 관심을 가져 본 적이 있다는 증거는 아무 데도 없다. 반면, 그가 자신이 원하는 것에 관심을 가졌다는 증거는 많다. 솔로몬이 기름 부음 받은 사실을 분명히 묵인하며 위선적인 고백을 함으로써 자신이 왕이 되려는 욕망이 더 이상 없음을 밧세바에게 납득시켰다. 그녀는 아도니야에게 계속해서 제안을 말해 보라고 했다.

2:17~18 밧세바는 아도니야가 아비삭(참조, 1:3~4)을 구하는 것을 단지 멋진 남자가 아름다운 여자에게 구혼을 청하는 것쯤으로 여겼던 것 같다. 표면상으로 보이는 순수한 연애 사건에 동요된 밧세바는 그의 요구를 왕에게 전하겠다고 동의했다. 그녀는 중매자 역할을 했다는 생각에 아마 기분이 좋았을 것이다.

2:19~21 솔로몬은 정중하게 그의 어머니를 영접했다. 그녀가 왕좌가 있는 방에 들어오자 솔로몬은 **일어나 그녀를 맞이하고 절했다**. 그리고 그녀에게 그의 **오른쪽**에 앉는 영광을 부여했다. 그녀는 솔로몬과 편안하게 이야기할 수 있었다. 그녀는 단지 한 가지 **작은 일**을 구했다. 적어도 그녀에게는 그것이 작은 일로 여겨졌다. 작은 일을 구하는 것이라 솔로몬이 들어주리라고 생각했던 것이다.

2:22~25 하지만 솔로몬은 그녀의 제안이 결국 그의 왕위를 위태롭게 하리라는 것을 알아챘다. 그는 그 제안을 거절했다. 왜냐하면 **아비삭은 다윗의 처첩 중 한 명이었다**. 비록 다윗이 그녀와 성적인 관계를 갖지 않았다 해도, 처첩인 아비삭의 위치는 그녀에게 다윗의 유업 가운데 일부를 받을 자격이 되었다. 백성이 보기에 그녀는 엄연한 다윗의 첩이었던 것이다. 고대 페르시아인들처럼(*Herod. iii.* 68) 죽은 왕의 처첩을 소유하는 것은, 왕위가 자신의 것이라고 주장하는 것과 같았다(C. F. Keil, "The Books of the Kings", in *Commentary on the Old Testament in Ten Volumes*, 3:32).

밧세바는 아비삭이 사실상 다윗의 첩이 아니므로 별로 문제 될 것이 없다고 여겼을지도 모른다. 그러나 지혜로운 **솔로몬**은 백성이 아비삭을 첩으로 여기고 있기에 아도니야와 아비삭의 결혼을 아도니야가 왕위를 주장하는 것으로 해석하리라고 판단했다. 뿐만 아니라 **아도니야는 솔로몬의 형**(22절)이었으므로(참조, 삼하 3:4; 5:13~14), 백성은 **솔로몬보다 그가 왕이 될 자격이 더 있다고 여길 것이었다**. 대부분의 백성은 하나님이 종종 장자상속권의 본래 규칙을 어기면서 선택하신 뜻을 깨닫지 못했기 때문이다(하나님은 아브라함과 이삭과 야곱과 요셉과 그 외에도 많은 사람을 택하실 때 장자가 아닌 자를 고르셨다).

아도니야의 악한 의도를 파악한 솔로몬은 그의 어머니에게 심히 분개하며 대꾸했다. 다윗이 죽기 전에 반란 미수가 있었지만 그는 그의 형을 처형하지 않았다. 그는 아도니야에게 자비를 베풀었다(1:52~53). 그러나 **아도니야는 여전히 여호와와 그의 기름 부음을 받은 자에 대해 음모를 꾸몄다**. 솔로몬은 그로 죽임을 당하게 했을 뿐만 아니라(허락하신 말씀대로) 하나님으로부터 위임받은 왕국의 선한 청지기 역할을 했다("여호와께서 살아 계심을 두고 맹세하노니". 참조, 1:29 주해). 시위대장 브나야가 즉시 왕의 명령을 수행했다.

b. 아비아달의 파면(2:26~27)

2:26~27 아도니야에게 붙었던 **제사장 아비아달은 음모 혐의로 솔로몬에 의해 처형당할 수 있었다**. 그러나 아비아달은 다윗의 생전 시에(대제사장으로 봉직하며) **궤를 메었던 야웨의 제사장**이었기 때문에, 다윗의 모든 환란을 같이 당했다. 그래서 솔로몬은 그의 직분만 파면하고 그의 고향인 아나돗에 거하도록 했다. 아나돗은 예루살렘 북동쪽 3마일 지점에 위치했다(수세기 후 예레미야가 아나돗에서 출생했다[렘 1:1]).

열왕기상·하의 저자는 솔로몬의 이러한 조치가 하나님의 예언을 성취시키는 것이라고 했다. 그것은 엘리의 제사장 가계가 끊어지리라는 예언이었다(삼상 2:30~35). 아비아달이 바로 그 가계의 일원이었다(참조, 삼하 8:15~18, "사독과 아비아달의 가계" 도표). 이 짧은 구절에서 열왕기상·하의 저자가 의도하는 바 하나를 볼 수 있다. 하나님은 그분이 하신 말씀에 대해 신실하시다는 것을 나타내려고 한 것이다.

c. 요압의 처형(2:28~35)

2:28~30 요압에게 전해진 소문은 분명 그의 공모자들인 아도니야와 아비아달에게 닥친 일이었다(23~27절). 요압은 다윗의 치세 때 군대 장관이었다(삼하 8:16). 이제 그는 아도니야처럼 예루살렘의 **장막**(성막) 뜰에 있는 **놋제단 뿔**을 통해 보호받고자 했다(참조, 왕상 1:50). 이곳은 목숨이 위태한 자들을 위한 도피처였다. 모세의 율법은 살인자를 제외한 모든 사람을 위해 그곳을 도피처로 규정했다(출 21:13~14).

어째서 요압은 살인자이면서도 그곳을 도피처로 삼았을까? 아마 솔로몬이 그를 쫓는 것은 그가 아도니야의 반란 미수에 가담했기 때문이며, 왕은 그가 아브넬과 아마사를 죽인 일에 대해서는 모르거나 관심이 없다고 여겼을 것이다. 그러나 바로 그 죄 때문에 **솔로몬**이 요압을 쫓았다. 솔로몬은 인간의 피를 흘림으로써 성막을 더럽히고 싶지 않아서 브나야를 통해 요압에게 나오라고 했다. 그러나 요압은 이를 거절했다. 그는 제단 뿔을 떠나지 않겠다고 했다. 결국 **솔로몬**은 그를 살인자로 취급하고 그 자리에서 치라고 명령을 내렸다.

2:31~33 살인한 것 때문에 요압은 무자비하게 처형당했다. 다윗의 집 (왕조)은 요압이 살아 있는 한 그가 저지른 일에 대한 책임이 있었다. 왜냐하면 그는 직무와 관련해서 아브넬과 아마사를 살해했기 때문이다(참조, 삼하 3:22~30; 20:8~10). 솔로몬은 (앞서 간 다윗처럼, 왕상 2:5~6) 그의 통치에 하나님의 복이 임하는 것을 방해하는 것이 다 제거되고, 요압의 죄가 오직 그의 집에만 해당되기를 원했다.

2:34~35 왕족의 시위대장인 브나야는 성막으로 되돌아가서 왕의 명령을 수행했다. 하지만 요압이 완전히 불명예스럽게 죽은 것은 아니었다. 그는 광야에 있는 자기의 집에 매장되었다. 그곳은 베들레헴 동쪽의 유다 광야였을 것으로 추정된다. 자기 땅에 묻히게 된 것은 요압이 오랫동안 다윗을 섬겼기 때문에 주어진 영광이었다. 솔로몬은 요압을 대신해 브나야를 군대장관으로 승진시켰다. 비어 있던 아비아달의 자리에는 제사장 사독이 앉았다(참조, 27절).

d. 시므이의 처형(2:36~46)

2:36~38 시므이는 위험한 인물이었음이 틀림없다. 그는 다윗과 솔로몬 모두에게 위협이 되었다. 그에 대한 기록은, 겉으로 보기에는 대수로울 것 없어 보이지만, 사실은 그렇지 않았다. 다윗이 압살롬에게 쫓겨 예루살렘에서 달아날 때, 시므이는 다윗과 그의 용사들을 말과 행동으로 공격했다. 다윗의 용사들은 시므이가 다윗에게 취한 행동에 분노하며 그를 그 자리에서 죽이도록 다윗의 허락을 구했다(삼하 16:5~13).

그러나 다윗은 허락하지 않았다. 시므이의 불충한 행위를 용서한 것은 아니었으나 시므이의 처형을 보류한 것은, 다윗이 압살롬의 반란에 직면했기 때문일 것이다. 시므이는 사울의 집과 같은 족속의 출신이었다(삼하 16:5).

솔로몬은 **시므이**를 소환해 판결을 내렸다. 그가 **예루살렘**에서만 살도록 제한한 것이다. 즉, 그 성읍이 그의 감옥이 된 것이었다. 특히 예루살렘 바로 동쪽인 **기드론 시내**를 건너지 말라고 했다. 만일 그가 기드론을 건너간다면 베냐민 사람 중에서 반란을 일으키려고 고향으로 가는 것이었기 때문이다. 솔로몬은 시므이에게 만일 이 명령을 어긴다면 처형당할 것이라고 했다. 시므이는 자기가 받은 판결을 이해하고 그것을 따르기로 했다. 그는 **삼 년 동안** 그렇게 했다(왕상 2:39).

2:39~40 삼 년 후 시므이의 두 종이 블레셋의 가드로 도망했다. 가드는 예루살렘 남서쪽 약 30마일 지점에 있었다. 그 종을 찾으려고 시므이가 예루살렘을 떠나기로 결심했다. 그것은 그가 솔로몬의 권위를 경시했음을 말해 준다.

2:41~46 솔로몬은 시므이의 태도가 변했음을 알게 되었다. 시므이가 판결 조항을 위반했기 때문에 솔로몬이 자비를 베풀어서 연기시켰던 형벌을 실행할 구실이 생겼다. **시므이도** 아도니야처럼 뉘우침이 없었다. 솔로몬은 자기 행동을 정당화하기 위해 시므이에게 내렸던 판결을 그와 함께 다시 따져 보았다(42~43절). 솔로몬의 주된 관심은 **다윗의 왕위**가 견고히 서는 것이었다(45절). 이것은 다윗이 시므이에 대해 가진 관심이기도 했다.

다윗이 명령한 대로(8~9절) 솔로몬은 **시므이**를 사형에 처했다. 그러나 솔로몬이 시므이를 다루면서 예전에 베푼 자비(36~37절)로 인해 왕이 앙심을 품었거나 불공평하다는 비난을 면하게 했다.

솔로몬이 그의 정적들, 즉 다윗의 치세 때 하나님의 뜻을 거슬렀던 자들을 다루는 전 과정에서 젊은 왕의 자비와 지혜가 돋보였다. 그가 왕위에 위협이 되는 것들을 지혜롭게 처리하면서 **나라가 솔로몬의 손에 의해 견고해졌다**.

2. 솔로몬의 지혜(3장)

솔로몬의 지혜는 그의 정적들을 다룬 기사에서 이미 분명하게 드러났는데, 3장에서 다시 강조된다.

a. 솔로몬의 태도(3:1~3)

3장에서는 솔로몬의 직임과 하나님에 대한 왕의 태도, 그리고 하나님의 축복을 설명한다.

3:1 본 기사는 솔로몬 생애의 다른 사건들과의 연대기적 측면에서 벗어난 것으로 보인다. 이 부분은 중요한 역사적 사실로서, 또 앞으로 닥칠 일의 전조로서 첨가된 것 같다. **솔로몬은 애굽 왕 바로**(아마 21왕조의 시아몬 왕일 것이다)**와 평화 조약을 맺고 그의 딸과 결혼하는 것으로 그것을 보증했다**. 이런 결혼의 동기는 정치적인 것이었음이 분명하다. 솔로몬은 이방 사람과의 결혼에 마땅히 주의를 기울였어야 함에도 그렇게 하지 않았다. 이 결혼으로 남서쪽에 있는 **이스라엘**의 이웃과 화평을 누리게 되었는데, 사실 그 나라는 솔로몬의 치세 시 보잘것없는 나라였다. 그는 **자**

기의 왕궁과 성전과 그 외의 건물 등 갖가지 건설 사업을 끝낸 후(참조, 7:2~7) 바로의 딸을 위해 특별한 집(궁)을 지었다(참조, 7:8).

3:2~3 사사 시대에 이스라엘 사람들은 **산당**에서 희생 제사를 드리는 가나안 족속의 관습을 받아들였다. 산당은 언덕 꼭대기와 그 외의 높은 곳에 있었다. 이교도인 가나안 족속은 하늘에 가까울수록 그들이 드리는 기도와 제사가 신들에게 도달할 가능성이 높을 것이라고 여겼다. 성막 외의 다른 장소에서 희생 제사를 드리는 것은 모세의 율법에서 금지되었다(레 17:3~4). 그럼에도 불구하고 이런 관습은 그 당시 이스라엘에서 성행했다. 심지어 솔로몬까지 그 일을 자행했다.

성전이란 성막이 아니라 솔로몬의 성전을 말하는 것이다. 솔로몬은 다윗의 경건한 선례를 따르는 데 유의하여 야웨에 대한 그의 사랑을 이렇게 나타냈다.

b. 지혜를 구하는 솔로몬의 기도(3:4~15)

3:4~5 가장 중요한(널리 알려졌거나 가장 큰) 산당은 기브온에 있었다. 기브온은 베냐민 영토의 예루살렘 북쪽 약 5마일 지점에 있었다. 그곳에서 **솔로몬**은 큰 제사를 여호와께 드렸다. 바로 그날 밤 여호와가 자신을 **솔로몬의 꿈**에 나타내셨음이 분명하다. 그런 현시는 고대 이스라엘에서는 희귀한 일이 아니었다(참조, 창 28:10~15; 37:5~7). 하나님은 솔로몬에게 원하는 것은 **무엇이든** 다 주겠다고 하셨다. 솔로몬이 여호와께 제사를 드리면서 정성을 다한 것과 하나님이 그에게 이런 제의를 하면서 정성을 다하신 것에는 원인과 결과의 관례가 있는 것 같다.

3:6~9 솔로몬은, 하나님이 다윗에게 은혜를 베푸신 것이 그가 하나님께 성실했기 때문이라는 사실을 깨달았다. 그것은 다윗의 **공의로운** 행실과 정직한 **마음**에서 잘 나타났다. 왕은 자신의 미숙함을 깨닫고 하나님의 지혜를 필요로 했다. 솔로몬이 왕위에 앉았을 때의 나이는 약 20세였다.

솔로몬은 자기를 작은 아이라 칭하면서 자신의 경험이 부족함을 시인했다(참조, 대상 22:5; 29:1). 솔로몬은 야웨의 부섭정으로서의 역할을 제대로 수행할 수 있을지 걱정되었다. 하나님의 **백성**의 지도자와 재판관으로서의 책임이 그에게 큰 부담이 되었다. 그래서 그는 하나님의 음성에 의지하여 듣는 **마음**(직역하면 '청종하는 마음')을 달라고 했다. 그래야 이스라엘을 하나님이 원하시는 대로 다스릴 수 있기 때문이었다. 솔로몬은 자기를 하나님의 **종**이라 일컫는 것으로 그가 하나님을 의지한다는 사실을 시인했다(7~8절).

3:10~14 솔로몬은 능력 있고 유명한 왕이 되려는 욕심이나 자신의 평안과 번영보다 하나님의 백성이 잘되는 것에 우선순위를 두었다. 그의 가치 기준은 하나님이 보시기에 합당한 것이었다. 그래서 **하나님**은 그가 구하는 것을 주리라고 약속하셨다. 그는 듣는 **마음**을 소유하여(12절) 잘 분별해서 공정한 판결을 내릴 수 있었을 것이다(11절). 솔로몬이 하나님께 가장 중요한 것을 구했으므로 하나님도 그에게 그 다음으로 중요한 것을 주리라고 약속하셨다. 그것은 **부귀와 영광**으로서 하나님의 백성을 보다 잘 다스릴 수 있도록 하는 것이었다. 솔로몬은 그 당시 가장 부유하고 영광 받는 왕이 되었다. 하나님은 솔로몬이 하나님의 뜻을 좇으며 모세의 율법을 준행하는 일에 계속 신실하면 그의 날이 길게 될 것이라고 약속하셨다.

3:15 하나님이 주시는 축복은 그 축복을 받는 사람을 하나님과의 보다 친밀한 관계로 이끌었다. 계시의 영감을 받은 솔로몬은 산당에서 내려와 거룩하게 지정된 예배처, 즉 성막으로 나아갔다. 그는 지성소에 들어가지 않았다. 그곳은 대제사장만이 일 년에 한 차례 들어갈 수 있는 곳이었다 (레 16장). 솔로몬은 **여호와의 언약궤 앞**, 즉 언약궤 쪽을 보며 성막 밖에 섰다. 번제는 하나님께 자신을 완전히 헌신함을, **감사의 제물**은 하나님의 은혜로 하나님과 다른 사람과 함께 즐길 수 있는 교제를 상징했다. 솔로몬의 잔치는 그의 신하에게 그의 기쁨과 감사를 나타내는 것이었다.

c. 솔로몬의 지혜 과시(3:16~28)

이 사건은 하나님이 약속하신 지혜가 솔로몬에게 임했다는 것을 나타내고자 넣은 것(참조, 12절)으로 보인다. 솔로몬이 어려운 문제를 해결하는 데서 지혜의 정수가 의미심장하게 드러났다. 왕은 인간의 본성(이 경우에는 모성애)을 간파했다. 그것으로 그는 사람들이 왜 그들 나름대로 행동하며, 갖가지 상황에서 어떻게 반응하는가를 이해할 수 있게 됐다. 이런 능력이 없었다면 그저 사람들의 피상적인 말과 행동만을 보고 판단하였을 것이다.

3:16~23 두 창기가 한집에 살았는데 각자에게 삼 일 된 아이가 있었다. 아이 중 한 명이 밤에 죽자 아이의 어머니가 죽은 아이를 산 아이와 바꿨다. 아침에 다른 여자가 죽은 아들이 자기 아들이 아님을 발견했는데, 범행을 저지른 여자는 자기의 범행을 시인하지 않았다. 말다툼이 끊이지 않자 그들은 왕 앞에 나가서 산 아이가 제 아이라고 서로 우겨 댔다.

3:24~27 솔로몬은 그 아들을 둘로 나누어 주라고 명령했다. 그가 예측한 대로 아이의 어머니는 아이가 죽는 것을 원치 않았다. 죽이기보다는 차라리 그 아이를 다른 여자에게 주라고 자진해서 말했다. 반면에 다른 여자는 아이를 둘로 나누게 하라고 주장했다. 그녀는 아이를 가엾게 여기지 않으므로 산 아이의 어미가 아님이 분명했다.

3:28 이번 사건에서 보여 준 솔로몬의 지혜는 그의 왕국 전역에 알려지게 되었다. 그는 지혜로운 판결자로 존경을 받았다.

3. 솔로몬의 정치(4장)

본 장은 하나님이 솔로몬에게 주신 지혜(참조, 3:12)가 그의 이스라엘 통솔에서 두각을 나타냈음을 보여 준다.

a. 솔로몬의 신하(4:1~6)

4:1~3 권위의 위임은 지혜의 표시다. 솔로몬은 그의 정부를 다스릴 신하 11명을 선정했다. 이들 중 **아사리아**(2절)와 사독과 아비아달(4절)은 제사장이었다. 사독의 아들 아사리아는 실제로는 사독의 손자였다(참조, 대상 6:8~9). '아들'이라는 표현은 종종 후손을 의미하기도 한다. **엘리호렙과 아히야**는 비서관 또는 서기관이었다. 이것은 중요한 직책이었다. 서기관들은 무역과 상업과 군사 동맹에 영향을 미치는 왕의 칙령을 준비했으며, 공식 기록을 보존했다. **여호사밧**은 사관으로 왕국에서 일어나는 주요 일상사의 기록을 간수하는 자였다. 여호사밧은 다윗이 다스릴 때에도 이런

자리에서 일했다(삼하 8:16; 20:24).

4:4 브나야는 군사령관이었다. 사독과 아비아달은 다윗 당시에 공동 대제사장으로 일했다(삼하 15:35). 그러나 아비아달은 반란 미수 때 아도니야의 편을 들었기 때문에 솔로몬에게 파면을 당했다(2:20~27). 사독은 계속해서 대제사장으로 일했다(2:35). 아비아달이 솔로몬의 신하 가운데 한 명으로 기록된 것은, 그가 비록 대제사장직에서 파면당했다 해도 그의 직함과 영예는 계속 유지되었기 때문이다. 아사리아(2절)와 사독(4절)은 아비아달과 사독이 예전에 그랬던 것처럼 함께 일했던 것으로 보인다.

4:5~6 두 사람이 나단의 아들로 열거되었다. 그들은 한 사람의 아들이었거나 이름만 같은 다른 나단의 아들이었을지도 모른다. 아사리아(2절에 있는 아사리아가 아님)는 8~19절에 나오는 열두 지방 장관의 두령이었다. 사붓은 제사장 가계의 출신으로 왕의 벗이었다. 아히살은 궁내대신이었는데, 아마 궁궐의 종들과 그 외의 일꾼들을 감독했을 것이다. 아도니람(참조, 5:14)은 노동감독관이었다. 즉, 이스라엘에 살고 있는 이방 사람들을 관장하는 자였다. 이방 사람들은 왕을 위해 일하도록 징집된 자들이었다(참조, 5:13~14; 9:15, 21; 대하 2:2; 8:8).

b. 솔로몬의 지방 관장(4:7~19)

4:7~19 솔로몬은 지방 관장 열두 명에게 왕실(그리고 몇천 마리나 되는 그의 말들[28절])을 위해 양식을 공급하는 책임을 맡겼다. 한 관장이 한 달씩 준비하도록 했는데, 그 양식이 엄청났다(참조, 22~28절). 이런 일로

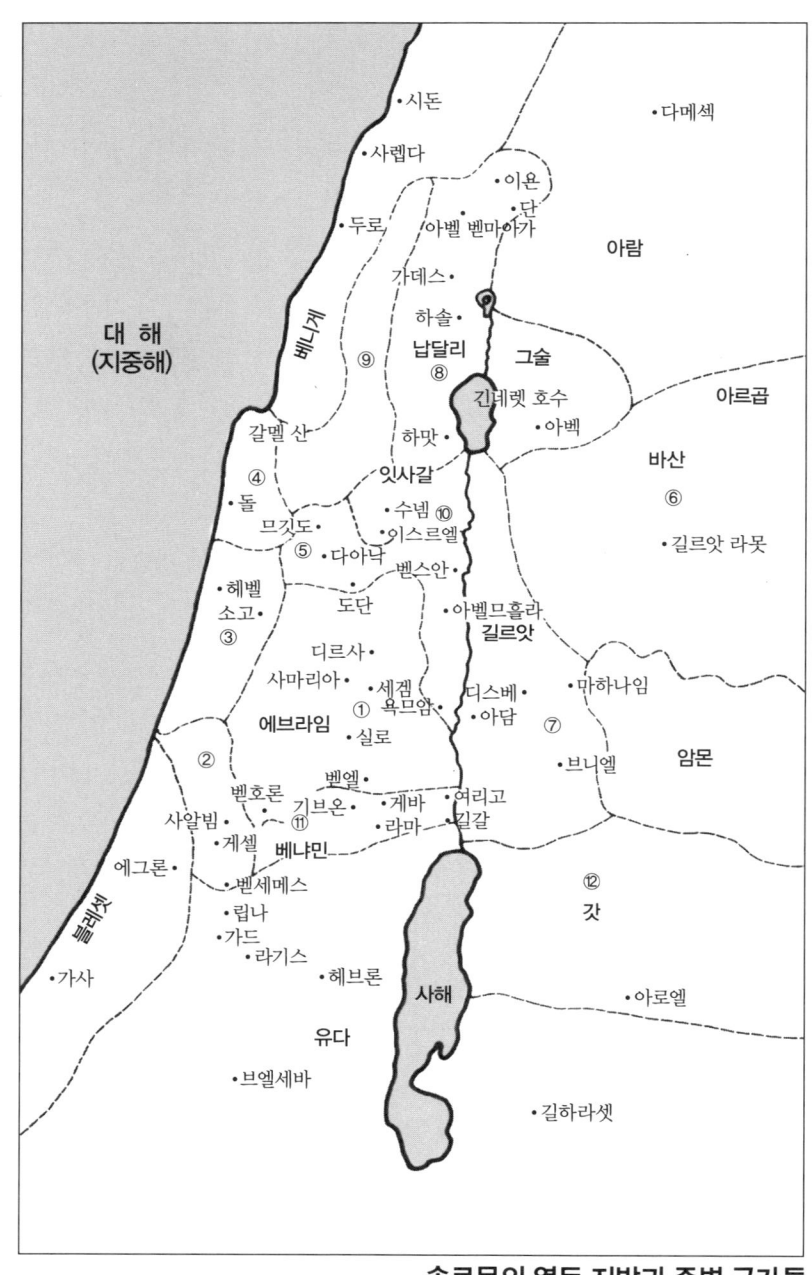

솔로몬의 열두 지방과 주변 국가들

그들이 분주했음은 말할 것도 없다. 흥미로운 사실은, 관장 중 두 명이 솔로몬의 사위(11, 15절)였다는 것이다. 아히마아스를 제외하고 모두가 성경에서 이곳에서만 언급되었다. 아히마아스는 제사장 사독의 아들이었다(참조, 삼하 15:27). 지방의 경계에 대해서는 "솔로몬의 열두 지방과 주변 국가들" 지도를 참조하라. 유다는 포함이 안 되었는데, 솔로몬이 그곳에 세금 부과를 면제시켰을 것이다.

c. 솔로몬의 번영(4:20~28)

4:20 솔로몬의 왕국은 많은 인구가 통일되었고, 안전하고 막강했으며, 번영했다(참조, 1:35 주해) 사람들이 바닷가의 모래같이 많게 되었다.

이스라엘 사람들에게는 먹고 마실 것이 충분했다. 그들은 인생의 기본적인 안락을 누리기에 즐거웠다(참조, 4:25).

4:21 솔로몬의 영토는 동쪽과 북쪽으로는 유브라데 강에서부터(참조, 24절) 서쪽으로는 블레셋 사람의 땅과 남서쪽으로는 애굽에 이르기까지 확장되었다. 그렇다고 이것이 아브라함의 언약(창 15:18~20)이 솔로몬 시대에 성취되었음을 말하는 것은 아니다. 왜냐하면 이 지역 모두가 이스라엘의 지리적 경계에 통합된 것은 아니었기 때문이다. 많은 종속 국가들이 세금(조공)을 솔로몬에게 바칠 뿐 그들의 주권과 영토는 그대로 유지되었다. 이스라엘의 지리적 경계는 단에서부터 브엘세바에 이르기까지였다(25절).

4:22~25 솔로몬의 하루 음식물을 공급하는 능력은(참조, 7절) 바로 그 나라가 부강하다는 증거가 되었다(22~23절). 그 음식물은 가는 밀가루 삼

십 고르(약 185부셀. 참조, NIV 난외주), **굵은 밀가루 육십 고르**(약 375 부셀. 참조, NIV 난외주) 소 삼십 마리, 양 일백 마리, 들짐승(수사슴과 노루와 암사슴)과 새들이었다. 이렇게 많은 음식물을 제공할 수 있었던 것은 왕국이 지리적으로 커졌기 때문이다. 즉, 북쪽으로는 (유브라데 강기슭에 있는) 딥사 성읍에서부터 남쪽으로는 가사에 이르기까지였다(참조, 21절). 각기 포도나무 아래와 무화과나무 아래에서 산다(25절)는 말은 화평과 번영을 비유적으로 표현한 것이다(참조, 미 4:4; 슥 3:10). 포도나무와 무화과나무는 이스라엘의 상징이며, 약속한 땅의 풍작을 묘사하는 것이다.

4:26~28 솔로몬의 수많은 **말**(만 이천. 참조, 대하 1:14)과 **병거**(천사백. 참조, 대하 1:14)에 대해서는 여러 곳(대하 9:25에서는 '병거성'이라고 했다. 참조, 왕상 9:19)에 기록되어 있다. 히브리어 본문에서는 외양간이 **사만**이라고 했지만(참조, NIV 난외주), 이것은 필사자들이 **사천**이라고 한 원문을 복사하면서 범한 오류였을 것이다. 그 수치는 역대하 9장 25절에 있다. 국방에 쓰인 말과 병거는 도발 가능성이 있는 침략자들을 크게 제지시키는 역할을 했다. 솔로몬의 모든 말에게 먹일 **보리와 꿀은 지방관장**들에 의해 매일 제공됐다.

d. 솔로몬의 솜씨(4:29~34)

4:29 솔로몬의 지혜에 대한 부가적인 설명은, 하나님의 약속처럼 하나님은 왕에게 복 주는 일에 신실하심을 나타내는 것이다(참조, 3:12; 5:12). 지혜는 성공적인 삶을 사는 능력이다. 솔로몬은 이런 능력을 소유했으면서도 그것을 자기 삶에 항상 적용하지는 않았다. 이 세상에서 가장 지혜

로운 자(즉, 가장 위대한 지혜를 지닌 자)는 그를 앞서거나 뒤따른 다른 많은 사람들처럼 지혜롭게 살지는 않았다. 삶을 통찰한다고 해서 곧 올바른 일을 하려고 마음먹으리라는 보장은 없다. 솔로몬의 **넓은 마음**은 문제의 핵심을 알아채는 능력이었다(참고, 3:16~27). 그의 **총명**은 대단했다. 말하자면 그는 박학한 사람이었다.

4:30~31 솔로몬의 지혜는 동쪽 모든 사람의 지혜(참조, 욥 1:3)와 애굽 사람의 모든 **지혜**를 능가했다. 이들 지역은 모두 지혜로 이름난 곳이었다. 솔로몬은 또한 지혜로 명성을 떨치던 자들보다 뛰어났다. 그들 중에는 **예스라 사람 에단**(이 이름이 그가 썼으리라고 여겨지는 시편 89편의 제목에 나온다)과 헤만(에단과 헤만은 악사였다. 참조, 대상 15:19)과 갈골과 다르다가 포함되었다. 에단을 제외한 세 명은 **마홀의 아들들**이다. 그러나 역대상 2장 6절에서는 그들이 에단과 시므리와 더불어 **세라의 아들**(후손)이라고 불렸다. 마홀은 이들 네 명(에단, 헤만, 갈골, 다르다)의 아버지였으며, 시므리(그의 아버지는 세라였다)는 몇 대 이전의 조상이었음이 분명하다(참조, 대상 2:6 주해).

4:32~34 솔로몬의 잠언 삼천 개 중 수백 개가 전도서의 일부와 잠언에 보존되어 있다. 그의 천 개의 노래 중 하나가 아가서다. 솔로몬의 문학작품 수는 엄청나게 많다. 그는 식물학과 동물학에도 조예가 깊었다. 34절의 표현은 과장법(논지를 이해시키기 위한 과장)이다. 세상 모든 나라가 솔로몬을 방문하도록 대표를 보내지는 않았을 것이다. 요점은 많은 주요 방문객들이 먼 곳에서부터 솔로몬을 찾았으며, 솔로몬은 그들을 왕궁에서 공공연히 맞아들였을 것이다. 하나님이 그렇게 되리라고 약속하셨듯이, 솔로몬은 그 당시에 가장 지혜 있는 자로 알려졌다.

C. 솔로몬의 성전과 왕궁(5~8장)

열왕기상·하의 저자는 솔로몬뿐 아니라, 솔로몬의 성전에도 큰 관심을 가졌다. 솔로몬이 백성에게 영적인 힘을 공급하려고 마련한 것들이 이스라엘에 괄목할 만한 기여를 했다.

1. 건축 준비(5장)

a. 솔로몬이 히람에게 요청함(5:1~6)

5:1 두로는 이스라엘의 북쪽 지중해 연안에 있는 주요 항구도시였다. 그곳은 베니게의 주요 도시 중 하나였는데, 베니게는 이스라엘의 우호적인 인근 국가에 속했다. 두로 왕 히람은 다윗 왕의 동맹이자 친구였으며, 다윗의 궁을 짓는 데 자재와 일꾼들을 보내기도 했다(삼하 5:11). 히람은 친구의 아들인 새 왕 솔로몬에게 문안을 드리러 신하를 보냈다.

5:2~5 다윗은 성전 건축에 대한 생각을 그의 친구 히람과 나눴다. 그러나 다윗은 전쟁으로 말미암아 싸워야 했기 때문에 하나님께로부터 성전 건축을 허락받지 못했다. 그러나 이제 태평이 임했으므로(참조, 4:24~25) 건축을 시작할 수 있었다. 평화에 대한 솔로몬의 확신이 히람으로 하여금 그의 계획에 협력하도록 부추겼다. 그의 의도는 하나님에 의해 인가된 성전을 짓는 것이었다.

5:6 솔로몬이 히람에게 **명령**을 내려 달라고 요청한 것은, 그의 신하들로 하여금 공사에 필요한 자재와 기술자들을 제공하도록 하라는 것이었다. 이 말을 높은 자리에 있는 자의 권위에 근거해서 할 수도 있었겠지만, 솔로몬은 마치 친구에게 청하듯 부탁의 말로 했을 것이다. 레바논의 **백향목**은 두로의 동쪽에 위치한 레바논 산지의 서쪽 비탈에서 무성하게 자랐다. 하지만 오늘날에는 얼마 남지 않았다. 이는 매우 오래된 나무들로, 단단하고 아름다운 재목(材木)이어서 건축에는 최적이었다. 그것은 쉽사리 썩거나 벌레를 먹지 않았다.

솔로몬은 나무를 베는 사람들을 돕도록 일꾼들을 붙여 줄 것이며, 시돈의 일꾼들에게는 히람이 요구하는 **말씀**대로 그들의 삯을 주겠다고 제의했다. **시돈 사람**은 노련한 **벌목** 기술자들이었다. 솔로몬이 그들의 능력을 인정해 주자 히람은 분명 감명받았을 것이다. 베니게의 다른 도시 시돈은 두로의 북쪽에 있었다. 히람은 그곳에서 일꾼들을 고용했을 것이다.

b. 히람의 솔로몬과의 조약(5:7~12)

5:7~9 솔로몬의 제의는 기꺼이 수락되었다. 히람은 야웨를 존중했는데, 아마도 그가 다윗과 접촉한 결과였을 것이다. 히람은 솔로몬의 지혜를 곧 파악했다. 열왕기상·하의 저자는 솔로몬이 히람에게 한 말(3~6절)을 모두 기록하지는 않았을 것이다. 왜냐하면 히람이 **백향목 재목**뿐만 아니라 **잣나무 재목**도 준다고 했기 때문이다. 히람은 재목을 떼로 엮어 솔로몬에게 운송하겠다고 제의하고 이에 대해 책임지겠다고 했다. 히람은 그 대가로 그의 **궁정**을 위한 **음식물**을 원했다.

5:10~12 솔로몬은 협상을 통해 그에게 해마다 밀 이만 고르(약 12만 5,000부셸. 참조, NIV 난외주)와 맑은 기름 이십 고르(약 11만 5,000갤런)를 주었다. 보리와 포도주도 포함되었다(대하 2:10). 히람은 큰 왕실을 이끌고 있었던 것으로 보인다. 그들 중에는 왕실 구성원들뿐 아니라 신하도 포함되었다. 밀과 감람유는 두로나 그 근처에서 풍부하게 구할 수 없었던 것 같다. 솔로몬이 지혜롭게 주도권을 쥠으로써("여호와께서 … 솔로몬에게 지혜를 주신 고로". 참조, 왕상 3:12, 28; 4:29) 이 약조는 오랜 세월 지속되었으며, 두 왕의 친목에 기여했다.

c. 솔로몬의 역군 징집(5:13~18)

5:13~18 솔로몬의 징집은 이스라엘에 살고 있는 이방 남자들(여기서는 18만 3,300명이 언급된다)의 생계에 영향을 미쳤다(참조, 대하 8:7~8). 왕은 임시로 부역을 하도록 그들을 징집했다. 그래서 그들은 개인적인 의무를 이행하면서 동시에 부역과 관련된 일도 감당해야 했다. 징집한 **역군**에 대한 이러한 조치는 결국 이스라엘 사람들을 대단히 불쾌하게 만들었는데, 아마도 집행되는 과정 때문이었던 것으로 보인다(참조, 왕상 12:18). 사역을 감독하는 관리는 삼천삼백 명이었고, 여기에 오백오십 명(9:23)을 더해 삼천팔백오십 명이 됐다(참조, 대하 2:18의 3,600명, 8:10의 250명을 합친 수).

아도니람의 감독 아래서(참조, 왕상 4:6) **짐꾼**은 물건을 이곳저곳으로 옮겼으며, **돌을 뜨는 자**는 예루살렘 북쪽 산에 있는 채석장에서 육중한 석회암 덩이를 떴다. **그발**(오늘날의 비블로스로서 베이루트 북쪽 13마일, 두로 북쪽 60마일에 위치) **사람**은 솔로몬과 히람의 **건축자**와 함께 재목과 돌들을 준비함으로써 중요한 역할을 했다.

2. 성전 건축(6장)

a. 건물 규모(6:1~10)

6:1 이 구절은 구약성경에서 연대기적으로 가장 중요한 구절에 속한다. 이 구절이 이스라엘 역사의 분명한 연대를 정할 수 있게 하기 때문이다. 솔로몬의 통치 연대는 고대 문서에 언급된 것을 통해 거의 정확하게 입증되었다. 그 연대는 BC 971~931년이다. 이 구절에 의하면, 솔로몬은 왕위에 오른 지 4년만에 성전 건축을 시작했다. 그때가 BC 966년이었다. 출애굽 사건은 그보다 480년 전(BC 1446년)에 발생했다. 시브월은 4~5월에 해당한다(참조, 출 12:2, "이스라엘의 월력" 도표). 흥미롭게도 430년 후에도 스룹바벨의 지휘 아래에서(BC 536년) 제2월에 성전 재건을 시작했다(스 5:8).

6:2~3 1규빗은 약 18인치다. 따라서 성전은 길이가 90피트, 너비가 30피트, 높이가 45피트였다. 별로 크지 않았다. 건평이 겨우 2,700평방피트에 불과했다. 그러나 흰 석회암과 백향목, 금 외장 때문에 외양이 기막히게 아름다웠다. 그곳의 넓은 노천 현관(주랑)은 성전의 길이를 15피트 더해 주었다.

6:4~6 창틀 있는 붙박이 창문은 3층 골방들 위의 높은 벽에 있었음이 분명하다. 그 골방들은 성전 2~3면을 둘러싸고 있었다. 성전의 외소와 내소는 각각 성소와 지성소를 말하는 것이다. 성전의 벽을 돌아가며 지은 건물은 바깥벽에 붙여 지은 것이었으며, 아마 성전 뒤쪽이었을 것이다. 이 건물은 높이가 약 25~30피트였으며, 3층 골방들로 나뉘었을 것이다. 그 각각은 안쪽의 높이가 $7^1/_2$피트였다. 이 방들은 제사장들이 저장과 예식을 위

해 사용했다. 제일 작은 방은 1층에 있었는데(너비 7$\frac{1}{2}$피트), 그곳에는 복도와 계단이 있었다(참조, 8절). 좀 더 큰 방들은 2층에 있었으며(너비 9피트), 여기에도 복도와 계단이 있었다. 가장 큰 방들은 3층에 있었다(10$\frac{1}{2}$피트). 턱은 위층을 지지하는 버팀목이었다. 위층을 이 둘러선 건물 안에 지었던 것이다. 방 치수는 내부의 크기와 같았을 것이다.

6:7 솔로몬은 건축하는 소음이 그 성전의 목적에 비추어 볼 때 그곳에 어울리지 않는다고 여겼다. 그래서 그는 건물의 모든 부분을 돌을 뜨는 곳에서 떠서 다듬은 후 성전 속에서는 조용히 꿰맞출 수 있도록 했다.

6:8~10 성전은 동쪽을 향했으나, 돌아가며 지은 건물(5절)의 입구는 성전 오른편에 있었다. 모든 층에 있는 골방은 내부 계단과 복도로 연결되었다. 이 골방 건물의 들보는 성전의 벽에 박히지 않았지만(6절), 골방 내부 벽은 백향목 들보로 성전에 연접하게 했다(10절).

b. 솔로몬의 순종에 여호와가 축복을 약속하심(6:11~13)

6:11~13 성전을 건축하는 동안 하나님은 예전에 다윗에게 한 말을 솔로몬에게 재차 단언하셨다. 하나님이 다윗에게 하셨던 '약속'(12절)은 그가 (다윗의) 왕위를 영원히 견고하게 하리라(삼하 7:13)는 것이었다. 하나님은 솔로몬이 순종한다면 그를 통해서 이 일을 하실 것이다(12절). 나중에 솔로몬의 불순종은 하나님이 그의 아들 르호보암의 수중에서 나라의 일부를 제외시키시는 결과를 초래했다. 또한 하나님은 만일 솔로몬이 여호와께 순종한다면 그의 나라는 하나님과의 교제와 보호하심을 누릴 수 있

다고 약속하셨다. 그러나 이스라엘은 이런 은혜를 부분적으로만 누려야 했다. 솔로몬이 배교를 했기 때문이다.

c. 건축 완료(6:14~36)

6:14~18 성전의 내부 전체는 백향목 널판(벽)과 잣나무 널판(마루)으로 꾸며졌으며 모두 금으로 입혀졌다(22, 30절). 내소(지성소) 앞에 있는 외소(참조, 5절)가 성소였다. 외소는 길이가 60피트로서 지성소의 두 배였다(참조, "솔로몬 성전의 평면도"). 내부에 박과 핀 꽃을 아로새겨 장식했다.

6:19~22 내소(지성소. 30피트의 입방체로서 온통 정금으로 입혔다) 안에 언약궤가 있었다. 백향목 제단은 성소에 설치한 향단이다. 솔로몬의 향단은 백향목으로 만들고 정금으로 입힌 것이었다. 이것은 금단이라고도 불렸다(7:48). 금사슬은 지성소로 통하는 문들을 가로지르며 성소에 걸려 있었다. 열왕기상 6장 22절 상반절은 14~21절에서 언급되었던 것의 일부를 되풀이해서 말한다. 내소에 속한 제단(22절)은 성소에 있는 향단이다.

6:23~28 그룹은 천사가 조각된 것으로 감람나무로 만들었다. 그것의 날개는 퍼져 있는데, 나란히 30피트까지 뻗어 있다(지성소의 북쪽 벽에서부터 남쪽 벽까지. 참조, 대하 3:13). 그룹에도 역시 금을 입혔다.

6:29~35 내 외소, 즉 지성소와 성소의 벽은 그룹들과 종려와 핀 꽃의 형상으로 장식되었다. 성소로 통하는 감람나무 문의 문인방과 문설주는

벽의 **오분의 일**을 차지했다. 어떤 주석가들은 그것들을 미닫이문으로 본다. 현관에서 외소(성소)로 통하는 문은 잣나무로 만들어졌다(34절). 그 문들은 벽의 **사분의 일**을 차지했으며, 두 짝으로 접게 되어 있었다(각기 두 **짝**이 함께 돌쩌귀로 움직여서 서로를 마주 보며 열렸으며 끼우는 구멍이나 추축점에서 돌았다). 모든 문들이 벽처럼 장식되었다(32, 35절. 참조, 29절).

6:36 안뜰은 성전을 둘러싼 노천 광장이었다. 여기서는 언급되지 않았으나 바깥뜰도 있었다(참조, 대하 4:9). 바깥뜰은 안뜰보다 어느 정도 낮았다('위뜰'. 참조, 렘 36:10). 안뜰('제사장의 뜰'. 참조, 대하 4:9)은 담으로 바깥뜰(큰 뜰)과 구분되었다. 이 담은 **다듬은**(깎은) 돌(석회암) 세 켜(줄)와 백향목 판자 한 켜(줄)로 세워졌다(바깥뜰 역시 담으로 둘러쳐졌다). 안뜰의 크기는 제시되지 않았으나, 성전과 성막의 규모를 비례시키듯 성전 뜰의 규모를 성막 뜰의 규모와 비례시키면, 안뜰은 폭이 약 150피트고 길이가 약 400피트였다.

d. 건축 기간(6:37~38)

6:37~38 성전 건축에 칠 년이 소요되었다. 솔로몬 통치 제4년(BC 966년. 참조, 6:1 주해)에 시작해서 제11년(BC 959년)에 마쳤다. 보다 엄밀하게 말하면 칠 년 반이 걸렸다. 시브월은 4~5월이며 제8월인 **불월**은 10~11월이다.

3. 솔로몬의 왕궁(7:1~12)

7:1~6 1~12절의 솔로몬 왕궁에 대한 묘사를 보면 건축한 건물이 하나인지 여럿인지 아리송하다. 아마도 복합 건물을 하나 세웠고, 그것이 독립되면서도 서로 연결된 여러 건물들로 구성되었을 것이다. 그런 배열은 동양의 다른 큰 건축물이나 왕궁의 스타일과 일치한다.

왕궁을 짓는 데는 성전보다 더 오랜 세월이 걸렸다(십삼 년. 참조, 6:37~38). 성전보다 건물이 더 컸기 때문이다. 레바논 나무로 지은 왕궁(참조, 10:17, 21; 사 22:8)이라는 말은 레바논 백향목을 도처에 대량으로 사용했기 때문에 붙여진 것 같다(참조, 왕상 7:2~3). 그 궁이 위치한 곳은 레바논이 아니라 예루살렘이었다. 궁의 크기는 길이 150피트에 너비 75피트에 높이 45피트였다. 건평은 1만 1,250평방피트였으며, 성전 건평

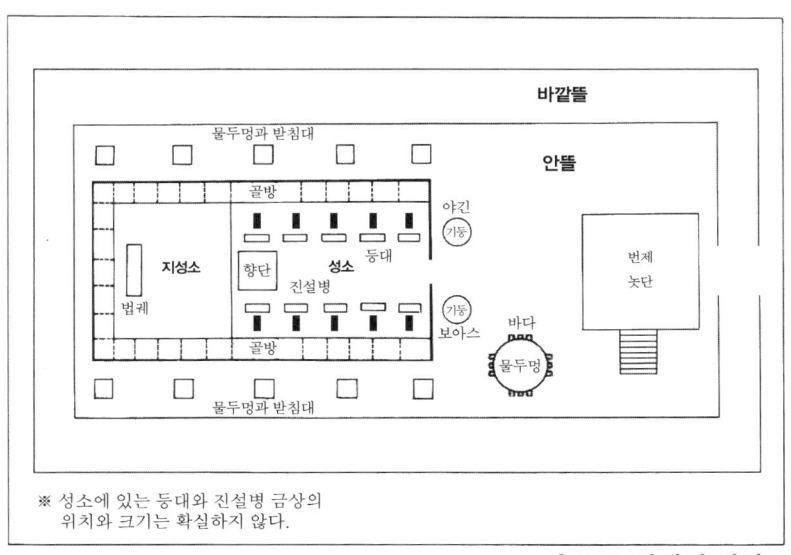

※ 성소에 있는 등대와 진설병 금상의
   위치와 크기는 확실하지 않다.

솔로몬 성전의 평면도

2,700평방피트보다 4배나 컸다(참조, 6:2).

왕궁은 분명 병기고로 쓰였다(10:17. 참조, 사 22:8). 그 근처에 기둥을 세워 만든 주랑(안뜰 주위의 지붕 있는 통로)이 있었는데, 이 주랑에는 지붕과 버팀용 들보가 얹힌 정면 주랑(현관)이 있었다.

7:7~11 솔로몬의 보좌의 주랑, 곧 재판하는 주랑은 레바논 나무로 지은 궁에 붙여서 지었다. 솔로몬의 거처(8절 상)와 그가 장가든 바로의 딸(8절 하)을 위해 지은 별궁(집)도 마찬가지였다. 모든 건물이 조화를 이뤘다. 큰 뜰(9절)이 이 모든 건물들을 궁의 복합 건물로 결합시켰다. 집들은 모두 돌로 지어졌으며(지붕은 예외), 기초석 위에 놓였다. 각각의 돌은 크기대로 **톱으로** 켰다. 팔레스타인의 석회암은 갓 떠냈을 때 톱으로 켤 수 있었다. 그러나 자연 중에 노출시키면 쉽게 굳었다.

7:12 왕궁의 큰 뜰은 담으로 막았다. 그 담은 성전 안뜰에 놓은 것과 비슷한 모양이었다(참조, 6:36). 왕궁은 아마 성전 근처(남쪽일 것)에 세워졌을 것으로 보이지만, 고고학자들은 그 유적을 하나도 찾지 못했다.

4. 성전 기구(7:13~51)

a. 후람의 작업(7:13~47)

7:13~14 후람(히브리어 히람의 상이한 철자법)을 두로 왕 히람(5:1)과 혼동해서는 안 된다. 후람은 재능 있는 장인이었다. 그는 두로 출신으로 그의 어머니는 납달리 지파의 이스라엘인 과부였으며, 그의 아버지는 두로

의 베니게인이었다. 역대하 2장 14절에 의하면 후람의 어머니는 단 지파였다. 아마 그녀는 단 지파 출신으로 납달리에서 살았거나 그 반대였을 것이다. 후람은 놋(구리 합금)을 다루는 특별한 재능이 있었다.

7:15~22 후람은 큰 놋기둥 둘을 만들었다. 각각 높이가 27피트, 둘레가 18피트였다. 기둥머리까지 합하면 기둥 높이가 34피트를 넘었다(15절과 대하 3:15간의 모순되는 부분은 그 곳의 주해를 보라). 이 받침 없는 기념물들의 아름다움과 복잡함을 나타내기 위해 7장 17~20, 22절(참조, 대하 3:16 주해)에 보다 자세한 내용을 기록하고 있다.

이 두 기둥을 성전의 주랑(지붕 없는 현관) 양편에 세웠다. 오른쪽의 기둥을 야긴이라고 하는데, 그 의미는 "저(야웨)가 세우리라"다. 왼쪽의 기둥은 보아스라고 하는데, "그(야웨)에게 능력이 있다"라는 의미다. 이 기둥들은 백성이 하나님께 순종함으로써 안정과 능력을 얻을 수 있다는 증거로 세워졌다.

7:23~26 '바다'는 성막의 물두멍에 해당한다. 이것 또한 크기가 대단했다. 직경이 15피트에 높이가 7피트 반이었다. 원주(45피트) 대 직경(15피트)의 3:1 비율과 기하학의 π(파이)를 비교한 것에 대해서는 역대하 4장 2절을 참조하라. 바다는 조각된 **열두 소**의 등에 놓여 있는 거대한 대야처럼 생겼다. 그 소들이 바다를 받치고 있었다. 그곳에 물 **이천 밧** (약 1만 1,500갤런. 참조, NIV 난외주)을 담을 수 있었다. 이 대야는 성전 뜰의 급수 탱크 역할을 했다. 역대하 4장 5절에는 그 대야에 **삼천 밧** (약 1만 7,500갤런)을 담았다고 나와 있다. 아마 총 용적이 그렇다는 것이고, 실제로는 이천 밧을 담았을 것이다.

7:27~40상 놋으로 만든 받침 열 개는 희생 제물을 잡는 데 썼음이 분명하다. 각각은 가로세로 6피트에 높이가 5피트 반이었다. 각 받침 위에는 물두멍(38절)이 있었다. 그곳에 약 230갤런(사십 밧)의 물을 담았다. 또 다른 물두멍(30절)은 아가리를 통해 물이 반원형으로 우묵한 곳(아마 물탱크)으로 빠져들어 갔음이 분명하다. 각 받침에는 양면이 장식된 판과 네 놋바퀴가 있었다. 이들 열 개의 동일한 작업대는 필요에 따라(비록 어렵겠지만) 안뜰을 끌고 돌아다닐 수 있었을 것이다. 다섯은 성전 오른쪽에 두었고 다섯은 성전 왼쪽에 두었다.

7:40하~47 후람의 새 제작물을 요약하면서 그가 만든 놋제단은 제외하고 있다(대하 4:1). 기구 제작에 대한 기록은 성전의 기가 막힌 아름다움과 균형미와 영광을 아주 구체적으로 강조하고 있다. 놋기구들을 요단 평지, 숙곳과 사르단 사이의 차진 흙에서 부어 내었다. 그곳은 사해 35마일 북쪽이며 요단 강 동쪽이었다. 놋이 너무 많으므로 무게를 달지도 못했다.

b. 기구와 부속물(7:48~50)

7:48~50 놋은 성전의 외부용 기구를 만드는 데 썼고(40~45절) 내부용 기구는 금으로 만들었다. 금단은 향단이다. 진설병(제상에 올리는 떡. KJV)의 금상은 아홉 개의 다른 금상들과 함께 큰 상이었을 것이다. 여기서는 그 아홉 개의 상들이 언급되지 않았지만, 역대하 4장 8절(상 열 개)과 19절(상들)에서는 언급되었다. 성막에는 등대가 하나였는데, 성전에는 성소(외소)에 열 개의 등대가 있었다. 문 돌쩌귀까지 포함해서 다른 기구 역시 모두 금으로 만든 것이었다.

c. 다윗이 봉헌한 기구(7:51)

7:51 이 모든 기구에 다윗이 성전 의식을 위해 준비했다가 봉헌한 물건이 더해졌다(삼하 8:11; 대상 22:14; 29:1~9). 여호와의 성전 곳간은 아마 성전을 둘러싸고 있는 '건물' 속에 있는 골방들이었을 것이다(6:5~6).

5. 성전 낙성식(8장)

a. 언약궤 비치(8:1~11)

8:1~2 새로운 기구와 도구와 부속물 모두가 제작되어 적소에 비치된 후(6장; 7:13~51), 솔로몬은 언약궤 비치와 성전 봉헌을 위해 백성을 소집했다. 이스라엘 장로와 모든 지파의 우두머리, 즉 이스라엘 자손의 족장들이 특별 초대를 받았다. 행사는 에다님월 절기(9~10월에 있는 초막절[레 23:33~36]. 참조, 출 12:1, "이스라엘의 월력" 도표)에 치르도록 계획되었다. 원래 언약궤는 다윗이 시온 산에 세운 성막에 비치되었다(삼하 6:17). 시온 산은 다윗 성이라고 하는 예루살렘의 남동쪽 구역에 위치했다(참조, 삼하 5:7; 왕상 9:15, "왕정 시대의 예루살렘" 지도).

8:3~5 하나님이 규정하셨던 대로 궤는 양쪽에 달린 고리에 긴 채를 꿰어 제사장들이 옮겼다. 다윗의 성막에 있던 궤와 그것에 딸린(성경에는 궤를 비롯한 모든 기구들이 옮겨진 것으로 기록되어 있는 데 반해, 이 주석의 이어지는 내용에서는 궤만 옮겨진 것으로 이야기하고 있다. 내용이 틀린 것으로 생각되지만, 원문의 의미를 살리기 위해 '모든 기구

들'을 '궤에 딸린' 것으로 표기했다) 모든 기구들이 예루살렘의 복잡한 거리를 지나 새 처소로 옮겨지던 날은 경사스러운 날이었다. 성막과 성막 도구들은 제쳐 두었음이 분명하다. 성전에 비치된 성물 중 새로운 것이 아닌 것은 궤밖에 없었다. 성전 안뜰은 셀 수 없이 많은 제사를 드리느라 분주한 제사장들로 법석이었다. 백성이 기쁜 마음으로 **여호와**께 예배를 드린 것이다.

8:6~9 제사장들은 궤를 자기의 처소에 들였다. 그곳은 **지성소** 그룹들의 펼쳐진 날개 아래였다. 하나님이 명령하신 대로 그들은 **채를 고리에 꿰어 두었다**(출 25:15). 지성소로 향한 문이 열리면 그 채는 성소에서는 보이나 밖에서는 보이지 않았다. 그 채가 오늘까지 그곳에 있다는 말은, 열왕기상의 이 부분이 BC 586년에 예루살렘이 멸망당하기 전에 쓰였음을 암시한다. 모세가 궤 안에 넣은 율법의 두 돌판은 그대로 있었다. 그것들은 이스라엘로 하여금 나라가 여전히 모세의 율법의 축복과 책임 아래에 있음을 상기시켰다. 만나 항아리와 아론의 싹 난 지팡이는 오랫동안 궤 안에 보관되었지만(히 9:4) 이제는 찾아볼 수 없다. 그것들은 블레셋 사람이나 그의 적들이 가져갔을지도 모른다. 아니면 그것들이 궤 안이 아니라 성막 앞에 놓였다가(참조, 출 16:33~34; 민 17:10), 솔로몬 이후에 잠시 궤에 포함되었으나 결국 분실되었을 것이다.

8:10~11 성전에 가득했던 **구름**은 여호와의 **영광**이 가시적으로 나타난 것이었다. 비슷한 현상이 성막을 봉헌할 때 일어났다(출 40:34~35).

b. 솔로몬이 백성에게 한 연설(8:12~21)

8:12~14 솔로몬은 백성에게 하나님이 성전을 덮은 **캄캄한 데**(일반적으로 이 '캄캄한 데'는 '성막 안'을 가리키는 것으로 보는데, 저자는 이것을 10~11절의 '성전' 봉헌식에 임한 '구름'으로 해석하고 있다) 계시겠다고 말씀하셨다고 설명했다. 구름은 종종 하나님의 임재를 상징했다(참조, 출 19:9; 34:5; 레 16:2; 신 4:11; 31:15). 솔로몬의 의도는 하나님이 성막 안에 거하셨듯이 그가 건축한 **성전**에 머무셔야 한다는 것이었다. 솔로몬은 성전 안에서 야웨의 장엄함을 찾으려고 했다. **영원**히라는 말은 "가능한 오랫동안"이라고 해석해야 할 것이다. 솔로몬은 여호와께 말씀을 드린 후 그 앞에 공손히 서 있는 백성에게 말했다.

8:15~21 **그의 손으로**라는 말은 '그 자신'이라는 의미다(참조, 24절). 솔로몬이 언급한 약속은 하나님이 예루살렘에 그 **이름**을 두시겠다는 것이었다(참조, 대하 6:6 주해). **이름**이라는 말이 솔로몬의 기도 중 14번 나온다(16~20, 29, 33, 41~44[43절에서 2번], 48절). 성전은 하나님을 '담아 두는 곳'이어서는 안 되고(27절) 그의 **이름**이 거하는 곳(16~17, 19~20절), 즉 그의 임재와 성품이 분명해지는 곳이어야 했다.

솔로몬은 성전을 건축하려고 마음먹은 공을 다윗에게로 돌렸다(17~18절). 솔로몬은 하나님이 다윗에게 **네 아들 그가 내 이름을 위하여 성전을 건축하리라**고 약속하셨다고 설명했다(참조, 삼하 7:12~13). 하나님은 신실하셨으며, 솔로몬은 이에 대해 그분에게 영광을 돌렸다. 성전은 무엇보다도 언약을 넣은 궤를 위하여 설치된 처소였다. 즉, 지상에서의 하나님 보좌이며, 그가 구속한 백성에게 약속하신 하나님의 언약보관소였다. 이 연설에서 솔로몬은 겸손함과 감사함을 드러냈다.

c. 솔로몬의 봉헌 기도(8:22~53)

8:22~24 솔로몬은 성전 안뜰에 제작된 특별한 놋대 위에(대하 6:13) 섰다가 무릎을 꿇었다(54절). 솔로몬은 하나님께 경배와 찬양을 돌리는 것으로 그의 기도를 시작했다. 하나님은 그분의 약속을 지키시는 데 신실하시기 때문이다. 은혜는 헤세드(חֶסֶד)를 번역한 것인데, 그 의미는 신실한 **사랑**이다(참조, 왕상 10:9). 왕은 계속해서 하나님께 탄원하고 그의 백성을 위해 중보 기도를 했다. 이 기도에서 아홉 가지 청원을 찾아볼 수 있다.

(1) 하나님의 임재와 보호
8:25~30 솔로몬은 하나님께 간구하기를 다윗에게 말씀하신 것에 대해 계속해서 신실하시며(25~26절. 참조, 2:4), 주의 백성의 기도를 계속해서 들으시라고 했다(28~30절. 이 세 구절 중에 들으시다라는 말이 5번 나온다). 물론 성전 또는 하늘이라도 편재하시는 하나님을 용납할 수 없다(27절). 하늘이 바로 그가 계신 곳이다(참조, 39, 49절; 시 11:4; 합 2:20). 그분은 위엄이 있으신 분이면서도 그분의 백성의 기도에 관심을 기울이신다.

(2) 죄 용서
8:31~32 솔로몬은 하나님이 이스라엘 백성 중에서 상호 간의 분쟁을 정당하게 심판하시길 간구했다.

(3) 전쟁의 패배를 초래한 죄를 용서

8:33~34 왕은 여호와께 구하기를, 주의 백성이 전쟁의 패배를 불러일으킨 죄를 고백하거든 사하시라고 했다.

(4) 가뭄을 초래한 죄를 용서

8:35~36 솔로몬은 하나님께 간구하기를, 주의 백성이 비를 멈추게 한 죄를 고백하거든 사하시라고 했다(참조, 레 26:18~19; 신 11:16~17; 28:23~24).

(5) 다른 재앙들을 초래한 죄를 용서

8:37~40 기근과 전염병과 곡식이 시드는 것과 깜부기와 메뚜기와 황충과 적국이 포위하는 것과 재앙과 질병 등은 모두 하나님이 그의 범죄한 백성을 징벌하실 때 쓰시는 도구였다(참조, 암 4:6, "언약의 징벌들" 도표). 다시 왕은 하나님께 간구했다. 이러한 재앙을 몰고 온 죄를 회개하는 자를 사하시라고 했다. 솔로몬은 하나님이 백성의 동기(마음)를 아신다고 단언했다.

(6) 하나님을 경외하는 이방인들에게 자비를

8:41~45 솔로몬은 야웨를 믿으며 그분에게 기도하는 이방 사람들을 위해 중보했다. 그들의 기도를 들으심으로써 하나님의 명성은 세계적으로 퍼질 것이다.

(7) 전쟁에서 승리

8:44~46 솔로몬은 주의 백성이 전투 중 어려운 일을 당해 하나님께 기도하면 돌아보시라고 간구했다.

(8) 포로 이후의 회복

8:46~51 왕에게는 하나님 백성의 운명에 대한 예언적인 통찰이 있었던 것 같다. 그들은 사실 하나님을 배반한 죄 때문에 포로 생활을 하게 되었다. 그들은 하나님께 용서를 구했으며, 그들의 땅을 회복하게 되었다. 수세기 후 다니엘은 바벨론에 있을 때 그 땅을 향해 기도했다(단 6:10).

(9) 모든 기도에 주의를

8:52~53 솔로몬은 주의 백성이 부르짖는 대로 들어주시라고 하나님께 청함으로써 그의 탄원을 결론짓는다. 여기에 나오는 재앙들은 이스라엘이 언약을 파기하면 받게 되는 재앙으로서, 모두 신명기에 기록되어 있다(신 28:22, 25, 38, 42, 59; 31:17, 29; 32:24). 이 모든 기도에서(23~53절) 솔로몬은 과거에 약속을 신실하게 지키셨던 하나님께 청하기를, 계속해서 미래에도 신실하시며 주의 백성('주의 택한 기업', 36, 51, 53절)에게 자비를 베푸시라고 했다. 죄의 고백과 그로 인한 죄 용서받음은 하나님이 그분의 백성의 기도를 들으신(이 기도에서 듣다라는 말이 13번 나오는데, 아홉 가지 청원 중 여덟 번째까지 나온다) 결과이며, 하나님은 그들을 용서(용서는 6번 나온다)하신다.

d. 솔로몬의 백성 축복(8:54~61)

8:54~55 솔로몬은 무릎을 꿇고 기원하는 자세로 하늘을 향하여 손을 펴고 기도했다. 그런 후 백성에게 축복을 선포하기 위해 일어섰다.

8:56~61 하나님은 그의 백성에게 태평(평화)을 주셨으며 모세를 통하여 주셨던 그 모든 좋은 말씀을 이루셨다. 솔로몬은 백성에게 이것을 상기시켰다. 그런 후에 그가 바라는 것 세 가지를 열거했다. 즉, 여호와께서 솔로몬의 열조와 함께 계셨던 것같이 그의 자손과도 함께 계실 것과, 하나님이 주의 백성에게 그의 모든 길로 행할 의지를 주실 것, 그리고 솔로몬이 기도로 청한 간구가 날마다 하나님의 마음에 가까이 있는 것을 바랐다. 솔로몬이 궁극적으로 바랐던 것은, 세상 만민(참조, 43절)에게 야웨만이 유일하신 참하나님이라는 것을 알리는 것이었다(참조, 18:39). 이 모든 일이 일어나도록 하기 위해 솔로몬이 백성에게 상기시킨 것은, 그들의 마음을 여호와께 온전히 바쳐 완전하게 하여 그의 말씀에 순종해야 한다는 것이었다. 하지만 솔로몬 자신은 그렇게 하지 못했다.

왕이 기도를 마치자 불이 하늘에서부터 내려와서 그 번제물과 제물들을 사르고 여호와의 영광이 그 성전에 가득했다(대하 7:1). 마치 예전에 성막에 그 영광이 가득했듯이 그러했다(출 40:34~35; 레 9:23~24).

e. 솔로몬의 희생 제사(8:62~66)

8:62~63 희생 제물로 드려진 짐승의 수(소가 이만 이천, 양이 십이만)는 믿을 수 없을 만큼 엄청났다. 짐승 수천 마리가 제물로 바쳐진 다른 희생 제사에 대한 기록이 남아 있다. 독자는 수천 명의 제사장이 많은 보조 제단에서 희생 제사를 드렸다는 사실과 이 의식이 두 주간 동안이나 계속되었다는 사실을 기억해야 한다.

8:64~66 솔로몬이 성전 낙성식을 한 그날에, 그는 제사를 드림으로써 성전 앞뜰을 거룩히 구별했다. 이 낙성식은 초막 절기가 시작될 때 거행되었다. 장막절은 보통 한 주간 계속되었으나 특별한 경우에는 두 주간으로 연장되었다. 초막절은 이스라엘의 광야 생활을 기념하는 절기였다(레 23:33, 41~43). 성전이 이 절기에 낙성되도록 맞춘 것은, 영원한 성소가 이제 이스라엘의 광야 생활이 끝났음을 상징하기 때문이다. 이스라엘 북쪽 하맛 어귀처럼 아득한 곳에서부터 유브라데 강과 남쪽으로 멀리 애굽 강(오늘날의 와디 엘 아리쉬[Wadi el-Arish])에 이르기까지 모든 백성이 행사에 참여했다. 온 이스라엘이 참여한 것이다. 절기가 끝나자 백성은 하나님이 그들에게 베푸신 은혜에 기뻐하고 감사하며 장막으로 돌아갔다.

D. 솔로몬의 후기 통치(9~11장)

1. 솔로몬과 맺은 하나님의 언약(9:1~9)

9:1~3 하나님이 기브온에서 나타나심같이(3:4~5) 다시 솔로몬에게 나타나셨는데, 아마 예루살렘에서였을 것이다. 먼저 여호와는 솔로몬의 봉헌 기도를 들었으며, 특별한 의미에서 성전에 영원히 있겠다고 하시면서 솔로몬을 안심시키셨다. 주의 백성은 솔로몬이 간구했듯이, 하나님의 눈이 그들을 응시하시며 하나님의 마음이 그들의 요구에 자비롭게 응하시는 것을 항상 생각할 수 있을 것이다.

9:4~9 그러나 여호와는 왕에게 경고도 하셨다. 그가 만일 하나님 앞에서 행하며 여호와의 말씀에 순종하는 태도와 행위를 보인다면 하나님은 솔로몬에게서 이스라엘을 다스릴 자손이 끊이지 않도록 하실 것이다. 그러나 만일 솔로몬이나 그의 어느 자손이든 **여호와**를 신실하게 좇지 않고 그 대신 다른 신을 섬겨 그것을 **경배**하려고 곁길로 나간다면, **여호와**는 두 가지 일을 하실 것이다. 즉, 이스라엘을 그 땅에서 끊어 버리실 것이요, 그 성전을 내던지실 것이다.

다윗 왕조는, 비록 바벨론 포로 때부터 수세기 동안 중단될지라도, 천년 왕국 시대에 메시아가 다윗의 보좌에 앉을 때 회복시키실 것이다(시 89:30~37). 이런 심판 때문에 다른 민족이 이스라엘을 보고 놀라며 **비웃을** 것이다. 비웃다(8절)라는 말은 직역하면 "놀라서 야유하다"가 된다. 사람들은 이스라엘이 우상 숭배로 망했음을 알 것이다. 이후에 왕들이 이스라엘을 야웨로부터 거짓 신들에게로 이끌었을 뿐만 아니라 솔로몬 자신도 그렇게 했다(11:4~8). 결국 그 민족은 추방의 길로 들어섰다(왕하 25:1~21).

2. 솔로몬의 업적(9:10~28)

a. 솔로몬이 히람에게 준 선물(9:10~14)

9:10~14 솔로몬의 통치 중반에(그의 40년 재위 중 20년이 지난 후), 즉 성전(7년, 6:38)과 왕궁 복합건물(13년, 7:1)의 건축을 모두 마친 후에, 솔로몬은 그의 오랜 친구인 두로 왕 히람에게 갈릴리 땅의 성읍 스무 곳을 주었다. 히람은 전에 솔로몬에게 백향목과 잣나무(참조, 5:10)와 많은 금을

주었다. 금의 총량은 **일백이십 달란트**(약 9,000파운드. 9:14)였다. 그러나 히람은 20개의 성읍을 둘러보고 실망했다. 그 성읍들은 분명 불모지에 가까웠다. 히람은 그 지역을 **가불 땅**이라 했다('가불'은 "아무짝에도 쓸모없다"는 뜻의 히브리어와 발음이 비슷하다).

b. 솔로몬의 공공사업(9:15~19)

9:15 성전(6장)과 자기 왕궁(7:1~12)에 추가해서 솔로몬은 **밀로**(아마 언덕들 사이의 넓고 평평한 지대로, 땅을 메워 만든 곳이었을 것이다)와 **예루살렘 성**을 건축했다. 그것으로 성읍을 북쪽으로 더 확장시켜서 성읍의 크기를 두 배 이상 증대시키는 결과를 가져왔다. 그 성은 성전을 둘렀으며, 아마 다윗의 옛 성 북쪽에 건축했던 궁도 둘렀을 것이다(참조, "왕정 시대의 예루살렘" 지도).

하솔과 **므깃도**와 **게셀**은 요새지였다. 하솔은 긴네렛 호수 북쪽에 있어서 왕국의 북방을 수호했다. 므깃도는 이스르엘(Jezreel) 골짜기를 지켰다. 그 골짜기는 이스라엘 중앙 부분의 서쪽에서 동쪽으로 뻗어 있었다. 그리고 게셀은 유다 서쪽을 방어하는 위치에 있었다. 그곳은 남쪽과 북쪽의 적군으로 하여금 이스라엘 공격을 엄두 내지 못하도록 했다. 이스라엘은 다른 어떤 왕들보다 솔로몬의 통치하에서 더 막강하고 부유했다.

9:16~19 게셀은 전에 애굽 왕에게 탈취를 당해 **불타** 버렸고, 그곳의 거민은 처형당했다. 바로는 그 성읍을 솔로몬과 결혼한 자기 딸에게 결혼 지참금의 일부로 주었다. 그러자 솔로몬은 게셀을 다시 건축하여 요새화시켰다. **아래 벧호론**(물론 윗 벧호론도)과 게셀은 이스라엘의 남서쪽으로부터 공격을 막는 주요 방어 기지였다. 바알랏은 게셀 근처에 있었다. 다

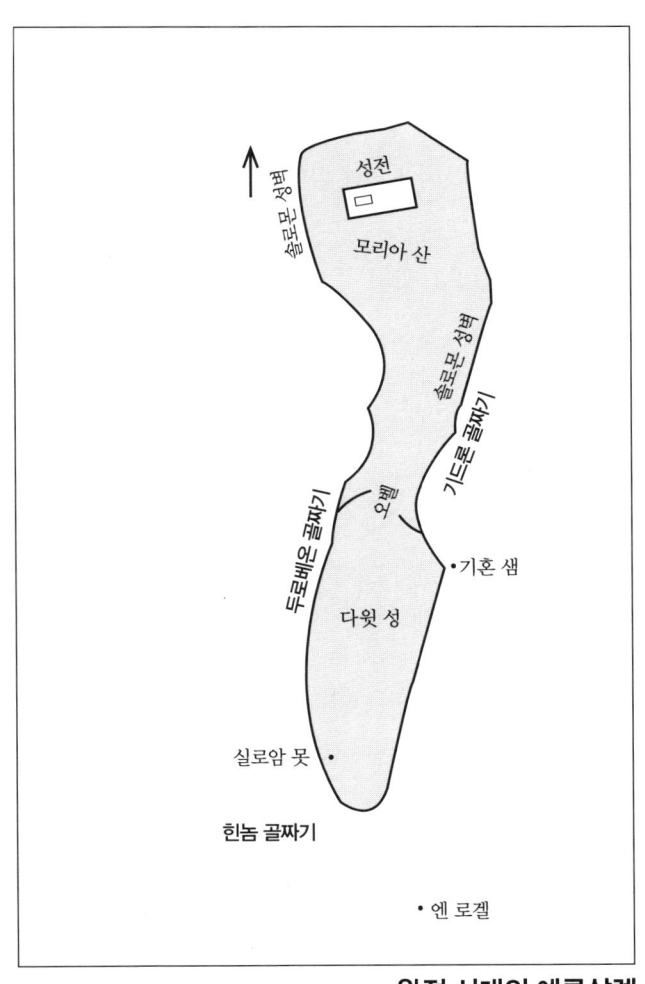

왕정 시대의 예루살렘

드몰(나중에 팔미라가 되었다)은 다메섹과 이스라엘 북동쪽의 유브라데 강 사이에 있는 무역로에 위치했다.

이스라엘 전역에 흩어져 있던 솔로몬의 국고성은 요새화된 성읍으로 잉여 양식이 비축된 곳이었다. **병거성들**과 **마병의 성들**은 어떤 침략자들로부터도 이스라엘을 방어할 준비가 되어 있었다. 솔로몬은 또 여러 가지 다른 목적 때문에 그의 왕국 전역에 다른 성읍들도 건축했다.

c. 솔로몬의 역군(9:20~23)

9:20~23 솔로몬은 그의 건축 사업에 노예를 역군으로 삼았다. 정복당한 토착 자손들이 가장 힘든 일을 맡았다(가나안 정복 시 정복당하지 않은 여러 족속에 관하여는 역대하 8:7의 주해를 참조하라). 이스라엘 자손은 군사와 감독관으로 일했다. 역군의 수는 대단히 많았다(5:16에서 언급된 감독관 3,300명과 550명에 대해서는 해당 구절의 주해를 참조하라).

d. 바로의 딸을 위한 솔로몬의 궁(9:24)

9:24 솔로몬은 땅을 메워 만든 밀로도 건축했다. 그곳은 그가 그의 궁 복합건물에서 바로의 딸을 위해 건축한 궁 근처에 있었다(참조, 7:8). 그녀는 궁이 완성되자 다윗 성의 다른 궁에서 그곳으로 옮겨 왔다.

e. 해마다 드리는 솔로몬의 제사(9:25)

9:25 언급된 모든 제사는 경배를 위한 것이었다(참조, 번제 레 1장, 감

사제 레 3장). 해마다 세 번씩이라 함은 아마 무교절과 맥추절(칠칠절과 오순절이라고도 함)과 장막절(수장절이라고도 함)을 말할 것이다. 그것들이 이스라엘의 주요 절기였기 때문이다(참조, 출 23:14~16).

f. 솔로몬의 해군(9:26~28)

9:26~28 고고학자들이 아카바 만 북쪽 끝에서 에시온게벨의 유적을 발견했다. 그 항구는 홍해의 동쪽 줄기에 있었다. 그곳에서 그들은 물을 통해 동쪽과 남쪽으로 진출할 수 있게 되었다. **솔로몬의 사공들과 함께한 히람의 베니게 사공들**은 그 당시에 가장 노련한 자들 중에 속했다. 오빌은 아마 아라비아의 남서쪽에 있었을 것이다(참조, 10:11; 욥 22:24; 28:16). 원정대가 가져온 막대한 양의 금은 솔로몬의 방대한 건축 사업의 재정과 장식에 도움이 되었다. 열왕기상 9장 28절에서는 **사백이십 달란트**(약 16톤 또는 3만 2,000파운드)라고 했는데, 역대하 8장 18절에서는 사백오십 달란트라고 했다(그 구절의 주해를 참조하라).

3. 솔로몬의 번영(10장)

a. 스바 여왕의 방문(10:1~13)

이 사건은 전에 언급했던 사실을 뒷받침하기 위해 여기에 넣은 것 같다. 솔로몬의 치세가 어찌나 영화로운지 세계 각처에서 그의 왕국과 그의 지혜를 살펴보기 위해 몰려들었다(4:34). 이 '사건' 역시 솔로몬의 지혜를 드러냈던 두 창기의 사건과 유사하다(3:16~28). 흥미 있는 사실은, 두 이야기 모두 비록 신분은 다르지만 여인이 관계되었다는 것이다.

10:1~5 스바는 아라비아에 있는 오늘날의 예멘(에티오피아가 아님)으로 예루살렘에서 약 1,200마일 떨어진 곳에 있었다. 스바는 사베안 왕국이었을 것이다(참조, 욥 1:15; 겔 23:42; 욜 3:8). 바다를 통해 동쪽으로 간 솔로몬의 원정대는(참조, 왕상 9:26~28) 그에게 이 부유하고 중요한 아라비아 왕국에 대한 소식을 가져왔을 것이다.

여왕은 **솔로몬**을 방문하여 그가 정말 소문대로 지혜롭고 부유한지를 보려고 했던 것 같다(그를 **시험하고자 하여**). 그런 시험은 고대 근동의 군주 간에 행해지던 놀이였다. 아마 그 여왕은 무역 상담 외에 방어 협정에도 관심이 있었을 것이다. 수행하는 **자가 심히 많다는** 것은 그녀의 위세가 당당함을 나타내며, 그들이 또한 그녀의 돈과 값진 선물을 솔로몬에게 가져왔다는 말이다. 국가 원수를 방문할 때 귀한 선물을 가져가는 예가 아직도 성행하고 있다. 여왕은 특히 솔로몬의 **지혜와 왕궁과 식물과 신하들과 시종들과 여호와의 성전에 올라가는 층계**를 보고 감명을 받았다.

10:6~9 처음에는 못 믿어 하던 여왕이 솔로몬의 **지혜와 복이 들던 소문보다 훨씬 더하다고** 말했다. 이교도였을 그녀는 그분이 **기뻐하시는** 지혜로운 왕을 이스라엘에 주신 **여호와**를 기꺼이 믿었다.

10:10 여왕은 분명 굉장히 부유했을 것이다. 그가 금 일백이십 달란트(약 4$^{1}/_{2}$톤)와 많은 **향품과 보석을 솔로몬에게 드렸다**(참조, 2절).

10:11~12 여기에 잘못 들어간 것 같은 이 구절은 여왕의 방문 결과로 맺어진 무역 협정을 나타내는 것인지도 모른다. 오빌은 스바 왕국에 인접했거나 속했을 것이다(참조, 9:28). 백단목은 강하고 아름다우며(겉은 흑색, 속은 진홍색) 수명이 길다. 솔로몬은 이것을 여기에 언급된 다른 목적들을 위해서뿐 아니라 성전의 층계에도 사용했다(참조, 대하 9:11).

10:13 솔로몬은 여왕에게 선물과 그의 소원대로 구하는 것을 주었다. 그러자 그녀는 본국으로 돌아가는 긴 여행을 시작했다.

b. 솔로몬의 부귀(10:14~29)

이 부분은 솔로몬의 부귀를 요약하고 있다.

10:14~15 매년 받아들인 것으로 기록된 금의 세입(거의 25톤 또는 5만 파운드)에는 아라비아 왕들과의 무역에서 얻은 막대한 수입과 이스라엘의 고관들이 바친 세금은 포함되지 않았을 것이다. 하나님은 그분의 왕들에게 금을 쌓아 두지 말라고 하셨는데(신 17:17), 솔로몬은 그 말씀에 불순종했다.

10:16~17 레바논 나무 궁(참조, 7:2~5; 10:21)은 병기고였을 것이다. 큰 방패는 각각 금 육백 세겔($7^1/_2$파운드)로 만들었으며 작은 방패는 금 삼 마네($3^3/_4$파운드)로 만들었다(대하 9:16에서 작은 방패는 금 삼백세겔로 만들었다고 나온다. 그것은 같은 양을 다른 도량형으로 말한 것이다). 이들 500개의 방패는 전쟁을 위해서라기보다는 전시용으로 쓰려고 만들었을 것이다. 금이란 연금속이기 때문이다.

10:18~22 솔로몬의 보좌를 정금으로 입혔다는 말은 왕의 영화를 나타내는 것이다. 보좌로 이르는 층계 양 끝에 하나씩 세운 **열두 사자**(獅子)는 이스라엘의 12지파를 나타냈다. 솔로몬 왕국의 부귀는 금이 풍부한 것으로 알 수 있었다. 얼마나 풍부했던지 은이 귀금속임에도 불구하고 그것을 귀히 여기지 않았을 정도였다. 솔로몬의 무역하는 **배**들은 먼 나라에서 귀한 것들을 가져왔다. 원숭이와 공작은 그 당시에 인기 있던 애완동물이었다.

10:23~25 솔로몬을 그 당시에 가장 부유하고 지혜로운 왕으로 만드시겠다는 하나님의 약속이 이뤄졌다. 그의 부귀는 그의 **지혜를 들으려고** 오는 사람들('천하'는 과장법)이 증가함으로써 계속되었다. 그들은 금과 은 **그릇**과 **향품**과 동물들을 그에게 가져왔다.

10:26~29 병거는 당시에 가장 효과적이고 가공할 만한 병기였다. 그것들의 기동성과 유용성은 이스라엘에 군사적으로 큰 도움을 주었으며, 이 부유한 나라를 침략하려는 적들을 위축시켰다. 제시되었던 솔로몬의 몇몇 병거성은 게셀과 하솔과 므깃도였다. 솔로몬은 **애굽**(또는 소아시아의 무스리)과 **쿠에**(아마 오늘날 터키의 실리시아)에서 말들을 사 왔다(개역한글에서는 '쿠에'를 '떼'로 번역했으나, 개역개정에서는 번역하지 않음-편집자 주). 그는 병거 한 대에 은 **육백 세겔**(약 15파운드), 말 한 필에 은 백오십 세겔(약 $3^3/_4$파운드)을 주고 구입했다. 그것들 중 일부를 **헷 사람**과 **아람 사람**에게 수출하여 이익을 얻었다.

솔로몬이 많은 말과 병거를 구입할 수 있을 만큼 부유했음에도 불구하고, 이런 일은 모세의 율법에서 특별히 금지하는 사항이었다(신 17:16). 여호와가 이것을 금지하신 이유는, 그분의 백성이 보호받기 위해 오직 그분만을 의지하기를 원하시기 때문이었다. 이스라엘에 막강한 물리적 방어 시설이 생기면서 결국 그것은 솔로몬과 백성의 마음을 거짓된 안정감에 빠뜨려 여호와로부터 멀어지게 했다. 종종 그러하듯이 물질적인 풍요로움은, 실제적으로는 하나님에 대한 필요가 전혀 감소되지 않았음에도 불구하고, 사람들로 하여금 부족함이 없다는 생각을 하도록 이끈다.

4. 솔로몬의 배교(11장)

이제까지는 솔로몬 통치의 내면적인 약점이 암시되어 나타났지만, 11장에 와서는 완전히 드러나게 된다.

a. 솔로몬의 이방인 아내들(11:1~8)

11:1~8 하나님은 왕에게 말을 많이 갖는 것을 금하신 것(신 17:16. 참조, 왕상 10:26~29 주해) 외에도 많은 여인들과 결혼하는 것도 금하셨다. 그렇지 않으면 그의 마음을 미혹하게 할 것이라고 하셨다(신 17:17). 이것이 바로 솔로몬에게 일어난 일이었다. 그의 왕궁에는 분명 하렘(harem)이 있었을 것이다. 그는 **후궁이 칠백 명이며 첩이 삼백 명**이었다. 솔로몬의 이교도 **왕비**들은 하나님이 경고하셨던 것처럼 솔로몬에게 우상숭배를 하게 했다(출 23:31~33; 34:15~16; 신 7:1~4). 솔로몬은 야웨를 포기하지 않았으나 다른 신들도 섬겼다. 왕의 마음이 여호와 앞에 온전하지 못하였다. 애정과 타협했던 것이다. 그는 자기가 위대한 왕이므로 비록 하나님의 말씀에 불순종하게 되더라도 세상의 다른 위대한 왕들처럼 살아야 한다고 판단했을 것이다.

솔로몬은 나이가 들자 하나님을 더욱 멀리 떠났다(참조, 왕상 11:33). 아스다롯은 음탕한 의식과 별들을 숭배하는 성(性)과 다산의 여신이었다. 그것은 가증한 여신이었다(참조, 왕하 23:13). 밀곰 숭배에는 인간 제물, 특히 아이들이 바쳐졌다. 그런 일은 율법에서 엄히 금하는 사항이었다(레 18:21; 20:1~5). 그모스 숭배는 잔인하고도 음탕했다. 솔로몬이 산당을 지은 예루살렘 앞 산은 감람 산이었을 것이다(참조, 왕하 23:13).

b. 솔로몬이 하나님께 받은 선고(11:9~13)

11:9~13 하나님이 솔로몬을 심판하신 이유는 분명하다. 그가 마음을 돌려 여호와를 떠났기 때문이다(참조, 4절). 솔로몬의 큰 죄는 하나님에 대한 태도가 변한 것이었다(11절). 하나님이 솔로몬에게 두 번이나 자신을 나타내시며 명령하셨음에도 불구하고 이런 일이 생겼다(3:5; 9:2). 다른 신을 따르려는 그의 결심은 우상숭배에 대한 하나님의 특별한 명령(9:6~7)을 불순종하도록 이끌었다(11:10).

솔로몬의 신하 중에(11:11) 여로보암이 있었는데 그가 솔로몬의 아들에게서 나라를 빼앗았다. 사실은 두 지파(유다와 베냐민)가 남았으나 베냐민은 그 수가 적어서 그 두 지파는 유다의 남 왕국으로 알려지게 되었다. 시므온 지파는 유다 남쪽에 영토가 주어졌으나, 이후에 시므온 지파의 일부가 북쪽으로 옮겨 갔다(참조, 수 19:1~9 주해). 하나님이 자비로 심판을 경감하시고, 솔로몬 시대에 심판이 임하지 않도록 하신 것은 다윗을 위해서였다. 다윗이 하나님에 대해 고의적으로 죄를 지었음에도 그의 마음은 여전히 여호와께 전적으로 향해 있었다. 바로 그것이 그의 죄가 솔로몬의 죄처럼 심각하지 않은 이유였다. 가장 큰 계명은 마음을 다하여

열왕기상·하에 나오는 아람 왕들		
왕	연대	성경
르손(=헤시온)	약 940~915년	왕상 11:23, 25; 15:18
다브림몬	약 915~900년	왕상 15:18
벤하닷 1세	약 900~860년	왕상 15:18, 20
벤하닷 2세	약 860~841년	왕상 20; 왕하 6:24; 8:7, 9, 14
하사엘	841~801년	왕상 19:15, 17; 왕하 8; 9:14~15; 10:32; 12:17~18; 13:3, 22, 24~25
벤하닷 3세	약 801~?년	왕하 13:3, 24~25
르신	? ~732년	왕하 15:37; 16:5~6, 9 (참조, 사 7:1, 4, 8; 8:6; 9:11)

하나님을 사랑하는 것이다(신 6:5).

c. 솔로몬의 외부의 적(11:14~25)

11:14~22 하닷은 에돔의 왕자였다. 그 나라는 이스라엘의 오래된 적으로 남동쪽에 거했다. 다윗이 에돔과 전쟁할 당시에 작은 아이였던 하닷은 애굽으로 도망했다. 그는 에돔의 남쪽이며 오늘날의 아카바 만 동쪽에 있는 왕국 미디안에서 미디안과 애굽 사이의 시나이 반도에 있는 바란을 지나갔다. 바로는 그를 맞아들여서 자기의 처제를 아내로 삼도록 했다.

에돔 사람은 이스라엘 사람에 대한 오래된 적대감을 갖고 있었는데, 다윗의 에돔 사람 살육으로 말미암아 하닷의 마음이 불탔을 것이다. 하닷은 복수할 날만 기다리고 있었다. 다윗이 죽고(BC 971년) 요압도 죽었다는 소식을 듣자 하닷은 바로에게 에돔으로 돌아가게 해 달라고 했다. 그는 솔로몬에 대항하여 군사 분란을 일으켰다(참조, 25절).

11:23~25 솔로몬의 또 다른 적은 대적자 르손이었다(참조, "열왕기상·하에 나오는 아람 왕들" 도표). 그는 소바 출신인데, 소바는 다메섹 바로 남쪽에 있는 왕국이었다(참조, 삼하 8:3~6). 르손은 다른 대적자들과 함께 아람의 수도 다메섹으로 가서 왕이 되었다.

d. 솔로몬의 내부의 적(11:26~40)

11:26~28 여로보암은 에브라임 출신이었는데, 에브라임은 이스라엘 북왕국의 주요 지파였다. 그는 솔로몬이 밀로를 건축하고 다윗 성의 무너진 곳을 수축할 때 왕을 위해 일했음이 분명하다. 그가 **일을 잘했으므로** 솔로몬이 그를 높여서 에브라임과 므낫세 지파(요셉 족속)의 역사를 감독하게 했다.

11:29~33 선지자 아히야(나중에 여로보암이 찾아냈던 자, 14:1~18)가 여로보암에게 나라의 분열을 생생하게 보여 주었다. 그는 자기의 새 옷을 열두 조각으로 찢어 열 조각을 여로보암에게 주었다. 이것은 여로보암에게 큰 충격을 주었을 것이다. 솔로몬에게 남겨질 한 **지파**(11:32)는 유다 지파였다(참조, 13절 주해). 사실은 두 지파(유다와 베냐민)가 남았으나 종종 한 지파로 간주되어 유다로 불렸다. 아히야의 이 같은 묘사는 하나님이 전에 말씀하셨던 것을 나타낸 것이다(11~13절). 솔로몬뿐만 아니라 이스라엘 백성('그들', 33절)도 우상숭배로써 야웨를 **버렸다**(참조, 5~7절 주해).

11:34~39 솔로몬의 아들(35절)은 르호보암이었다. 그에게 한 지파가 주어질 것이다(참조, 13, 32절). 장막이나 집에서 항상 타오르는 **등불**처럼, 유다는 하나님이 유다 지파의 다윗을 택하셨다는 영원한 증거가 될 것이

다(참조, 15:4; 삼하 21:17; 왕하 8:19).

여로보암은 그 마음에 원하는 대로 이스라엘을 다스리라(37절)는, 즉 좋을 대로 다스릴 자유가 있다는 말을 들었다. 여로보암의 가계를 세우시리라는 하나님의 조건부 약속(38절)이 다윗의 가계를 세우시리라는 그분의 무조건적인 약속(38절)과 유사하다는 사실은 주목할 만하다. 불행하게도 여로보암은 이 약속을 귀중히 여기지 않아서 그것의 성취를 누리지 못했다. 하나님은 다윗의 자손을 괴롭게 할 것이나 영원히 하지는 않으리라고 말씀하셨다. 이 괴로움의 끝은 다윗의 가장 위대한 아들(자손), 예수 그리스도의 탄생으로 이뤄졌다. 아히야가 예언한 것 모두가 성취되었다.

11:40 솔로몬이 여로보암을 죽이려 한 이유는 명확하게 밝혀지지 않았다. 아마 **여로보암**이 제 힘으로 사태를 처리해 왕국을 장악하려고 했을 것이다. 또는 그가 **애굽 왕**(바로) **시삭**에게 도망가야 할 어떤 일을 저질렀을지도 모른다(하닷이 애굽으로 도망한 사실. 참조, 14~22절). 시삭(945~924년)은 쉐송크(Sheshonk) 1세라고도 알려졌는데, 나중에 르호보암 치세 때 유다(대하 12:2~4)와 예루살렘(14:25~26)을 침공했다.

e. 솔로몬의 죽음(11:41~43)

11:41~43 열왕기상·하의 저자는 하나님의 성령에 인도되어 솔로몬의 사적을 더 이상 기록하지 않았다. 지금은 없어진 솔로몬의 실록에는 보존된 자료가 더 있음에도 불구하고 그렇게 했다(참조, 14:19 주해). 이것은 열왕기상(참조, 14:19, 29)과 역대하(참조, 대하 9:29; 12:15; 26:22; 32:32)에 언급된, 그러한 몇 개의 자료들 중에서 첫 번째 것이다. 솔로몬

은 **사십 년을 다스렸다**(BC 971~931년). 그가 죽자 다윗 성에 명예롭게 장사되었다(참조, 왕상 2:10 주해).

솔로몬의 인생은 비극으로 끝났다. 솔로몬은 하나님께 큰 복을 받았으나 그의 애정을 하나님이 아닌, 하나님이 주신 선물에 쏟았다. 잘못은 솔로몬에게 많은 것을 주신 하나님께 있는 것이 아니라 솔로몬에게 있었다. 솔로몬은 그런 유혹을 다룰 지혜가 있었음에도 불구하고 애정을 그 선물에만 쏟았지, 그것을 주신 분께는 쏟지 않았던 것이다. 인생을 성공적으로 살기에 가장 적합한 자가 그렇게 하지 않기로 마음먹은 것이다. 하나님이 보시기에 인생의 성공은 지혜를 소유하는 것이 아니라, 그것을 인생에 적용함으로써 오는 것이다. 영적인 성공은 통찰력뿐만 아니라 선택에도 달려 있다.

II. 왕국 분열의 초기 역사(12~22장)

이스라엘 왕국이 두 나라로 비극적인 분열을 하게 된 것은 솔로몬의 아들 르호보암의 어리석은 결정 때문이었다. 하지만 분열된 지파들은 오래된 적대감을 갖고 있었다. 그런 적대감이 이스라엘의 몰락을 오랫동안 위협해 왔다. 인구가 가장 많은 지파인 유다는 광야 생활에서 다른 지파들의 지도자로서 두드러진 역할을 했다. 유다는 인구가 많은 까닭에 약속의 땅에서 가장 넓은 지역을 차지했다. 그러나 에브라임은 요셉의 선택된 아들로서 지파의 크기가 크지 않았음에도 불구하고 때때로 우월감을 과시하곤 했다(참조, 삿 9:1~3[세겜은 에브라임에 있었다]; 12:1~6). 에브라임이 이끄는 북쪽 지파들은 다윗의 통치 중에 잠시 남쪽 형제들과 분열된 적이 있었다(삼하 19:41~20:22). 이들 두 지파 간에 생겼던 흠집이 터져 이처럼 역사상 가장 긴장된 시기에 왕국을 몰락시켰다.

A. 왕국 분열(12:1~24)

이스라엘이 통일 왕국에서 분열 왕국으로 바뀐 때는 BC 931년이다.

1. 궁지에 빠진 르호보암(12:1~5)

12:1 세겜은 이스라엘 왕의 즉위식에 알맞은 장소였다. 야웨는 세겜에서 처음으로 아브라함에게 나타나셔서 가나안의 모든 것을 주겠다고 약속하

셨다(창 12:6~7). 나중에 야곱이 그곳에 거했으며(창 33:18~20), 요셉은 그곳에 매장되었다(수 24:32). 약속의 땅에 들어간 후 이스라엘 사람들은 에발 산과 그리심 산 사이의 계곡에 있는 세겜에서 모세의 율법을 지키겠다고 헌신했다(수 24:1~27). 이 신성한 장소가 이제 **이스라엘**로 하여금 하나님이 계시하신 그들 나라의 운명과 하나님의 신실하심을 상기하게 했다.

12:2~5 에브라임 사람의 지휘 아래에 있는 북쪽 지파의 지도자들이 **여로보암을 불렀음이** 확실하다. 분명히 여로보암은 솔로몬이 죽은 후 망명처인 **애굽**에서 막 돌아왔다(참조, 11:40). 그들은 그가 르호보암에게 세금 감면을 청원해 주길 원했다. 그들은 이 일을 즉위식 축하 잔치가 베풀어지는 중에 추진했다. 아마 **여로보암**이 대변인 역할을 했을 것이다. 물론 여로보암은 왕국이 분열될 것이며, 그가 열 지파를 다스릴 것이라는 선지자 아히야의 말을 들었다(11:31~39). 그러나 그는 도발적이지 않은 혁명을 일으키기보다는 그것을 추진하는 과정을 스스로 결정하고자 했던 것으로 보인다. 그의 백성이 요구하는 세금 감면과 강제 **고역**의 경감으로 왕 르호보암은 그의 청원자들의 지지를 얻을 수 있었을 것이다. 그러나 그는 그 제의에 대해 생각할 시간을 **삼 일** 달라고 했다.

2. 르호보암의 모사들(12:6~11)

12:6~7 왕은 두 그룹의 모사들에게 조언을 구했다. 노인들은 아마 그의 아버지 솔로몬과 거의 같은 **연배**였을 것이며, 전 왕의 모사로서 봉직했을 것이다. 그들은 나이에서도 그럴 뿐 아니라 관직에도 선임이었다. 이 그룹의 조언은 현명했다. 백성의 요구대로 세금과 고역을 경감시키라

고 했다. 그렇게 했다면 이 조언은 적어도 얼마 동안은 화평을 낳게 했을 것이다.

12:8~11 아마도 르호보암은 자기가 통치자라는 사실을 드러내고자 하여 이 좋은 **자문을 버리고** 자기 또래에게 조언을 구했을 것이다. 젊은이들의 조언은 **노인들이 말한 것과 정반대였다**. 그러나 르호보암이 듣고 싶어 하던 말이었다. 왕은 당시에 자녀가 없었다. 그는 41세였다(14:21). 그의 결정은 즉석에서 내려진 것도 아니었다. 그는 3일 동안 생각했다(12:5). 이것은 그가 당시에 백성 대부분이 원하는 것이라고 믿는 것에 기초하여 내린 결정이었을 것이다.

젊은 모사들이 조언해 준 대로 르호보암이 청원자들에게 말한 것은, 적개심을 야기하려고 마음먹었다고 볼 수밖에 없다. 그는 **아버지보다 더 가혹할 것이다**. 그의 새끼손가락이 아버지의 허리보다 굵다고 했기 때문이다(그의 막강한 세력을 나타내려는 분명한 과장법). 그리고 그의 아버지의 채찍이 아니라 **전갈 채찍으로 징계할 것이다**. 아마 왕과 모사들은 이러한 협박이 반역자들로 하여금 피할 데를 찾아 허둥지둥 뛰게 할 것이며, 그들 마음에 폭동을 일으킬 의도가 아예 사라지게 되리라고 생각했을 것이다. '전갈 채찍'은 그 당시에 쓰이던 특별히 잔혹한 채찍의 종류로서 날카로운 금속 조각들이 포함된 것이다.

3. 르호보암의 결정(12:12~15)

12:12~15 왕은 자기가 결심한 바에 따라 청원자들에게 모욕적인 으름장을 놓았다(13~14절. 참조, 10~11절). 르호보암은 **백성의 말을 듣는 대**

신 자기 이익을 먼저 챙겼다. 저자는 이 일이 아히야를 통해 예언하신 것(11:31~39)을 이루시는 여호와께로 말미암아 난 것이라고 했다(15절). 솔로몬의 배교 때문에 하나님의 심판이 실행되고 있었다(11:11~13).

4. 이스라엘의 반역(12:16~20)

12:16~17 이스라엘이 처한 난관에 대한 르호보암의 무감각은 경제적인 회복의 여지를 불식시켰다. 그의 독재적인 위협은 당면한 문제를 도외시했다. 당장에 그들은 분리를 통해 12지파의 연합을 깨뜨렸다. 르호보암과 동향인들인 유다만이 그를 떠나지 않았다. 이스라엘 사람의 대답(16절)은 표어가 되었을 것이다. 이 표어는 예전에 다윗을 반역했던 세바가 썼던 것이다(삼하 20:1).

12:18~19 무엇 때문에 르호보암은 압제자의 화신(역군의 감독)인 아도람을 그 결정적인 시기에 반역자들과 만나도록 했을까? 아마 아도람이 가장 적합한 사절이었을 것이다. 이유야 어떻든 르호보암의 '계략'은 또다시 그의 우둔함을 드러냈다. 아도람은 반역자들의 진노의 대상이 되어 죽었다. 그리고 **르호보암**은 간신히 목숨을 건졌다. 영광스러운 국가 행사가 되었어야 하는데(1절), 그것이 오히려 모욕적인 집회가 되고 말았다. 격노한 백성에게 암살당할까 봐 자기 즉위식에서 **도망**한 유다의 새 왕 때문에 그 꼴이 되었다. 저자는 이스라엘이 하나님이 택하신 왕조인 **다윗의 집**을 배반했으며, 그렇게 하기를 **오늘까지**(본 서의 이 부분이 쓰인 때) 했다고 적었다.

12:20 르호보암의 즉위식이 여로보암의 즉위식으로 바뀌었다. 백성은 당장에 여로보암을 데려다가 왕으로 삼았다. 이런 행위는 음모를 꾸미는 일이 반란에 포함되었음을 암시한다. 오직 유다(그리고 베냐민, 21절)만이 다윗의 집(왕조)에서 나온 왕을 좇았다.

5. 르호보암의 보복(12:21~24)

12:21 외교적 수완으로 통일을 이루지 못하자 르호보암은 무력을 써서 원상 복귀를 시키려고 했다. 베냐민 지파는 유다와 북쪽으로 근접한 이웃이었다. 예루살렘 수도는 유다와 베냐민의 경계에 있었다. 아마 그들이 서로 가까운 이웃이며 수도가 사이에 있기 때문에 베냐민이 유다 편에 가담했을 것이다. 이들 지파가 함께 용사 18만을 모아서 북쪽의 10지파에 속한 그들의 형제들과 싸우려 했다.

12:22~24 르호보암의 전투 계획은 야웨의 선지자 스마야에 의해 중단되었다. 하나님의 사람은 내란이 분명 하나님의 뜻이 아니라고 공언했으며, 르호보암과 백성에게 집으로 돌아갈 것을 설득시켰다. 그를 신뢰한 르호보암은 여호와의 말씀을 듣고 전쟁을 속행하지 않았다. 다시 저자는 이러한 사건에서 역사하시는 하나님의 손길을 지적했다(24절, '그 말씀을 따라'. 참조, 15절).

B. 이스라엘 왕 여로보암의 악한 통치(12:25~14:20)

여로보암은 이스라엘이 복을 받게 하는 도구가 될 수 있었다. 그는 하나님에 의해 선택되었으며, 여호와께 순종하면 그의 왕조가 지속되고 번영을 이룰 것이라는 약속을 받았다(11:38~39). 그러나 여로보암은 여호와를 믿고 순종하지 않았다. 그는 이스라엘을 하나님께로부터 돌아서게 하기보다는 멀어지게 만든, 심각한 죄를 많이 저질렀다. 그는 이스라엘이 나라로서 존속하는 동안 그 나라에 쓴 열매를 맺게 한 씨를 파종했다. 북 왕국에 12명의 왕이 있었는데, 어느 누구도 백성을 여호와께로 돌아오게 하지 않았다. 이스라엘에는 견고한 왕조 하나가 있는 대신 몇 개의 왕조가 이어졌다(참조, "유다와 이스라엘의 왕들과 추방 전 선지자들" 도표).

1. 여로보암의 우상숭배(12:25~33)

12:25 여로보암은 세겜(1절, 르호보암이 즉위했던 곳)을 수도로 삼고, 곧 그곳을 그의 성채로서 요새화하기 시작했다. 북 왕국은 역사상 수도가 셋이었다. 즉, 세겜과 디르사(14:17; 15:33)와 사마리아(16:23~24)였다(참조, 4:17~19, "솔로몬의 열두 지방과 주변 국가들" 지도)였다. 여로보암은 요단 강 동편의 요새로서 **부느엘도 건축했다**. 아마 다윗에게 끝까지 충성했던 길르앗 사람이 이스라엘 동쪽으로 쳐들어오는 것을 막으려고 했을 것이다.

12:26~27 여로보암의 심사숙고는 그의 불신앙적인 악한 마음을 드러냈다. 그의 왕조를 세우시리라는 하나님의 약속을 믿는 대신(참조, 11:31, 37~38) 백성이 다윗의 집(왕조)으로, 즉 르호보암에게로 돌아갈지도 모른다고 우려하는 그를 이해할 수는 있다. 그러나 하나님은 이미 여로보암의 집을 위해 이스라엘을 지키겠다고 말씀하셨다. 그의 신변 안전에 대한 걱정은 하나님에 대한 불신앙에서 비롯되었다.

12:28 왕의 '개혁'은 모두 종교적인 변절과 관련이 있다. 이것이 그가 이스라엘에 그런 악영향을 끼친 이유다. 그의 개혁은 이스라엘의 능력의 핵심, 즉 하나님과의 관계에 타격을 주었다. 그 개혁이 오랫동안 이스라엘을 오도했다. 여로보암은 자기 생각을 검토했다. 그는 어떻게 하면 분리를 유지할 것인가에 대해 계획을 세웠다.

첫 번째 개혁은 새로운 종교적인 상징과 관계가 있다. 이스라엘 사람이 예루살렘에 있는 그 놀라운 성전과 언약궤로 돌아가는 것을 막기 위해(참조, 27절) 여로보암은 대용물을 내놓았다. 그것은 **두 금송아지** 또는 수소였다. 그는 실제로 사람들을 야웨 숭배로부터 그의 금 신상 숭배로 돌아서게 할 작정이었을 것이다. 이것은 그가 **이는 너희를 애굽 땅에서 인도하여 올린 너희의 신들**이라고 말한 데서 볼 수 있다.

그렇지만 왕이 야웨 숭배의 보조물로서 그 송아지를 세웠을지도 모른다는 말은 그럴듯하다(W. F. Albright, *From the Stone Age to Christianity*, Rev. ed., Baltimore: Johns Hopkins University Press, 1957, 299). 이런 의견은 우상의 버팀대나 받침대로서의 형상을 생각하던 고대 근동의 관습에 의해 지지를 받는다. 여로보암의 결정은 애굽에서 봤던 것에 영향을 받았을지도 모른다. 애굽에서는 수소가 일반적으로 신을 대표하거나 보좌하곤 했다. 보다 그럴듯하게는, 그의 소행이 바알과 관계된 가나안 사람의 비슷한 습관에 영향을 받았을 것이다. 하지만 그는 이스라엘 역사에 무지했던 것 같다. 예전에 광야에서 금 송아지 문제로 하나님의 진노가 이스라엘에게 임했기 때문이다(출 32장). 본래 목적이 무엇이었든 그 금송아지는 이스라엘의 예배 대상이 되었다(참조, 호 8:5~6; 13:2~3).

12:29~30 금으로 된 그룹으로 덮인 언약궤가 있는 성전을 대신해서 이 송아지를 모셔 둘 새 성소를 건축했다. 그것은 이스라엘의 북쪽 멀리에 있는 단과 이스라엘 남쪽 유다와의 경계 바로 북쪽에 있는 **벧엘**에 두었다(참조, 4:17~19, "솔로몬의 열두 지방과 주변 국가들" 지도). 백성들은 예루살렘으로 가는 대신에 이곳에서 참배를 하라는 말을 들었다. 이스라엘 사람은 비록 하나님께 불순종하는 것이지만 유사한 **숭배**(예배) 형식을 통해 성취감을 맛볼 수 있었을 것이다.

12:31 하나님이 지시하신 레위 자손이 아니라 **보통 백성**으로 새 제사장들을 삼았다. 여로보암이 레위 자손의 제사장들을 파면시키자 그들은 유다로 이주했다(대하 11:14). 새 제사장들은 여로보암이 백성을 위해 편리한 곳에 건축한 여러 산당들에서 종교의식을 거행했다. 이런 편리함은 또다시 백성에게 그들이 원하는 대로 마음껏 숭배할 수 있다는 생각을 갖게 했다. 그리고 그들은 예전에 드리던 숭배 의식을 덜 열망하게 되었다.

12:32~33 여로보암은 유다의 절기와 비슷하게 새 절기 하나를 정했는데, 그것은 속죄일을 조심스레 모방한 것이었다. 이스라엘의 절기는 **벧엘**

에서 8월(10~11월)에 거행되었다. 그때는 유다 절기 바로 한 달 후인데, 여로보암이 자기 마음대로 정한 것이었다. 제사장과 제사와 제단은 모두 이스라엘의 절기가 유다의 절기보다 낫거나 비슷한 수준으로 준비했다. 그러나 유다의 절기는 하나님이 제정하신 것인데 반해 이스라엘의 절기는 여로보암이 꾸민 것이었다. 여로보암은 그의 백성에게 본보기를 보여 주었다. 그가 몸소 벧엘에 쌓은 제단에 올라가서 분향을 한 것이다.

2. 유다에서 온 하나님의 사람(13:1~32)

여로보암의 우상숭배 제도(12:28~33)는 여호와의 선지자에게 즉각적인 비난을 받았다. 이 사람이 겪는 일은, 여로보암의 악행과 그 악행이 얼마나 사람을 현혹시키는 것인지를 지적한다. 그 후 그 선지자는 스스로 판 함정에 빠졌다.

a. 하나님의 사람의 예언(13:1~10)

13:1~3 이 무명의 하나님의 사람은 그의 사명의 기초를 여호와의 말씀에 두었다(1~2, 9절). 이것은 하나님의 권한이 완전히 부여된 심판의 예언이었다. 선지자는 남 왕국 유다에서부터 벧엘로 보냄을 받았다. 그는 배교자 여로보암의 영향권 아래에서 살기보다는 하나님이 택하신 다윗 왕조의 왕들 밑에서 살았다. 그는 제단에서 그의 예언을 공공연히 말했다. 그때 여로보암은 제단 곁에 서서 분향하고 있었다.

이 사람의 예언은 성경에서 가장 놀랄 만한 예언 중 하나다. 그가 290년 동안 등장하지 않을 왕의 이름과 행적을 예언했기 때문이다. 요시

유다와 이스라엘의 왕들과 추방 전 선지자들					
유다			이스라엘		
왕*	연대	재위	왕조⊕	왕	연대	재위
르호보암	931~913	17	제1왕조	여로보암 1세	931~910	22
아비얌	913~911	3		나답◆	910~909	2
아사	911~870	41				
여호사밧†과 공동 섭정	873~870	(3)	제2왕조	바아사	909~886	24
				엘라◆	886~885	2
여호사밧	873~848	25				
여호람†과 공동 섭정	853~848	(5)	제3왕조	시므리	885	7일
				디브니	885~880	6
여호람	848~841	8		오므리†와 중복 통치	885~880	(6)
오바댜◆						
아하시야◆	841	1				
아달랴 여왕	841~835	6	제4왕조	오므리	885~874	12
요아스◆	835~796	40		아합	874~853	22
요엘◆			엘리야	아하시야	853~852	2
아마시야◆	796~767	29		여호람(요람)◆	852~841	12
아마시야	790~767	(23)				
밑에서 아사랴†의 부섭정			제5왕조	예후	841~814	28
아사랴(웃시야)	790~739	52	엘리사	여호아하스	814~798	17
요담†과 공동 섭정	750~739	(11)		여호아스(요아스)	798~782	16
요담	750~735	16		여로보암 2세†와 공동 섭정	793~782	(11)
요담 밑에서 아하스†의 부섭정	744~735	(9)		여로보암 2세	793~753	41
요담과 아하스†의 공동 섭정	735~732	4	호세아	요나 | 아모스		
				스가랴◆	753~752	1/2
아하스	732~715	16				
아하스 밑에서 히스기야†의 부섭정	729~715	(14)	제6왕조	살룸◆	752	1/12

(미가 / 이사야)

미가	이사야	히스기야	715~686	29	제7왕조	므나헴	752~742	10
		히스기야 밑에서	697~686	(11)		베가+와	752~742	(10)
		므낫세+의 부섭정				중복 통치		
		므낫세	697~642			브가히야◆	742~740	(2)
	나훔					베가와 중복 통치	742~740	(2)
예레미야		아몬◆	642~640	2				
		요시야	640~609	31	제8왕조	베가◆	752~732	20
	스바냐							
		여호아하스	609		제9왕조	호세아	732~722	9
		여호야김	609~598	11				
	하박국							
		여호야긴	598~597	1/4				
		시드기야	597~586	11				

* 여왕 한 명 포함(아달랴)

† 공동 섭정은 왕들이 함께 통치, 중복 통치는 그들이 각각 통치, 부섭정은 아들이 종속적인 위치에서 부친과 함께 통치.

◆ 암살당한 왕과 여왕.

♧ 왕조는 같은 가계의 일원인 왕들의 왕위 계승이거나 그 앞뒤가 다른 가계의 단일 왕이었다(유다 왕들은 모두 한 왕조였다. 그들은 모두 다윗의 자손이었기 때문이다).

♣ 복음적인 학자들은 오바댜와 요엘의 연대에 의견을 달리한다. 그들을 후대에 두는 학자들도 있다(요엘과 오바댜의 서론을 참조하라).

주의: 어떤 왕의 통치 연대에서(예를 들면 르호보암, BC 931~913년) 빼기를 해 보면 그 왕의 '재위' 항목에 있는 숫자와 다를 수 있다. 이것은 해당 왕의 통치의 시작과 끝의 연대가 그레고리력에서 그 연대의 일부만을 계산에 넣기 때문이다.

※ 왕의 연대는 Edwin R. Thiele의 *The Mysterious Numbers of the Hebrew King*, 3rd(Grand Rapids: Zondervan Publishing House, 1983)에서 취했다.

야는 BC 640~609년에 다스렸는데, 그는 하나님의 사람이 예언한 것을 성취했다(왕하 23:15~20). 요시야는 여로보암이 수축한 벧엘 제단을 부수고 그곳의 거짓 제사장들을 죽였다. 성취가 오랜 세월 후에 이뤄질 때, 징조는 종종 이런 종류의 예언에 주어졌다. 게다가 하나님의 사람은 징조, 즉 예언을 입증하는 기적이 실현되리라고 예언했다. 그가 말한 징조는 제단이 바로 그날에 갈라지리라는 것이었다(참조, 왕상 13:5).

13:4~6 예언을 들은 여로보암의 반응은, 그 선지자를 잡으라고 명령을 내린 것이었다. 왕이 그의 권위를 나타내며 내민 손이 마른 것은, 하나님의 권위가 여로보암의 권위보다 크다는 사실을 말해 주는 것이다. 하나님은 여로보암의 능력을 마비시켜서 완전히 무용지물이 되게 할 수 있으셨다. 징조("제단이 갈라지며". 참조, 3절) 또한 그곳에 있던 자들의 마음에, 그 예언이 여로보암을 주장하시며 그의 악행을 판단하실 하나님으로부터 온 것임을 의심치 않도록 했다.

여로보암은 하나님의 능력을 깨닫고 하나님의 사람에게 간구하기를, 하나님께 말씀드려 그의 손을 낫게 해 달라고 했다. 이에 하나님의 사람이 여호와께 은혜를 구하자 여로보암의 손이 전과 같이 돌아왔다. 여로보암은 야웨를 '나의 하나님'이라고 하지 않고, 네 하나님이라고 했다. 그것으로 그의 우상숭배가 입증된 것이다.

13:7~10 마비되었던 그의 손이 곧 낫게 되자(참조, 6절) 왕은 그 선지자에게 큰 호의와 특전을 베풀었다. 그는 자기 왕궁에 쉴 곳과 음식과 예물을 제공하겠다고 했다. 고대 근동에서 친절은 신성한 관습이었다. 자기 집에 유숙한 손님과 함께 음식을 먹는 것은 그에게 계속적인 안전을 약속

해 주는 것이었다. 그러나 **하나님의 사람**은 사악한 여로보암과 약조 맺기를 원치 않았다. 그는 여로보암에게 신세를 지는 입장이 될 것이므로 음식조차 수락하지 말라는 지시를 하나님께로부터 받았다.

그가 다른 길로 돌아간 것은 선지자의 방문이 공식적인 성질의 것이 아니었음을 뜻하는 것이다. 이 방문은 관광 여행이 아니었다. 그는 하나님의 용무를 위해 **벧엘**에 갔던 것이다. 선지자는 이 시점까지는 하나님께 신실하게 순종했다.

b. 늙은 선지자의 유혹(13:11~19)

이야기나 저자의 의도가 혼란스러워 보이는 이 기사는 처음에는 별다른 유익이 없어 보인다. 그러나 자세히 살펴 보면 그 진가가 밝혀질 것이다.

13:11~14 두 번째 선지자가 벧엘에 살았는데 그는 늙은이였다. 이것이 중요한 단서가 된다. 노년은 때때로 사람을 게으르고 자만하게 만드는 경향이 있다. 이 사람의 자만은, 그가 배교자 왕의 영토만이 아니라, 왕의 거짓된 숭배 제도의 중심지에서 기꺼이 살고자 한 것을 통해 잘 알 수 있다.

그 늙은 선지자가 어째서 유다에서 온 선지자의 뒤를 쫓아갔는지는 알 수가 없다. 아마 그는 여호와의 보다 젊고 신실한 종을 만나 보고 싶었을 것이다. 또는 애초의 동기가 시기심이었을 수도 있다. 젊은 선지자의 사역을 파멸시키려고 의도했을지도 모른다.

13:15~19 신실한 선지자의 거절에 늙은 선지자는 **천사**를 통해 하나님으로부터 직접 받은 계시라고 말했다. 그 말에 젊은이가 **여호와**께서 전에

지시하신 것을 잊은 것은 당연했다. 유다에서 온 선지자는 늙은 선지자가 속이는 줄도 모르고 벧엘로 돌아가서 그와 함께 먹었다. 여로보암의 배교는 선지자마저 감염시켰다. 그는 왕처럼 시기심을 지녔으며 뻔뻔할 정도로 불순종을 저질렀다. 이 같은 배교 사상은 급속히 번져 이미 이스라엘에서 끔찍한 수확을 거두고 있었다.

c. 그의 죽음과 매장(13:20~32)

13:20~22 늙은 선지자가 범죄했음에도 불구하고 여호와의 말씀이 죄를 범했던 다른 많은 선지자들(요나, 엘리야)과 같이 그에게도 임했다. 늙은이는 그 자리에서 젊은 선지자의 운명을 고지했다. 젊은 선지자는 여호와의 명령을 어겼기 때문에 명예롭게 매장되지 못하리라는 것이었다.

하나님이 이 사람에게 내리신 혹독한 심판은, 동일한 불순종을 한 늙은 선지자와 비교할 때 공평하지 못한 것 같다. 그러나 하나님의 혹독한 심판은 젊은 선지자의 사명의 중대함에 비례된 것이었다. 모든 이스라엘 사람은 그의 예언을 들었을 것이다. 그 예언은 하나님이 여로보암을 심판하실 텐데, 그것은 그가 모세를 통해 주신 여호와의 말씀에 불순종했기 때문이라는 것이었다. 만일 하나님께 받은 말씀에 불순종한 선지자를 하나님이 심판하지 않으셨다면, 그의 예언과 하나님의 신뢰성에 의혹의 그림자가 드리워졌을 것이다. 그에 비해 늙은 선지자의 죄는 사사로운 것이라 그는 하나님께 개인적으로 심판받았다.

13:23~32 길에 사자가 있는 것은 이스라엘에서 흔한 일은 아니지만, 그렇다고 그런 일이 전혀 없었던 것은 아니었다. 들짐승이 배회하다가(참조,

삿 14:5) 가끔 사람을 죽이기도 했던 것이다. 이 사자가 젊은 선지자를 심판하려고 하나님이 보내신 것이라는 사실은, 그 사자가 그를 죽인 후 그 시체 곁에 서서 그것을 먹지도 않고 나귀를 찢지도 않은 것을 보면 분명히 알 수 있다(28절).

선지자의 죽음이 사람들에게 알려지게 되었다(25절). 하나님의 사람에게 경의를 표한 늙은 선지자는 그 시체를 들어 가져와서는 슬피 울며(29절) 자기의 묘실(30절)에서 그를 장사 지냈다. 늙은 선지자가 하나님의 사람이 죽은 일에 관여한 것으로 죄책감에 시달렸음은 말할 것도 없다. 그는 요시야에 관한 예언이 성취될 것을 확신했다(32절. 참조, 2절).

이 이야기는 하나님의 말씀에 철저히 지속적으로 순종하는 것이 굉장히 중요하다는 사실을 밝혀 준다. 하나님이 당시의 여로보암과 주의 백성에게 따끔한 교훈을 주시려고 한 것이다. 이는 또한 부가된 특권에는 증가된 책임이 따라온다는 것을 말해 주기도 한다. 하나님은 작은 책임을 지녔던 선지자보다 큰 책임을 지녔던 선지자를 엄히 다루셨다. 하나님의 종들에게까지 침투한 영적 타락의 영향 또한 찾아볼 수 있는데, 그것은 특히 늙은 선지자의 행위에서 잘 나타난다.

3. 여로보암의 완고한 배교(13:33~34)

13:33~34 앞의 사건이 여로보암과 이스라엘에게 여호와의 말씀을 등한시하는 위험에 대해 가르치려는 것이었음은 이 짧은 구절을 통해 잘 알 수 있다. 왕의 죄가 자세히 언급되었으며(12:25~33) 경고도 받았으나(13:1~32) 여로보암은 그의 악한 길에서 떠나 돌이키지 않았다. 배교의 가장 심각한 면으로 보이는 것은 누구든지 제사장직에 발탁될 수 있다는 것

이다(33절. 참조, 12:31). 이처럼 모세의 율법에 명시된 하나님의 뜻을 완전히 무시한 것이 여로보암의 **끊어짐과 멸망**을 초래했다. 이 일(배교)이 죄가 되어 여기에 다른 많은 것들이 파생되었다. 하나님이 그의 목적을 이루시려고 정치 상황과 사회 조건을 쓰셨음에도 불구하고 **여로보암**이 범한 이 죄가 이스라엘 몰락의 원인이 되었다.

4. 여로보암에 대한 아히야의 예언(14:1~18)

하나님의 사람의 예언(13:2)이 주로 여로보암의 종교제도의 붕괴를 다룬 것에 반해, 아히야의 예언은 여로보암의 집(왕조)을 향했다.

a. 여로보암의 아들의 병(14:1~5)

14:1~5 그때란 13장에 기록된 사건 직후를 말할 것이다. 여로보암의 아들 아비야를 같은 이름인 르호보암의 아들과 혼동해서는 안 된다(15:1). 여로보암의 아들은 당시에 아이에 불과했다(14:3, 12, 17). 그 아이의 병이 무엇인지는 말하기 어렵고, 그 병명이 이 기사에 꼭 필요한 것도 아니다.

여로보암은 야웨가 그 선지자에게 자기 아내의 정체를 일러 주실 수 있거나 일러 주시리라고 믿지 않았음이 분명하다. 왕이 그녀에게 **변장**하라고 한 것은, 그녀가 여호와의 선지자를 방문하는 것을 다른 사람에게 발견되기를 원치 않았기 때문이다. 선지자 아히야는 이스라엘의 예전 성막 터인 **실로**에 살고 있었다. 여로보암이 그의 즉위식에 대한 아히야의 예언을 언급한 것(참조, 11:29~39)은 다른 예언, 즉 그의 아들이 회복되리라는 예언을 듣고 싶었음을 말해 주는 것이다. 아히야에게 식물을 예물로 보낸 것은 관습에 불과하다고 볼 수 있으나, 여로보암의 다른 행위에 비추어 보면 선지자로부터 긍정적인 말을 들으려는 심사였던 것 같다. 아히야는 늙고 눈이 어두웠다. 그러나 하나님이 그에게 메시지를 주셔서 왕의 계교를 간파했다.

b. 여로보암 왕조의 운명(14:6~18)

14:6~7상 여로보암의 아내는 아들의 회복에 관한 말을 듣고 싶었으나 그 대신 남편과 자기와 아들의 운명에 관한 말을 들었다. 선지자는 곧 그 여배우(어찌하여 다른 사람인 체하느냐)의 정체를 밝혀냈다. 왕의 아내는 아히야에게 보냄을 받았다고 여겼으나 선지자는 자기가 그녀에게 보냄을 받았다고 했다. 여호와는 이스라엘의 하나님이시지 여로보암이 세운 우상이 아니었다. 그가 그녀에게 전한 말은 여호와께로부터 온 것이었다.

14:7하~9 하나님이 선지자를 통해 왕에게 상기시키신 것은, 주가 왕을 주의 백성의 주권자가 되게 하신 분이라는 것이었다. 그러나 여로보암은 마땅히 따라야 할 다윗의 뒤를 따르지 않았다. 사실 하나님은 여로보암이 그의 이전 사람들보다도 더 악을 행하였다고 하셨다. 여로보암이 금송아지로 우상을 삼든, 야웨 숭배의 보조물로 삼든 하나님은 그것들이 다른 신과 우상이라고 하셨다. 그것들은 부어 만든 것에 불과했다. 왕의 우상숭배는 여호와를 노하게 했다. 하나님은 그 우상숭배를 그분을 배척하는 것으로 간주하신 것이다.

14:10~11 여로보암이 하나님의 백성을 하나님으로부터 멀어지게 했

으므로 그의 집(왕조)은 끊어질 위기에 처했다. 그의 가계를 이을 만한 사내가 없을 텐데, 하나님은 그것을 거름에 비유하셨다. 여로보암 일가는 장사되지 못하고 개나 새에게 먹힐 것이다. 이것은 셈족에게는 말할 수 없는 치욕거리였다(이것은 바아사 일가[16:4]와 아합 일가[21:24]에도 해당될 것이다).

14:12~13 여로보암의 남자 자손 중 장사될 자는 오직 죽음을 앞둔 아비야밖에 없었을 것이다. 왕비가 집으로 돌아가는 길에 그가 죽은 것은, 아히야의 예언 가운데 보다 후에 이뤄질 일도 분명히 성취될 것임을 의미한다.

14:14~15 선지자 아히야는 여로보암의 집을 끊어 버릴 왕이 일어날 것이라고 했다. 그가 바로 바아사였다(15:27~29). 14절의 마지막 부분은 갖가지 해석을 불러일으켰는데, 아마 이것이 분명 이뤄지리라는 의미일 것이다. 더욱이 나라 전체가 불안정해서 갈대처럼 흔들릴 것이다. 여로보암은 이스라엘을 하나님 말씀이라는 단단한 흙에 심은 것이 아니라, 애굽의 골풀이나 파피루스처럼 우상숭배라는 튼튼하지 못한 물에 심었다. 하나님은 나라를 그의 조상들에게 주신 이 좋은 땅에서 뽑아 유브라데 강 너머로 흩으실 것이라고 말씀하셨다. 그리고 이 일을 BC 722년에 앗수르의 손을 빌려 이루셨다. 이스라엘 사람의 우상숭배가 이런 심판의 원인이었다. 아세라 상(참조, 23절; 15:13; 16:33)은 가나안의 여신인 아세라 숭배를 조장하려고 만든 나무기둥으로 된 조각물이었다.

14:16 하나님이 이스라엘을 버리신다는 말은 제한된 의미로 받아들여야 한다. 하나님은 아브라함에게 그의 자손이 영원히 축복받으리라고 약속

하셨다(창 12:2~3; 18:17~18; 22:17~18). 나중에 하나님이 이스라엘을 포로 생활에서 건져 내시기는 했지만, 아직 축복하시리라는 하나님의 모든 약속이 성취되지 않았다. 그것은 조만간 성취될 것이다(사 62장). 하지만 하나님은 포로 생활에서 심판받도록 그들을 두셨다. 이것이 여기서 말하는 버린다는 의미다.

14:17~18 이 구절은 아히야가 예언한 왕자 아비야의 죽음이 그대로 성취되었음을 기록하고 있다. 왕비는 실로(2절)에서 **디르사**에 있는 집으로 무거운 발걸음을 옮겼을 것이다. 여로보암은 세겜에서 디르사로 이주했다(참조, 12:25).

여호와의 말씀이 왕자의 죽음으로 곧 성취되었듯이, 그의 보다 먼 미래에 대한 예언 역시 여로보암의 치세 때 무르익기 시작했다. 솔로몬이 다스리던 영토가 유다를 제외하고는 모두 여로보암의 관할하에 들어갔을 것이지만, 이 넓은 지역을 그의 치세 때 잃고 말았다. 그 잃어버린 지역 중에 북쪽으로 다메섹 근방의 영토가 있었다. 그곳은 아람의 독립국가가 되었다. 남서쪽에서는 블레셋이 그들의 예전 영토를 되찾아 강성해졌다(참조, 15:27). 동쪽으로는 모압을 잃어버렸다. 묘하게도, 여로보암이 애굽에 있을 때 보호해 주던(11:40) 시삭(세숑크 1세)은 여로보암의 치세 때 유다를 비롯한(14:25) 팔레스타인을 침공했다. 이러한 사건들은 큰 피해와 광범위한 파괴를 가져왔다. 여로보암은 유다 왕 아비야에게도 패하고 말았다(대하 13:13~20). 이스라엘은 여로보암의 치세 때 군사력뿐만 아니라 영토에서도 많은 피해를 입었다.

5. 여로보암의 죽음(14:19~20)

14:19~20 열왕기상·하에 언급된 북 왕국의 왕 20명 중 18명(디브니[16:21~22]와 호세아[왕하 17:1~6]를 제외한 모두)의 통치 역사가 여로보암을 위시해서 이스라엘 왕 역대지략에 기록되었다. 유사하게 열왕기상·하에 언급된 남 왕국의 왕 19명 중 14명의 통치 역사가(르호보암을 위시해서[왕상 14:29]) 유다 왕 역대지략에 기록되었다. 이런 책들은 역사적인 문서로서 왕립기록보관소에 소장되었을 것이다. 그러나 그것들은 더 이상 존재하지 않는다(참조, 대상 27:24, "다윗 왕의 역대지략"; 왕상 11:41, "솔로몬의 실록"; 역대상 서론 "출처"). 열왕기상의 저자는 여로보암의 이스라엘 통치 22년의 불경건한 면을 강조하기 위해 성령의 감동하심에 따라 자료를 정리했다. 그리고 그의 아들 나답이 대신하여 왕위에 올랐다.

여로보암은 이스라엘을 유다로부터 분리시켜 그토록 오랫동안 지배할 만큼 능력 있는 사람이었다. 그러나 그는 여호와께 헌신하는 마음이 부족했다. 헌신했더라면 여호와가 그를 훌륭하고 성공적인 왕으로 삼으셨을 것이다.

C. 유다 왕 르호보암의 악한 통치(14:21~31)

1. 르호보암의 악함(14:21~24)

14:21 르호보암은 십칠 년을 다스렸다(BC 931~913년). 그와 그의 뒤를 이은 모든 유다 왕은 예루살렘에서 다스렸다. 저자는 북 왕국의 수도

(세겜, 디르사, 사마리아. 참조, 12:25 주해)와 대조시키려고 이 성읍을 인간이 택한 북쪽 수도와는 다르게 **여호와께서 택하신 성읍**이라고 했다. 왕의 어머니 나아마는 솔로몬의 이방인 아내 중 한 명이었다. 그녀는 **암몬 사람**으로 혐오스러운 우상 밀곰을 섬겼다(참조, 11:5, 33). 그녀는 아마 르호보암의 치세 때 일어났던 가나안 사람의 우상숭배 부흥에 부분적으로 책임이 있을 것이다.

14:22~24 르호보암이 여호와를 떠난 것은 그가 왕권을 잡게 되어 강하게 된 후였다(참조, 대하 12:1, 14). 이런 우상숭배의 부흥은 다윗이 이스라엘 민족을 **여호와께**로 이끌기 전의 사사 시대에 만연하던 상황으로 돌아간 것이다. 여호와의 노가 주의 사랑하는 백성을 멸망의 죄로 이끈 것들을 향했다. 산당은 야웨께 예배드리는 곳이기도 했지만, 그것은 하나님이 명령하신 것이 아니었다. 우상 또는 기둥과 **아세라 상**(참조, 왕상 14:15)은 가나안의 남신과 여신 숭배의 보조물이었다. 산 위와 푸른 나무는 이런 이방 제단을 즐겨 세우던 곳이었다. **남색하는 자**가 이교도 예배에서 이용되었다. 하나님이 여호수아 당시에 일소하게 하신, 그 땅을 물들였던 도덕적인 부패와 동일한 것이 르호보암의 지도 아래 이스라엘에서 다시금 행해졌다.

2. 시삭의 침입(14:25~28)

14:25~28 애굽의 왕(바로) 시삭(BC 945~924년. 참조, 11:40)은 세숑크 1세라고도 하는데, 애굽 22대 왕조의 창시자다. 그는 예전에 여로보암에게 망명처를 제공했다(참조, 11:40). 르호보암의 **제오 년**에 시삭은 팔레스

타인 지배권을 차지하려고 했다. 유다와 이스라엘과 에돔과 블레셋을 무력으로 침공한 그는 156개의 성읍을 장악했다. 그의 전력은 애굽의 카르낙에 있는 아몬 신전의 남방 벽 외관에 새겨져 있다. 시삭은 유다의 성읍들을 빼앗고 **예루살렘**을 공략하겠다고 위협했다. 그 결과 **르호보암**과 지도자들이 여호와 앞에서 스스로 겸비했으며, 하나님이 예루살렘을 파괴로부터 건지셨다(대하 12:2~12).

르호보암은 시삭에게 **성전의 보물과 왕궁의 보물**을 많이 주어 돌려보냈다(26절). 거기에는 **솔로몬이 만든 금방패** 오백 개도 포함되었다(참조, 10:16~17). 르호보암은 그것들을 대신해 좀 덜 비싼 **놋방패**를 만들어서 간직해 두었다가 주로 **왕을 전으로 모실 때** 사용했다. 시삭의 침입은 사울 이래 처음으로 외국 군대가 유다를 강력하게 공격한 것이었다. 그러나 애굽 왕은 마음먹은 대로 팔레스타인을 정복할 수 없었다.

3. 르호보암의 죽음(14:29~31)

14:29~30 유다 왕 역대지략에 더하여 역대기 기자는 르호보암의 사적이 더 기록된 동시대의 다른 자료들을 언급했다(대하 12:13~16). 여기서는 **항상 전쟁이 있었다**(30절)고 간단히 언급만 되고(15:6. 참조, 대하 12:15), 자세하게 설명되지는 않는다. 르호보암이 무력으로 이스라엘을 되찾으려고 했던 애초의 계획에 미루어 볼 때(12:21. 그는 하나님이 내전을 금하셨다고 한 선지자 스마야의 말을 듣고 포기했다[대하 11:1~4]), 이처럼 계속된 전쟁은 아마 베냐민 영토 내의 국경 분쟁 때문이었을 것이다. **르호보암**은 이런 국경 분쟁에서 보다 성공적이다. 왜냐하면 그는 베냐민 사람의 마음뿐만 아니라 땅도 쟁취했기 때문이다. 분열 왕국 초기에는

명확한 경계가 많이 바뀌었을 것이다.

르호보암이 요새화한 15개 성읍은 유다와 베냐민과 예루살렘 남쪽과 서쪽에 위치했다(참조, 대하 11:5~10, "르호보암이 요새화한 15개의 유다인 성읍" 지도). 아마 시삭의 침입 이후, 앞으로 애굽과 블레셋의 공격에서 유다를 방어하기 위해 그것들을 강화했을 것이다.

14:31 르호보암이 죽어 예루살렘의 옛 다윗 성에 장사되었다(참조, 2:10 주해). 그의 어머니의 이름이 왕의 치세에 대한 관례적인 요약의 일환으로 다시 언급되었다(참조, 14:21). 그의 아들 아비얌이 대신하여 왕이 되었다.

D. 유다 왕 아비얌의 악한 통치(15:1~8)

1. 아비얌의 악함(15:1~6)

15:1~2 아비얌의 유다에서의 삼 년간의 통치(BC 913~911년)는 여로보암이 이스라엘을 다스리는 중(BC 931~910년)에 행해졌다. 아비얌은 르호보암과 마아가의 아들이었다. 마아가는 다윗의 아들 압살롬(아비살롬은 다른 철자법)의 딸이었다. 딸이나 아들이 언제나 바로 다음 세대를 의미하지는 않는다. 가끔 두서너 세대를 건넌 다음 세대에 적용되기도 한다.

15:3~6 르호보암의 모든 죄는 우상숭배의 죄와 같은 것들을 말한다(참조, 14:23~24). 아비얌의 마음을 말하면서 애정의 중요성이 강조된다.

애정은 종종 사람의 행동을 결정한다. 하나님이 아비얌에 대해 참으심은 아비얌 때문이 아니라 다윗에게 하신 약속 때문이었다(4절의 그에게는 아비얌이 아니라 다윗을 말한다). 등불은 모든 어둠을 몰아낼 후계자들을 회화적으로 묘사한 것이다. 그것은 다윗 왕조 전체를 상징한다(참조, 11:36 주해; 삼하 21:17; 왕하 6:19).

르호보암과 여로보암 사이의 전쟁은(참조, 왕상 14:30) 아비얌의 생애에도 계속되었다. 그중 한 사건이 역대하 13장 2~20절에 기록되어 있다. 그 사건에서 아비얌은 하나님을 믿은 결과 상대방의 수가 더 많았음에도 불구하고 승리했다. 아비얌은 비록 우상숭배를 허용할지언정 여호와를 버리지는 않았다.

2. 아비얌의 죽음(15:7~8)

15:7~8 유다 왕 역대지략에 관해서는 14장 29절의 주해를 참조하라. 여로보암과의 전쟁이 두 번째로 언급된 것(참조, 15:6)은 그 당시에 이스라엘과 유다 간에 적대감이 심화되었음을 의미한다. 그의 조상들과 함께 잤다는 말은 죽음의 완곡한 표현이다.

E. 유다 왕 아사의 선한 통치(15:9~24)

유다 왕 19명 중 8명이 선한 왕이었다. 비록 그들의 기록된 행적 중 어떤 것은 악하다 할지라도 하나님은 그들의 통치 전체를 선하다고 평가하셨다. 이 선한 왕들 중에서 4명은 유다에 종교 개혁을 가져왔다. 그 개혁은 나라가 순수한 예배 형태를 회복하며, 백성이 모세 율법에 다시 순종하도록 하는 것이었다. 아사는 유다의 첫 번째 선한 왕이자 첫 번째 개혁자였다(11절).

1. 아사의 선함(15:9~15)

15:9~10 아사는 BC 910년 이스라엘에서 여로보암의 통치가 끝나기 직전에 왕이 되었다. 아사는 **사십일 년을 다스렸다**(BC 911~370년). 마아가는 그의 조모였다(어떤 번역본에서처럼 '어머니'가 아니다. 참조, 2절).

15:11~13 아사의 통치에 대한 하나님의 평가는 그가 대체로 **여호와 보시기에 정직하게 행했다**는 것이다. 물론 다윗은 아사의 **아버지**가 아니라 조상이었다.

역대하 기자는 아사 통치에 대해 열왕기상에서보다 많은 사실을 전해 준다. 아사의 통치 시작에 십 년간 평화가 있었다(대하 14:1). 아마 이 기간에 그의 첫 번째 종교 개혁을 시행했을 것이다(대하 14:2~5). 당시에 그는 유다의 방어 시설도 요새화했다(대하 14:6~8). 평화는 구스 사람 세라가 쳐들어옴으로써 깨지고 말았다. 세라는 애굽 왕 오사곤 1세의 사령관이었다. 그러나 아사는 그 애굽 사람들을 무찔렀다. 유다가 수적으로 월등히 열세였으나 여호와를 의지함으로써 승리할 수 있었다(대하 14:9~15). 선지자 아사랴는 아사에게 계속해서 하나님을 믿고, 네 능력으로 너를 구해 냈다고 여기지 말라고 경고했다(대하 15:1~7). 이때부터 오랫동안 평화가 이어졌다(대하 15:19).

하나님의 선지자에게 격려를 받은 아사는 제2의 개혁을 착수했다(12~15절; 대하 15:8~18). 남색하는 자의 추방과 르호보암과 아비얌이 끌어들인 우상의 파괴가 이 개혁의 일부였다. 그 개혁에는 아사가 어머니 마아가를 태후의 자리에서 폐위시킨 것도 포함되었다. 그녀가 아세라의 가증한 우상을 만들었기 때문이다. 그는 그 우상을 예루살렘 동쪽의 기드론 골짜기에서 불살라 버렸다.

15:14~15 아사는 산당의 일부를 제거했지만(대하 14:3) 모두 없앤 것은 아니었다(14절). 그럼에도 불구하고 그의 마음이 **일평생 여호와 앞에 온전하였다.** 아사가 그의 생애 후기에서 자기를 의존한 것에 비추어 볼 때, 이 말은 아마 그가 우상숭배를 용납하지 않고 참하나님만 섬겼다는 의미일 것이다. 그의 아버지가 성별한 것과 자기가 성별한 것인 은과 금과 그릇들은 아비얌이 여로보암과 싸워서 얻은 것(대하 13:16~17)과 아사가 애굽 사람을 무찌르고 빼앗은 전리품(대하 14:12~13)을 말한다. 역대하 기자는 아사의 개혁에 모세 율법의 의례적인 갱신에 대한 설명을 포함시킨다(대하 15:9~17).

2. 아사의 바아사 제패(15:16~22)

15:16~17 이스라엘의 왕 바아사(BC 909~886년)는 아사의 끊임없는 적수였다. 바아사는 라마를 건축했다. 라마는 예루살렘 북쪽 4마일 지점에 있는 유다와 이스라엘의 국경에 위치했다. 그래서 그는 이스라엘과 유다 사이의 왕래를 장악할 수 있었다.

15:18~21 바아사의 라마 강화를 막기 위해 아사가 세운 계획은 보물을 꺼내다가 다메섹의 아람 왕 벤하닷 1세와 약조를 맺는 것이었다(참조, 11:23~25, "열왕기상·하에 나오는 아람 왕들" 도표). 아사는 벤하닷을 꾀어 그가 바아사와 세운 약조를 깨뜨리려 했고, 그 계획은 성공했다. 벤하닷이 이스라엘을 침공해 긴네렛 호수(나중에는 갈릴리 호수로 알려짐) 근처의 몇 개 성읍을 취하였다. 바아사는 그의 군대를 라마에서 북쪽으로 퇴각시킬 수밖에 없었다. 바아사는 당시 이스라엘의 수도였던 디르사로 갔다(참조, 14:17).

15:22 그러자 아사는 바아사가 라마를 요새화하다가 남겨 둔 건축 재료(돌과 재목)를 가져오게 하고, 그것들을 사용하여 이스라엘 국경 근처의 방어 도시인 게바와 미스바를 강화하도록 했다. 아사의 계획은 훌륭했고 성공적이었으나, 그것은 하나님을 믿는 믿음이 부족함을 나타낸 것이었다. 아람 왕에게 도움을 청한 것 때문에 선지자 하나니는 아사를 비난했다(대하 16:7~9). 아사는 그 비난에 화가 나서 하나니를 옥에 가두었다(대하 16:10). 아마 아사는 애굽과 이스라엘과 싸워 승리한 것으로 인해 자신을 대단한 인물로 여겼던 것 같다.

3. 아사의 죽음(15:23~24)

15:23~24 아사의 업적이 유다 왕 역대지략에 기록되었다(참조, 14:29; 15:7). 아사는 그의 생애의 마지막에서 여호와를 찾는 데 또다시 실패했다. 그의 발에 병이 들었을 때 그는 여호와께 도움을 구하지 않고 의원들에게만 의지했다(대하 16:12). 아사의 믿음은 별로 신통치 않았지만, 그

의 긴 통치 기간에 그와 하나님과의 관계는 신뢰와 축복으로 특징지을 수 있다. 아사의 건강 악화 때문에 말년에는 그의 아들 **여호사밧**과 공동 섭정을 했을 것으로 보인다(BC 873~870년). 아사가 죽을 때, 이스라엘은 아합(BC 874~853년)이 다스리고 있었다.

F. 이스라엘 왕 나답의 악한 통치(15:25~32)

장면은 북 왕국으로 다시 돌아가서 아사가 유다를 다스리던 초기로 시간을 거슬러 올라간다.

1. 나답의 업적(15:25~28)

15:25~26 나답은 어릴 때 죽은 아비야의 형제였다(14:17). 나답이 아비야의 형인지 동생인지는 알 수 없다. 그는 **여로보암** 왕조의 두 번째 왕이 되어 이 년을 다스렸다(BC 910~909년). 나답은 그의 아버지가 시작한 정책을 고수했다. 그 정책은 **여호와**가 악하다고 간주하신 것이었다. 여로보암의 죄가 심각했던 것은 그가 자신만 죄지을 뿐 아니라 **이스라엘에게 죄를 범하게 한** 것에서 찾아볼 수 있다.

15:27~28 바아사가 깁브돈에서 나답을 죽였다. 깁브돈은 이스라엘 남서쪽에 있는 막강한 블레셋 성읍으로 에그론과 게셀 사이에 위치했다. 이스라엘이 이 성읍을 장악하지 못했음이 분명하다(참조, 16:15~17). 포위 공

격은 나답이 죽음으로써 끝났을 것이다. 그리고 그를 암살한 **바아사**가 이스라엘의 왕이 되었다(15:33~16:7).

2. 이스라엘 첫 번째 왕조의 붕괴(15:29~32)

15:29~32 바아사가 여로보암의 집을 멸망시킨 것은 자기 왕위를 지키려는 의도였다. 이것은 **여로보암의 왕조가 망하리라는 아히야의 예언이 성취**된 것이었다(14:14). 저자는 여기서 이런 혹독한 심판의 이유를 되풀이해서 말하는데, 그것은 정확하게 금송아지 제단을 숭배한 것이었다(15:30). 이 숭배는 여로보암의 모든 후계자들에 의해 계속되었으며, 열왕기상·하의 저자에 의해 자주 비난받았다(참조, 15:34; 16:19, 26, 31; 22:52). 바아사 시대에 계속된 전쟁에 대한 언급(15:32. 참조, 16~22절)이 다음 부분으로 넘어가는 다리 역할을 하고 있다.

G. 이스라엘 왕 바아사의 악한 통치(15:33~16:7)

1. 바아사의 평가(15:33~34)

15:33~34 바아사는 아사 왕 셋째 해에 이스라엘의 왕이 되어 수도 디르사에서(참조, 14:17; 15:21) 이십사 년 동안(BC 909~886년) 다스렸다. 그는 이스라엘 왕 중에서 세 번째로 오래 통치한 왕이었다. 하지만 여기 기록된 대로 그의 역사가 간결한 것은, 그의 통치가 비교적 대수롭

지 않았음을 말해 준다. 그는 **여로보암**이 시작한 종교 정책을 계속 수행했다.

2. 예후의 예언(16:1~4)

16:1~4 선지자 예후는 이스라엘의 왕 예후(BC 841~814년)와 구별되어야 했다. 이 선지자는 하나니의 아들이었다. 이 하나니가 유다의 아사 왕을 꾸짖은 선지자인지는 확실하지 않다(대하 16:7~9). 하나님은 바아사를 티끌에서 들어 이스라엘의 주권자가 되게 했다고 말씀하셨다. 이 말씀은 바아사가 천한 태생임을 뜻한다. 바아사의 미래를 심판할 때 사용된 말(4절)과 거의 같은 말이 선지자 아히야가 여로보암을(참조, 14:7, 10~11), 그리고 나중에 엘리야가 아합을 심판할 때(21:24) 사용된다. 하나님이 여로보암의 집을 심판하는 도구로 그를 쓰셨음에도 불구하고 **바아사가 여호와께로 돌아서지 않았다는 사실은**, 그가 그의 인생과 그의 나라에 관한 영적인 문제의 중요성에 완전히 무지했음을 말해 준다. 바아사 자신도 같은 죄를 범했는데, 이것은 그의 배교 정도가 심원하다는 것을 의미한다.

3. 바아사의 죽음(16:5~7)

16:5~7 저자는 왕의 죽음을 둘러싸고 있는 사실들을 관례대로 기록하면서(5~6절), 하나님이 바아사를 심판하신 이유를 다시 강조했다(7절). 바아사가 여로보암의 **집**(가문이나 왕조)을 멸망시킨 것이 그 이유였다. 하나님이 여로보암의 왕조를 멸망당하게 하셨으며, 이것을 미리 아히야를 통해 선포하셨지만, 하나님은 여로보암의 후손들을 죽인 책임을 바아사

에게 돌리셨다. 바아사는 하나님의 지시에 따라 움직인 것이 아니라 자기 목적을 이루려고 행동했던 것이다.

H. 이스라엘 왕 엘라의 악한 통치(16:8~14)

16:8~10 엘라는 수도 디르사에서 이 년간(BC 886~885년) 이스라엘의 왕으로 있었다. 그는 전임자들의 악한 정책을 계속 펼쳐 나갔다(13절). 그에겐 뚜렷한 업적이 없었다. 그는 마시고 취할 때에 살해당한 왕으로서 평판이 나쁘다(10절). 엘라의 병거 절반을 통솔한 지휘관 시므리는 유력한 장교였다.

16:11~14 시므리는 그의 쿠데타에 보복을 하지 못하도록 이스라엘에서 두 번째로 집권한 집과 그 집의 친구들까지도 완전히 멸하였다. 예후의 예언(참조, 3절)이 성취되었다. 저자는 다시 심판의 영적인 근거를 밝힌다.

I. 이스라엘 왕 시므리의 악한 통치(16:15~20)

16:15~20 시므리의 칠 일 천하(BC 885년)는 이스라엘 왕의 치리 기간 중에서 가장 짧다. 블레셋 내의 깁브돈이 다시 이스라엘 군대에게 포

위 공격을 당했다(참조, 15:27). 엘라가 죽은 후 전령이 깁브돈에 있는 백성에게 이르기까지는 이틀이 걸렸을 것이다. 백성은 곧 군대 **지휘관 오므리**(16:16)를 새 왕으로 삼았다. 비록 **시므리**가 디르사에서 왕이라 자처했을지라도 그렇게 했다. 시므리는 성으로 돌아오고 있는 오므리와 그의 신하들의 마음에 드는 왕 후보가 아니었다. 그들은 성벽에 이르자(아마 4~5일간 행군한 후였을 것) 그를 함락시켰다. 그는 왕위를 더 이상 지탱하거나 목숨을 부지할 수 없음이 분명해지자 자살을 하면서 **왕국을** 최대한으로 많이 손상시켰다. 그의 죽음은 결국 그의 **죄로** 말미암은 것이었다(19절).

J. 이스라엘 왕 오므리의 악한 통치(16:21~28)

16:21~24 시므리의 죽음(17~18절)이 자동적으로 왕국을 오므리의 손에 넘겨준 것은 아니었다. 백성 절반이 그를 따랐고, 나머지 절반은 디브니를 따랐다. 디브니의 막강함은 그가 오므리를 6년간 성공적으로 대적한 것에서 알 수 있다(BC 885~880년). 이때 내전이 이스라엘을 휩쓸어 북왕국이 둘로 나뉠 기세였다. 그러나 오므리가 마침내 디브니를 제압하고 유일한 군주가 되었다(BC 880~874년). 오므리 군대의 지지가 결정적이었을 것이며, 디브니는 아마 처형당해 죽었을 것이다(22절).

오므리는 그의 통치 초반의 6년 동안(BC 885~880년) 옛 수도인 **디르사**에서 다스렸다(참조, 14:17; 15:21, 33; 16:6, 8~9, 15, 17). 그러고 나서 그는 새 수도인 **사마리아**로 옮겼다. 그는 이 성을 방어에 용이한 산 위에 건축했는데, 그곳은 디르사 서쪽으로 7마일에 위치했다. 오므리는 세멜에게 은 두 달란트(약 150파운드)를 주고 그 산을 구입했다(사마리아는 세멜의 이름을 따서 명명한 것이다. 참조, 24절). 고고학자들은 사마리아가 노련한 기술자들에 의해 건축되었다는 증거를 발굴했다. 그곳은 남북 간의 무역로를 장악했다. 사마리아는 외적의 침입을 막는 요새로서 거의 난공불락이었다. 높은 곳에 위치했기 때문이다.

오므리는 아마 그때까지의 북 왕국의 왕들 중에서 가장 막강한 왕이었을 것이다. 한 세기가 지난 후 앗수르인들의 기록에서는 이스라엘을 '오므리의 집'이라고 한다. 오므리가 다스리는 동안 다메섹의 아람 왕 벤하닷 1세(참조, 11:23~25, "열왕기상·하에 나오는 아람 왕들" 도표)는 계속해서 이스라엘 북쪽을 자기 소유로 삼고자 했다. 오므리의 아들 아합은 이 침략자들을 견제하는 데 어려움을 겪었다. 앗수르 제국 역시 앗수르나시르팔 2세(BC 883~859년. 참조, 욘 1:2, "중기와 신앗수르 왕국에서의 앗수르 왕들" 도표) 치하에서 더욱 막강해져서 북동쪽으로 뻗어 갔으며, 계속해서 영토를 확장하여 서쪽으로 멀리 지중해까지 나갔다. 북쪽에서 이런 위협을 받았지만, 동시에 오므리는 남동쪽에서 모압을 공격해 쳐부술 만큼 이스라엘을 잘 방어했다. 이 승리가 유명한 모압 비석에 언급되었다. 오므리의 중요한 다른 업적은 베니게인과 동맹을 맺은 것이다. 이에 대한 보증으로서 그의 아들 아합을 베니게 왕 엣바알의 딸 이세벨과 결혼시켰다(참조, 왕상 16:31).

16:25~28 열왕기상에서는 오므리를 간단하게 취급하지만, 그는 막강하고 정치적으로 유력한 왕이었다. 그러나 열왕기상 저자의 주요 관심사는 오므리의 영적인 상태였다. 그는 그때까지의 왕들 가운데서 가장 악한

이스라엘 왕이었다(25~26절). 오므리의 12년 통치는 그가 죽어서 새 수도에 장사되는 것으로 끝맺는다. 그의 정권은 아들 아합에게로 넘어갔다. 오므리는 이스라엘 제4왕조의 창시자였다.

K. 이스라엘 왕 아합의 악한 통치(16:29~22:40)

1. 아합의 악함(16:29~34)

16:29~31 아합은 사마리아에서 이십이년 동안(BC 874~853년) 이스라엘을 다스렸다. 그는 이스라엘 역사상 가장 악한 왕이었다. 그의 아버지 오므리보다 더 악했다. 오므리는 그 전의 모든 자들보다 악했다(25절). 아합의 악함은 **여로보암의 모든 죄를 영속시키는 데** 있었다. 그는 그것들을 가볍게 여기기까지 했다. 아합은 이방인 공주 이세벨을 아내로 삼았는데, 그녀는 이스라엘의 배타적인 종교에 그녀의 타락한 의식을 끌어들이고자 열심을 냈다.

이세벨의 아버지 엣바알은 **시돈 사람**(베니게인)의 왕으로서 그의 왕국의 수도는 두로였다. 바알('주'라는 의미)은 구약성경에서 광범위하게 쓰인 이름으로 남자 신을 뜻한다. 본토 가나안 족속들은 이것을 여러 가지 다른 명칭으로 숭배했다. 두로 사람은 바알 멜카트(Baal Melqart)라고 불렀다. 그러나 그들의 종교는 팔레스타인 전역에 편만한 기본적인 바알 숭배의 한 종파에 불과했다. 아합은 이세벨과 강제로 결혼하지 않았다. 그가 그녀와의 결혼을 택한 것은 중요한 일이다. 저자는 그에게 그 책임을 물었다.

16:32~33 아합은 이스라엘의 수도에 바알의 신전을 건축하고, 그 속에 바알을 위하여 제단을 쌓았다. 아세라 상(참조, 14:15, 23; 15:13)은 바알의 배우자인 여신 숭배를 자극하려고 만든 우상이었다. 저자는 아합의 죄가 심각하다는 것을 반복해서 강조했다(16:33. 참조, 30절).

16:34 여리고 재건축은 하나님이 그곳을 초자연적으로 멸하신 후 여호수아에 의해 독특하게 금지되었다(수 6:26). 여호수아 시대 이후로 그 성읍에 사람들이 살았을지라도, 히엘의 재건축은 그곳을 예전 상태로 회복시키려는 첫 번째 중대한 시도였던 것 같다. 여호수아의 예언은 히엘의 두 아들이 죽었을 때 문자 그대로 성취되었다. 아합의 업적과는 관련이 없어 보이는 이 사건은 하나님의 말씀이 이 경우에 성취되었으므로 아합의 경우에도 성취되리라는 것을 보여 주려고 기록했을 것이다. 히엘이 하나님이 심판하리라고 말씀하신 성읍을 세우려고 했듯이, 아합은 하나님이 심판하리라고 말씀하신 숭배 제도를 제정했다.

2. 아합의 형벌(17~18장)

아합은 그의 악함 때문에 하나님께 징벌을 받았다. 하나님은 선지자 엘리야를 사용하셔서 이스라엘이 그분에게로 돌아오도록 하셨다.

a. 엘리야의 가뭄 선포(17:1~6)

17:1 엘리야는 모든 이스라엘에게 바알이 아니라 야웨가 여전히 유일하신 참하나님이시라는 것을 증명하도록, 여호와에 의해 준비되고 있었다.

'야웨는 나의 하나님'이라는 의미를 가진 엘리야라는 이름조차 그 사실을 전하지 않는가! 엘리야는 요단 강 동쪽의 **길르앗**에서 살았다. 그곳은 **디셉**이라는 마을 근처에 있었다. 아마 이세벨이 여호와 숭배를 바알 숭배로 대체하려고 갖은 책략을 쓴다는 소문에 엘리야의 경건한 마음이 자극 받았을 것이다.

하나님은 그에게 사명을 주셨다. 그는 하나님의 약속을 갖고 사마리아를 향해 서쪽으로 걸어갔다. 갑자기 왕궁으로 뛰어 들어간 그는 왕 아합에게 최후통첩을 퍼부었다. 그는 **여호와가 이스라엘의 하나님이시라는** 것과 그가 살아 계시다는 것(참조, 12절; 18:10), 그리고 엘리야 자신이 하나님의 종이라는 것을 주장했다(참조, 1:29 주해).

엘리야가 자신 있게 말할 수 있었던 것은 **비도 이슬도 내리지 않으**리라는 것이었다. 하나님이 약속하시길, 주의 백성이 그분에게서 떠나 다른 신에게로 가면 그 땅에서 이것들을 거두리라고 하셨기 때문이다(레 26:18~19; 신 11:16~17; 28:23~24). 하나님은 엘리야 시대에 그 약속을 지킬 것이라고 엘리야에게 확실히 가르쳐 주셨다. 이것은 바알 숭배의 핵심을 찔렀을 것이다. 왜냐하면 바알 숭배자들은 그들의 신이 비의 신이라고 믿었기 때문이다. 가뭄은 바알이 아니라 참하나님에게서 초래된 것으로서, 하나님이 기후를 주장하신다는 것을 보여 주었다. 이것은 하나님의 초월성, 그리고 바알 숭배의 전적인 부적합성과 허위성에 대한 놀랄 만한 증명이었다.

17:2~4 극적인 선언을 마친 후, 엘리야는 **사마리아를 떠나 동쪽으로 돌아가서 요단 강 동쪽의 그릿 시냇가 곁의 계곡에 숨으라는** 여호와의 말씀을 들었다. 왕이 곧 잡으려고 쫓아다닐 것이기 때문에 엘리야는 숨어야 했다

(참조, 18:10). 이 시냇가의 정확한 위치는 알 수 없다. 주기적으로 우기에는 흐르나 날씨가 더워지면 말라 버리는 많은 시내(와디) 중 하나였다. 하나님은 이런 믿기지 않는 장소에서 주의 종을 위해 먹고 마실 것을 준비하리라는 약속을 하셨다.

17:5~6 엘리야는 여호와께 순종했다. 하나님은 약속하셨듯이 기적적으로 엘리야를 부양해 주셨다. 평소에는 제 새끼도 무시하는 까마귀에게(참조, 욥 38:41) 명하셔서 떡과 고기를 성실하게 매일 아침과 저녁에 엘리야에게 가져가도록 하셨다. 그리고 그는 **시냇물을 마셨다**. 히브리어에서 '떡'(레헴[םחל])은 대체로 음식을 뜻하며 딸기, 과일, 견과, 계란 등도 포함할 것이다. 그것들은 가뭄이 아직 식물에 피해를 주지 않은 먼 곳에서 가져왔을 것이다. 하나님은 이런 유별난 방식으로 그분의 선지자를 육적으로 기르셨고, 이후에 행할 영적 능력의 활용을 위해 엘리야의 믿음을 기르셨다(참조, 왕하 2:13~14, "엘리야와 엘리사를 통해 이루신 하나님의 기적들").

b. 사르밧에서의 엘리야 사역 (17:7~24)

17:7 엘리야가 시냇가에 얼마나 머물렀는지는 알 수 없다. 얼마 후에 시내가 **마르게 되었다**. 가뭄이 3년 반 동안 계속되었기 때문이다(눅 4:25; 약 5:17). 엘리야는 하나님이 기적적으로 자기를 부양하시리라는 것을 알았다. 그리고 이제 그는 하나님이 다른 자들에게도(이방인에게라도) 그와 같은 일을 하실 수 있다는 것을 알게 될 것이다. 하나님은 갈멜 산에서의 큰 대결을 위해 주의 종을 준비시키고 계셨다.

17:8~11 엘리야는 사르밧으로 가라는 지시를 받았다. 사르밧은 이세벨의 고향 베니게의 두로와 시돈 중간에 있는 지중해 연안 성읍이었으며(참조, 16:31), 바알 멜카트 영지의 심장부였다(참조, "엘리야의 여행" 지도). 사르밧은 그릿에서 80~90마일 떨어져 있었다. 하나님은 엘리야에게 한 과부가 너를 먹여 주리라고 말씀하셨다(참조, 눅 4:25~26). 일반적으로 과부는 가난했다. 기근이 들면 대부분 그들의 양식이 가장 먼저 떨어졌다. 이 기근은 가뭄으로 빚어진 것이었다. 따라서 과부에게로 가서 양식을 구하라는 것은 별스러운 지시였다. 하나님은 주의 선지자를 먹이시는 데 다시 일반적이지 않은 재료를 사용하고 계셨다.

엘리야는 고분고분하게 사르밧으로 갔다. 성으로 들어간 그는 그가 처음으로 본 과부를 시험하여 물을 달라고 했다. 그녀가 쾌히 승낙하자 그는 떡 한 조각을 더 청하게 되었다.

17:12~16 과부는 엘리야가 이스라엘 사람인 것을 알고는 이스라엘의 하나님 여호와께 호소하면서 떡이 없다고 확언했다. 그녀에게는 (자기와 아들이 마지막 음식을 만들어 먹을) 가루와 기름이 조금밖에 없었다. 여호와를 믿었던 베니게의 이방 여인이 여기 있다. 그녀는 여호와께서 살아 계심을 믿는다고 말했다("당신의 하나님 여호와께서 살아 계심을 두고 맹세하노니". 참조, 1절; 18:10).

엘리야는 그녀가 엘리야에 대해 갖는 두려움과 배고픔 그리고 죽음과 관련된 절박함을 진정시켰다. 그는 자기를 먼저 먹이고 나서 그 나머지로 그녀와 아들이 먹으라고 했다. 그런 후에 하나님 말씀의 권위를 갖고 그녀에게 약속했다. 가뭄이 끝날 때까지 양식이 떨어지지 않을 것이라고 했다.

그녀의 순종하는 자세는 그녀가 여호와의 말씀을 믿었다는 증거가 된

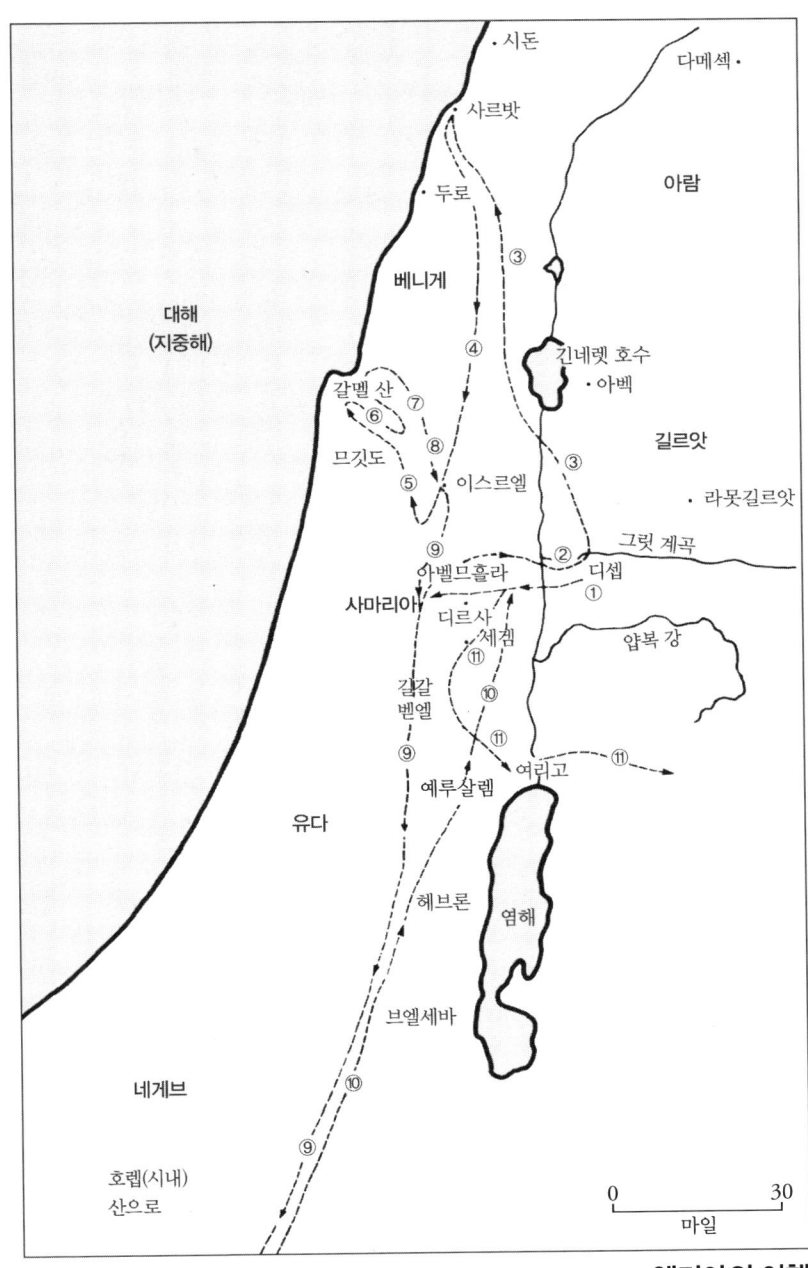

엘리야의 여행

다. 여호와는 그분의 약속을 기적적으로 이루심으로써 그녀의 믿음을 높이 사셨다. 하나님이 계속해서 **가루**와 **기름**을 공급하신 이 기적은 가뭄의 경우에서처럼 바알에 대한 또 다른 논박(항의)이었다. 바알 숭배자들은 바알이 풍요의 신으로서 농작물이 자라도록 비를 준다고 믿었다. 그러나 바알은 밀과 감람나무가 자라도록 가뭄을 거둘 수 없었다. 오직 참하나님만이 가뭄 중에서 밀가루와 기름을 공급해 주실 수 있었다.

17:17~18 이 일 후에(참조, 7절. 역시 정확한 때가 주어지지 않았음) 엘리야의 여주인에게 비극이 닥쳤다. 그 집주인 **되는 여인**은 과부였다. 그녀의 어린 **아들**이 **병들었다가** 마침내 **숨이 끊어지고** 말았다. 어떤 성경비평가들은 그 소년은 죽은 것이 아니라 단지 의식을 잃었을 뿐이므로 그의 의식 회복은 기적이 아니라고 말한다. 하지만 18, 20, 22~23절이 그가 실제로 죽었음을 분명하게 밝혀 준다.

여인은 죄책감을 갖고, 하나님이 그녀의 아들을 죽이심으로써 그녀의 죄를 심판하실 것이라고 결론지었다. 이것은 비극이 삶 속에 들어올 때 하나님의 섭리를 잘 모르는 많은 사람들이 취하는 일반적인 태도다(참조, 요 9:2~3). 그녀가 말하는 죄가 무엇인지는 언급되지 않았다.

17:19~21 소년은 그 어머니의 품에 안길 만큼 작았다. 당시 팔레스타인의 많은 집들은 다락에 손님방을 차렸다. 엘리야가 거처하던 다락이 바로 그런 곳이었다. 엘리야의 처음 기도(20절)는 단지 여인에 대해 동정을 표한 것이었다. 그녀는 기근이라는 시련에다가 이제 또 이런 비극을 겪어야만 했다. 기도 중에는 하나님이 이 가중된 짐에서 그녀를 건져 내시라는 소원이 내포되어 있었다.

기적적인 회복과 치유가 일어나는 경우에 종종 하나님의 종이 괴로움을 당하는 자에게 손을 올려놓았다. 그에게 있는 하나님의 능력이 그 딱한 자에게 나간다는 것을 나타내기 위해서였다(마 8:3). 엘리야는 진심으로 안타까운 마음에서 몸을 펴서 엎드려 아이 몸이 자기 몸과 맞닿도록 했다. 그는 세 번 이렇게 하면서 매번 하나님이 이 아이의 혼을 돌아오게 해 달라고 기도했다. 끊임없는 기도는 응답의 필수 조건이다(참조, 마 7:7~8; 눅 11:5~13). 이 경우에 그 효과가 입증되었다.

17:22~24 하나님은 기적적으로 그 아이의 혼을 돌아오게 하셨다. 이것은 성경에서 죽은 자의 소생이 처음 기록된 실례다. 엘리야는 아이를 안고 내려와서(아이는 허약한 상태였음이 분명하다) 그의 어머니에게 주었다. 여인에게 이 기적은 엘리야가 참으로 하나님의 사람이라는 것과 엘리야가 주장하는 여호와의 말씀이 참으로 진실하다는 것에 대한 증거가 되었다. 이 사건은 과부와 다른 이들에게 참하나님이신 여호와의 능력은 바알의 무력함과 크게 대조된다는 사실을 보여 주었다.

c. 오바댜의 수색(18:1~15)

18:1~6 기근 제삼 년 마지막 해에 하나님은 엘리야에게 왕 아합에게 보이라고 지시하셨다. 엘리야는 하나님이 곧 가뭄을 끝내시리라는 말씀을 들었다.

그 땅에서의 기근은 특히 수도 사마리아에서 심했다(참조, 왕하 4:38; 6:25; 7:4; 8:1, "엘리사 시대의 기근"). 하나님은 이 재앙이 악한 무리인 아합과 이세벨에게 특별히 향하도록 하셨다. 이런 상황은 아합과 그의 충실한 종인 **오바댜**로 하여금 서로 다른 방향으로 가서 물의 근원이나 냇가에서 꼴을 찾도록 했다. 최소한의 **짐승**(말과 노새)이 풀을 뜯을 수 있는 곳을 찾아 나선 것이었다. 오바댜는 아합의 왕궁에서 크게 신임을 받은 자(**아합의 왕궁 맡은 자**)다.

오바댜는 또한 **여호와를 경외하는 자**이기도 했다(그러나 같은 이름을 가진 성경의 저자는 아니다). 오바댜가 여호와를 믿는다는 사실을 이세벨이 알았는지는 모르겠으나, 그와 왕비는 별로 친한 사이가 아니었음이 분명하다. **이세벨의 책략**은 야웨 숭배를 바알 멜카트 숭배로 대체하는 것이었다. 그녀의 음모에는 **여호와의 선지자들을 멸하는** 것이 포함되었다(4절). 그녀의 책략을 눈치챈 **오바댜**는 여호와의 선지자 **백 명을 굴에 숨기고** 그들에게 **떡과 물을 먹였다**. 기근과 가뭄이 심한 당시로서는 어려운 일이었다. 그 당시 이스라엘 전체가 신앙을 버렸음에도 불구하고 여호와를 믿는 자들은 이스라엘에 분명 많이 있었을 것이며, 유다에도 그러했을 것이다(참조, 19:18).

18:7~12상 오바댜는 사마리아 밖 어딘가에서 엘리야를 만나자 그를 알아보았다. 엘리야는 이스라엘에서 '지명수배'를 받는 자였다. 선지자를 공경하는 의미에서 오바댜는 **엎드렸다**. 그는 자기가 엘리야를 찾아낸 것을 믿을 수가 없었다. 엘리야는 아합과 말하고 싶어서(1~2절) 오바댜에게 네 주에게 나를 알리라고 부탁했다. 하지만 오바댜는 엘리야가 다시 사라질 것이 두려웠다. 오바댜는 선지자에게 아합이 그를 국내외에서 얼마나 헛되게 찾았는지 설명해 주었다. 오바댜는 친숙한 말로 그 사실을 확언했다. 당신의 하나님 여호와께서 살아 계심을 두고 맹세하노니(참조, 17:1, 12). 만일 그가 엘리야를 찾았다고 왕에게 보고했는데, 그 후에 **여호와의 영이 엘**

리야를 이끌고 가시므로(참조, 왕하 2:16) 엘리야를 찾지 못하게 된다면, 아합은 오바댜의 말을 조롱으로 여겨 그를 처형할 것이다.

18:12하~15 오바댜는 자기 염려가 진실임을 엘리야에게 납득시키기 위해 자신이 어려서부터 여호와를 경외하는 자(참조, 3절)였다고 증언했다. 오바댜는 자기가 여호와의 선지자들을 숨겨 두고 먹인 사실을 엘리야가 들었으리라고 여겼던 것 같다. 아마 이스라엘의 많은 신실한 자들, 특히 선지자들이 이 일을 알고 있었을 것이다. 물론 이세벨과 그녀의 측근들은 몰랐을 것이다. 엘리야는 오바댜에게 자기는 사라지지 않을 것이며, 참으로 오늘 아합 앞에 서리라고 확실하게 말했다. 엘리야가 하나님을 살아 계신 분이며 내가 모시는 만군의 여호와(야웨)라고 한 것은(참조, 17:1; 18:36), 그가 이스라엘의 물질적이며 영적인 상황을 다스릴 하나님의 능력을 믿었음을 보여 준다. 또한 그릿과 사르밧에서 경험한 것을 토대로 그의 확신이 커졌음을 보여 준다.

d. 엘리야가 갈멜 산에서 여호와를 입증함(18:16~46)

엘리야가 바알 선지자들과 대결한 이 유명한 일화는 이스라엘 역사에서 자극적이면서도 대단히 의미심장한 사건이다. 이 이야기의 초반(16~24절)은 극적으로 대항하게 된 이유를 밝히고 있다.

(1) 문제의 발단

18:16~18 아합이 오바댜의 말을 듣고 선지자를 만나러 갔다. 엘리야는 왕이 순복해야 할 하나님의 대변인으로서 주도권을 쥐고 있었다. 아합의

눈에 엘리야는 이스라엘을 괴롭게 하는 자였다. 그러나 엘리야가 정확히 설명하면서 왕에게 알려 준 것은, 왕은 그와 그의 아비(오므리)의 집(참조, 16:25~26)이 이스라엘을 괴롭게 한 진범이라는 사실을 깨닫지 못하거나 인정하지 않으려고 한다는 것이었다. 아합은 율법에 있는 **여호와의 명령**을 버렸고 그 대신 **바알들**을 따랐다. '바알들'이라고 복수로 말한 것은 바알의 지역적인 우상들(local idols)을 일컫는 것이다(참조, 삿 2:11). 어떤 때는 그것들을 다르게 부르기도 했다(예를 들면, 바알브릿[삿 8:33], 바알세붑[왕하 1:2~3, 6, 16]). 이것이야말로 이스라엘에서 물질적으로, 또 영적으로 모든 문제를 야기한 출처이며 원인이었다.

(2) 시험을 제안함

18:19 아합은 엘리야의 제안에 따라 온 이스라엘 사람을 소집했다. 수천 명은 아니라 해도 수백 명이 갈멜 산에 운집했던 것 같다. 갈멜 산맥은 최고봉이 1,742피트로 지중해 연안에서부터 오늘날의 하이파 남동쪽까지 약 30마일에 걸쳐 있다. 일련의 아름다운 둥근 봉우리와 골짜기로 이뤄졌는데, 여기에서 바다를 잘 볼 수 있다. 엘리야가 이 시합을 벌인 산등성이가 어디인지 그 정확한 장소는 알려지지 않았으나 몇몇 장소가 물망에 오른다. 많은 사람들이 무라카(Muhraka)가 유력한 장소 중 하나라고 주장한다.

이스라엘의 바알 숭배의 정도는 이세벨이 정기적으로 먹인 선지자들의 수로 추정할 수 있다. 그들은 남신의 **선지자 사백오십 명**과 바알의 배우자인 여신 아세라의 **선지자 사백 명**이었다('바알 신화'에 따르면 아세라는 바알의 어머니고, 바알의 아내는 아스다롯임-편집자 주).

18:20~21 아합은 갈멜 산에서 모이자는 데 동의했다. 이곳은 문제가 되는 신들의 땅인 이스라엘과 베니게의 중간에 위치했기 때문에 적절한 장소였다. 또한 갈멜 산은 베니게인들이 바알의 신성한 거처로 여기는 곳이었다. 아합은 대결의 장소로 제시된 이곳에 크게 만족했을 것이다. 왜냐하면 그곳은 바알 선지자들에게 확실히 유리할 것이기 때문이다. 하지만 그것을 겁낼 엘리야가 아니었다. 그곳은 지형학적으로 특출한 장소로서 엘리야의 대결에 적당한 배경이 되었다.

모든 백성이 모이자 엘리야는 그들 앞에 서서 둘 사이에서 동요하는 미온적인 마음을 끝내라고 촉구했다. 두 신을 섬기면서 '머뭇머뭇하는' 것은 좋지 못한 일이었다. 이스라엘 사람들은 만일 야웨가 자기들을 실망시키신다면 바알을 따를 수 있으며, 실망시키지 않으신다면 바알을 버릴 수 있다고 생각했을 것이다. 엘리야는 만일 하나가 참하나님이고 다른 하나가 거짓이라면 참되신 분을 진심으로 따라야 하며, 무력한 사기꾼은 잊어버려야 한다고 말했다. 백성은 이 말에 대해 논쟁할 수 없어서 말 한마디도 대답하지 않았다.

18:22~24 엘리야는 이 대결의 형세가 선지자 사백오십 명 대 하나임을 지적했다. 인간의 판단으로는 도저히 이길 승산이 없었다! 엘리야는 자기 말고도 야웨의 선지자들이 있음을 알고 있었다(참조, 13절). 그러나 이 대결에 관한 한 여호와의 선지자는 그만 홀로 남았다.

엘리야는 송아지 둘을 가져오게 하고, 그의 상대자들에게 마음에 드는 것을 택하라고 했다. 각자 그 송아지를 신에게 번제로 바칠 준비를 할 것이다. 그런 후 그들은 각자 자기 신을 부를 것이며, 불로 응답하는 신이 참하나님이심이 드러날 것이다. 바알은 풍요의 신으로서 비를 내려

보내 농작물이 자라도록 하며, 백성에게 양식을 제공하는 신이었다. 그는 하늘에서 불(번개)을 내려보내는 신이었다. 3년 반 동안의 가뭄과 기근은 바알 숭배자들을 크게 당황하게 만들었다. 엘리야와 그의 하나님이 이스라엘의 풍요를 다스리는 데 바알보다 나은 것처럼 보였다. 그래서 엘리야와의 대결이 바알 숭배자들에게는 그들의 신을 입증할 좋은 기회인 것 같아서 그렇게 하기로 쾌히 승낙한 것이다. 준비가 끝나자 시험이 시작되었다.

(3) 거짓 선지자들의 실패

18:25~29 바알의 선지자들은 아침부터 그들의 신을 부르며 그가 행동을 개시하도록 제단 주위에서 뛰놀았다. 정오에 이르러는 엘리야가 그들을 조롱하기 시작했다. 그는 바알이 다른 일을 생각하는지, 잠깐 나갔는지(직역하면, 화장실을 갔는지), 길을 행하는지(베니게 선원들은 바알이 그들과 함께 지중해든 어디든 다닌다고 믿었다), 잠이 들었는지 모른다고 빈정댔다. 바알 선지자들은 그들의 간구에 열정을 더하며 점차로 광란 상태에 빠짐으로써 놀랄 정도로 응수했다. 신의 비위를 맞추기 위해 그들은 자신의 몸을 상하게 했다. 이것은 수세기 동안 내려오는 이교도의 규례였다. 이것을 세 시간 동안 계속했다(이스라엘 사람의 저녁 소제 드릴 때 [오후 3시]. 참조, 36절). 그러나 아무 소리도 없었다. 응답하는 자도 없고 돌아보는 자도 없었다. 비와 번개가 지중해 근처의 갈멜 산맥에 잘도 떨어지더니만, 그들이 6시간이나 번개를 구하는 노래를 불렀는데도 바알은 응답하지 않았다.

(4) 엘리야의 승리

18:30~32 바알 선지자들의 실패가 모두에게 확실해지자, 엘리야는 모든 백성을 가까이 불러서 그가 무엇을 하려는지 보도록 했다. 여호와의 제단이 오래전부터 그곳에 있었으나 파손 상태였다. 엘리야는 지파의 수효를 따라 돌 열두 개를 취했다. 지파들이 비록 두 나라로 나뉘었지만 유일한 여호와, 유일한 언약, 유일한 운명에 대한 하나님의 의도에서는 여전히 한 백성이었다. 그 돌로 제단을 쌓고 제단으로 돌아가며 곡식 종자 약 1/3부셸을 둘 만한 도랑을 만들었다(두 세아는 13쿼트고, 1부셸은 32쿼트다. 참조, NIV 난외주). 제단 둘레의 도랑은 많은 곡식 종자를 담을 수 있었을 것이다.

18:33~35 송아지를 죽여서 나무 위에 놓은 다음 엘리야는 이상한 지시를 하나 더 내렸다. 그는 번제물과 나무를 세 번씩 물로 적시도록 했다. 많은 양의 물이 도랑에도 가득하게 되었다. 세 번 모두 통 넷에 가득 채운 물은 아마 그 산의 시내나 기손 시내(40절) 또는 지중해에서 가져왔을 것이다. 이렇게 한 이유는 모두에게 이제 제물에 불이 붙을 텐데 이것은 자연 현상이나 조작이 아니라 하나님의 기적임을 보여 주려는 것이었다. 물을 확보하는 데 걸린 시간이 당시의 긴장을 더해 줬을 것이다.

18:36~39 이스라엘 사람의 저녁 소제 드릴 때에(오후 3시. 참조, 29절) 엘리야가 나가서 말했다. 엘리야는 그의 상대자들처럼 과장된 표현을 쓰지 않고, 살아 있는 사람에게 말하듯 하나님께 꾸밈없이 말했다. 그의 말은 다음과 같은 사실을 보여 주려고 의도한 것이었다. 즉, 그가 하나님의 종(참조, 17:1; 18:15)으로서 하는 모든 일은 하나님의 말씀에 순종하는 것이지 선지자 자신의 주도권에 의한 것이 아니라는 사실이

었다. 엘리야는 그저 하나님께 간구하기를, **백성으로 하나님이 참하나님이신 것을 보게 하시며, 백성의 마음을 여호와께로 되돌이키심을 알게 하시**라고 했다.

즉각적으로 불이 하늘로부터 내려서(번개) 번제물과 나무와 제단과 심지어는 주위의 흙과 물마저 태워 버렸다. 백성은 놀란 나머지 자발적으로 말했다. 여호와(야웨)께서 불로 응답하셨으므로(참조, 24절) 그들은 그가 참하나님이심을 깨달았다.

(5) 결과

18:40~42 기손 시내는 북쪽 편에서 갈멜 산맥을 따라 흘렀다. 그곳에서 백성은 거짓 선지자들을 죽여 버렸다. 이것은 하나님이 모세(신 13:12~15)와 엘리야를 통해 하신 명령에 따른 것이었다. 예전에 엘리야는 아합에게 가뭄을 예언했다(17:1). 이제 그는 큰 비가 올 것을 왕에게 말했다. 아합은 가뭄이 끝난 것을 축하하기 위해 먹고 마시려고 산을 내려갔으나 엘리야는 비를 간구하기 위해 산으로 걸어 올라갔다. 그의 기도하는 자세는 여호와의 영광을 위해 다시 진지하게 간구하는 모습을 보여 준다.

18:43~46 비는 보통 지중해 서쪽 앞바다에서 몰려왔다. 엘리야는 그의 사환에게 그쪽을 보라고 지시했다. 엘리야가 꾸준히 기도했으므로 하나님이 그의 간구를 들으셨다. 처음에는 작은(사람의 손만 한) 비 구름이었으나 곧 하늘이 캄캄해지며 큰 비가 내렸다. 급류가 마차를 타고 이스르엘로 가는 아합을 덮칠 것이 분명했다. 이스르엘은 갈멜 산과 사마리아의 중간에 있는 그의 겨울 수도였다. 엘리야는 하나님이 주신 힘으로 25마일 가까운 길을 달려 그를 따라잡았다. 그가 허리를 동인 것은 긴 옷에 걸려 넘

어지지 않고 달리기 위해서였다(참조, 욥 38:3; 40:7 주해).

갈멜 산 사건으로 엘리야는 바알과 그의 숭배자들에게 모욕을 주었다. 또한 그것은 앙심을 품은 왕비 이세벨에게도 굴욕을 안겨 준 것이었다.

3. 아합의 악한 아내(19장)

a. 엘리야의 도망(19:1~8)

19:1~5상 이세벨은 갈멜 산에 없었다. 그녀의 남편이 일어난 일들을 말해 주었다. 엘리야가 그녀의 선지자를 처치한 일로 화가 치민 이세벨은 그에게 전갈을 보냈다. 엘리야가 경고를 받았을 때, 그도 이세벨처럼 이스르엘 성읍에 있었을 것이다(참조, 18:46). 그녀는 450명의 바알 선지자들을 죽인 앙갚음으로 그의 **생명을** 24시간 내에 취하겠다고 위협했다.

그녀의 협박이 엘리야를 공포에 질리게 했다는 사실은 특기할 만하다. 묘하게도 그가 사르밧 과부에게 두려워 말라고 했던 것과는 딴판이다(17:13). 그는 이세벨이 지금 저주하면서 들먹인 신들이 전혀 능력이 없다는 것을 방금 증명했다(참조, 2:23; 20:10; 왕하 6:31, 그녀가 신들에게 기꺼이 중벌을 받으리라는 말은 그녀의 협박이 심상치 않음을 강조하는 것이다. 그녀는 엘리야를 죽일 것이라고 확신한 나머지 기꺼이 자신의 안녕을 '같은 위치'에 두었다). 엘리야의 두려움은 이세벨이 지닌 능력에서 비롯되었음이 분명하다. 지난 3년 반 동안 그랬듯이 엘리야는 하나님의 보호하심을 믿는 대신 자기의 **생명을** 위해 **도망했다.** 그는 유다 왕국을 지나 그 땅의 최남단 성읍인 **브엘세바까지** 내내 도망했다.

이세벨의 첩자에게 발각될지도 모른다는 생각에 여전히 공포에 질린 엘리야는 자기의 **사환**을 그곳에 머물게 하고 혼자 네게브 광야로 **하룻길** (약 15마일)을 더 갔다. 마침내 그는 **로뎀나무**(사막의 관목으로 12피트 높이로 자라며, 많지는 않지만 그늘을 제공한다) 아래 앉아서 쉬었다. 너무 실망한 나머지 엘리야는 **죽기**를 원했다. 그는 하나님이 그릿과 사르밧, 갈멜에서 가르치신 교훈을 까맣게 잊었다. 그의 눈은 여호와 대신 환경을 주시했다. 나는 내 조상들보다 낫지 못하니이다(19:4)라는 말은, 그가 바알 숭배자들을 이스라엘에서 쫓아내는 일에 있어서 그의 조상들보다 탁월하지 못하다는 의미다. 기진맥진하고 낙심한 엘리야는 누워 잠을 잤다.

19:5하~8 엘리야는 하나님이 보내신 사자가 어루만지자 잠에서 깨어났다. **천사**가 갓 구워 낸 떡과 많은 물을 준비하고, 엘리야에게 먹으라고 권했다. 선지자는 그것을 먹고 다시 쉬었다. 천사는 구약성경에서 보통 그렇듯이 인간의 모습으로 나타났을 것이다.

천사는 다시 엘리야를 깨웠다. 그가 얼마간 자고 난 후였을 것이다. 그리고는 음식을 더 먹으라고 권했다. 앞으로 **그가 갈 길**은 힘이 더 들 것이기 때문이었다. 모세와 이스라엘 백성은 그 광야를 40년간 여행했다. 그들은 하나님이 공급해 주신 만나로 지탱하면서 그분의 신실한 돌보심과 준비하심에 대한 교훈을 배웠다. 이제 엘리야는 같은 광야를 **사십 주 사십 야** 동안 여행할 것이다. 그는 하나님이 공급해 주시는 떡으로 지탱하면서 같은 교훈을 배울 것이다. 브엘세바에서 **호렙 산**(시내 산의 옛 이름. 참조, 출 3:1; 17:6; 33:6; 신 5:2; 왕상 8:9; 시 106:19; 말 4:4)까지 직행 코스로 가면 걸어서 14일 정도(약 200마일)밖에 안 걸릴 것이다. 그러나 하나님은 40주야 동안 그를 일깨우셨으며 그를 가르치셨다. 마침내 그는 **하나님의 산**에 이르렀다. 하나님이 자신을 모세와 이스라엘 백성에게 계시하시고, 그분의 택한 백성과 언약을 맺으신 곳이 바로 그 산이었다.

b. 엘리야의 계시(19:9~18)

19:9~10 시내 산맥 중 한 산에 이르자 엘리야는 굴을 하나 발견하고 그곳에 몸을 숨겼다. 그곳에서 그는 하나님으로부터 계시를 받았다. 여호와는 질문을 던지시면서 교훈을 시작하셨다. **엘리야야, 네가 어찌하여 여기 있느냐**(참조, 13절; 창 3:9). 하나님은 다른 장소들에 대해서는 지시하셨지만(참조, 왕상 17:3, 9; 18:1), 그를 이곳에 보내지는 않으셨다. 엘리야가 겁에 질려 도망했던 것이다(19:3). 엘리야의 대답에서 알 수 있는 것은, 그가 자기는 완전히 혼자이며 자기를 죽이려고 위협하는 불신앙의 세력에 대해 무방비 상태라고 여겼다는 것이다(참조, 14절). 물론 그는 하나님을 믿는 신실한 자들 중에 **오직 자기만** 남은 것이 아님을 알았다(참조, 18:13). 그러나 그는 혼자라는 생각이 들었다.

흥미 있는 것은, 엘리야가 죽임 당한 여호와의 **선지자들**(18:13상)에 대해서만 말했지 죽임 당한 바알 선지자 450명에 대해서는 언급하지 않았다는 사실이다. 두려움과 낙망이 그로 하여금 부정적인 측면만 보도록 했다. 그는 **열심**을 냈는데도 실패했다고 여겼다. 자비로우신 하나님은 초초해하는 선지자를 꾸짖거나 징벌하지 않으셨다. 하나님은 단지 주의 방도를 보여 주실 뿐이었다.

19:11~14 엘리야는 굴 바깥 산허리에 서서(참조, 9절) 모세가 수세기 전

에 그 산에서 보았던 것(출 19:16~18)과 자기 자신도 바로 며칠 전에 갈멜산에서 보았던 것(18:38, 45)을 목격했다. 말하자면 하나님의 능력이 극적으로 나타남을 보았는데, 이번에는 **바람**과 **지진**과 **불** 가운데서 나타났다. 그러나 이 경우에 **여호와**께서는 이들 가운데 **계시지** 않았다. 즉, 그것들은 하나님이 자신을 계시하시는 도구가 아니었다.

엘리야는 다시 굴로 돌아온 후에 조금 있다가(19:13) 세미한 소리를 들었다. 이것이 하나님의 계시임을 알아챈 그는 **겉옷으로 얼굴을 가리고** 굴 어귀로 나가 그곳에 서서 하나님이 행동하시길 기다렸다. 하나님은 예전과 같은 질문을 하셨다(참조, 9절). 엘리야야, 네가 어찌하여 여기 있느냐. 선지자의 대답이 먼저와 같다는 것(참조, 10절)은, 하나님이 그를 위해 자연의 능력을 행사하신 목적을 이해했음에도 불구하고 그가 여전히 자신에 대해 같은 식으로 생각하고 있음을 말해 준다.

하나님이 엘리야에게 하셨을 것 같은 말씀은, 과거에는 그릿과 사르밧과 갈멜에서 하나님의 능력을 극적으로 나타냄으로써 자신을 계시하셨지만, 이제는 부드럽고 덜 극적인 방법으로 엘리야를 쓰시겠다는 것이다. 하나님은 이러한 방법을 그의 종에게 설명하기 시작하셨다(15~18절). 하나님은 엘리야의 자신에 대한 감정도 나중에 부드러운 방법으로 다루실 것이다.

19:15~17 여호와께서 엘리야에게 그곳을 떠나 길을 돌이켜(즉, 이스라엘을 통과해) 다메섹으로 가라고 하셨다(참조, 17:3, 9; 18:1; 21:18; 왕하 1:3, 15에서 엘리야에게 "떠나라", "가라"고 하신 하나님의 명령). 그리고 나서 그에게 세 가지 임무를 주셨다. 즉, 다메섹의 아람 왕으로 **하사엘**에게 **기름을 부으라**는 것(참조, 11:23~25, "열왕기상·하에 나오는 아람 왕들" 도표)과 이스라엘의 왕으로 **예후**에게 **기름을 부으라**는 것과 그의 후계

자로서 **아벨므홀라(참조, 삿 7:22)**의 엘리사에게 **기름을 부으라**는 것이었다. 이들 세 사람을 통해 하나님은 엘리야가 시작했던 바알 숭배 일소를 완수하실 것이다.

사실 엘리야는 그중 마지막 하나만 직접 행했다. 다른 두 가지는 그의 제자 엘리사를 통해 간접적으로 행했다. 엘리사는 묘하기는 하지만 하사엘이 아람의 왕이 되는 데 연관되었으며(왕하 8:7~14), 엘리사의 제자 중 한 명이 예후에게 기름을 부었다(왕하 9:1~3).

19:18 그런 후 하나님은 엘리야에게 이스라엘 가운데 칠천 명의 신실한 추종자들을 남겨 두었다고 계시하셨다. 그들은 모두 우상에게 **무릎을 꿇지 아니하고** 바알에게 **입 맞추지 아니한** 자들이었다. 그 소식에 엘리야는 기운이 솟았을 것이다. 본 장에서 보여 준 그의 두려움과 낙망에 대한 통찰이 없음은 엘리야가 참으로 **우리와 성정이 같은 사람**(약 5:17)이라는 사실을 깨닫게 한다.

c. 엘리야의 후계자(19:19~21)

19:19~20 엘리야는 시내 반도에서 돌아와 엘리사("나의 하나님은 구원자이시다"라는 의미)를 그의 고향 아벨므홀라 근처에서 찾았다. 아벨므홀라(16절)는 사해와 북 왕국 이스라엘의 긴네렛 호수의 중간에 있는 요단 계곡에 위치했다. 엘리사는 많은 땅을 소유한 가문 출신이었음이 분명하다(소 **열두 겨리**로 알 수 있다).

엘리야가 그를 만났을 때 그는 밭을 갈고 있었다. 선지자의 **겉옷**을 사람 위에 던진다는 것은 그 직책의 능력과 권위를 상대방에게 건네준다는 것을 상징했다. 엘리사가 이런 행위의 의미를 깨달았다는 것은 그의 반응에서 분명히 알 수 있다. 즉시 그는 예전 직업을 버리고 엘리야를 따르기 시작했다. 엘리야는 그에게 가족과 작별 인사를 하도록 허락했다. 생소한 대답인 내가 네게 어떻게 행하였으냐는 "네 좋을 대로 하라" 또는 "내가 너로 못하게 한 것 있느냐"라는 의미의 관용구다.

19:21 엘리사는 한 겨릿소를 죽이고 기구를 불사르는 것으로 자기 결심을 굳혔다. 그는 작별 연회를 베풀어서 손님들에게 죽인 짐승을 대접했을 것이다. 그런 후에 그는 수종자로서 엘리야를 따르기 시작했다.

4. 아합의 적수, 아람(20장)

본 장에서 초점은 엘리야보다는 아합에게 다시 맞춰진다.

a. 사마리아를 에워싼 전투(20:1~25)

이 전투는 열왕기상에 기록된 아합과 벤하닷 2세와의 세 번에 걸친 전투 중 첫 번째 것이다(참조, 20:26~43; 22:1~38). 벤하닷 2세는 이스라엘 북방의 이웃인 아람의 왕이었다.

(1) 벤하닷의 공격
20:1~4 벤하닷 2세는 벤하닷 1세의 아들로 예전에 아사가 바아사를 공격하려고 고용했던 자다(참조, 15:18, 20; 20:34). 벤하닷 2세와 함께한 자들은 왕 삼십이 명으로 아마 인근 도시국가의 군주들이었을 것이다.

그들은 함께 사마리아 언덕에 올라가서 그곳을 포위하여 공격했다. 그런 후 벤하닷은 아합에게 사자들을 보내 항복을 요구했다. 그는 아합의 은금과 아내들과 자녀들을 요구했다. 크게 열세에 몰린 아합은 그 요구에 응했다.

20:5~9 아합이 그것을 수락하자 벤하닷은 그런 '간단한' 조건을 내세운 것을 후회했다. 그는 그보다 더 많은 것을 얻을 수 있겠다는 생각에 그의 사자들을 다시 보내 새로운 요구를 했다. 벤하닷의 부하들이 왕궁과 신하들의 집에 들어가서 탈취하게 하라고 요구한 것이다. 아합은 나라의 장로들을 소집해서 벤하닷이 악을 도모하는 자임을 지적했다. 왕은 그의 가장 값진 소유물을 구하는 벤하닷의 요구를 거절하지 않았다. 그러나 이제 아람 적군은 값진 것은 모두 닥치는 대로 취하길 원했다. 이러한 요구를 알게 된 모든 장로와 백성들은 거절하라고 조언했다. 아합은 자기의 결심한 바를 사자들을 통해 벤하닷에게 전달했다. 처음에 약속한 것은 들어주겠으나 이번에 구한 것은 들어줄 수 없노라고 했다.

20:10~12 곧 아합은 상대방으로부터 세 번째 전갈을 받았다. 아람 사람들은 이제 사마리아를 완전히 멸망시키겠다고 위협했다. 이세벨이 엘리야에 대해 그랬듯이 벤하닷은 그의 목숨을 걸고 맹세했다(참조, 19:2; 2:23). 아합은 벤하닷에게 네가 승리하기 전에는 승리를 자랑하지 말라고 했다. 벤하닷의 탐욕과 교만이 극도에 달했던 것 같다. 이처럼 긴박한 상황에 그와 그의 왕들이 독한 술에 취해 있었기 때문이다. 협상이 결렬되었으므로 벤하닷은 사마리아를 향해 공격할 준비를 했다.

(2) 벤하닷의 패배

20:13 한편 벤하닷이 공격 준비를 하고 있을 때 이름이 밝혀지지 않은 한 선지자가 아합에게 **여호와의 말씀**을 전했다. 그 선지자는 하나님이 아람 군대의 큰 무리를 아합의 손에 붙이셔서 아합으로 하여금 그가 **여호와이신 줄을 알도록** 하실 것이라고 했다. 이 경우에 하나님의 선하심은 아합의 신앙이 아니라 하나님의 은혜로 야기되었음이 분명하다. 이는 하나님이 자신이 **여호와**라는 것을 그분의 백성에게 알리시는 또 하나의 방법이었다.

20:14~16 아합은 선지자에게 어떤 전략을 세워야 하느냐고 물었다. 그는 여호와가 각 지방 고관의 청년들을 쓰실 것이라고 대답했다. 왕이 그들을 **싸움으로** 이끌어야 했다. 아합은 군대를 정열하고 **정오**에 기습을 감행했다. 그때 벤하닷과 그의 왕 삼십이 명은 술에 **취한 중**이었다. 오늘날에도 근동에서는 한낮에는 날씨가 너무 더워서 활동을 별로 안 한다.

20:17~21 벤하닷은 이백삼십이 명(참조, 15절)의 접근이 화친을 위한 것인지 싸우기 위한 것인지 분간하지 못했다. 아마 그가 그들의 공격을 예상하지 못했기 때문일 것이다. 그 뒤를 이어 이스라엘 **군대**(칠천 명. 참조, 15절)는 **청년들**을 쫓아가서 **아람 사람**을 진멸시키기 시작했다. 벤하닷은 말을 타고 도망하여 피하였으나 아합이 그의 말과 **병거**를 치고, 놀란 아람 사람을 쳐서 크게 이겼다.

20:22~25 아합이 사마리아로 돌아오자 그 선지자가 다시 왕에게 나왔다. 그가 왕에게 경고한 것은 분명 여호와의 말씀이었다. 그는 해가 바뀌

면 아람 왕이 다시 치러 올 것이라며 이에 대비해야 한다고 말했다. 그때가 왕들이 전쟁하기에 가장 좋은 때였기 때문이다(참조, 삼하 11:1). 이런 점에서 아합은 방어력을 증진시키라는 경고를 받은 것이다.

아람 사람의 진영에서 벤하닷도 조언을 들었다. 그의 신하들은 이스라엘의 신은 산의 신이기에 그들이 전쟁에서 패했다는 결론을 내렸다. 만일 평지에서 이스라엘과 싸우면 그들의 신이 그들을 돕지 않아서 아람 사람이 승리하리라고 했다. 그들은 또한 삼십이 명의 동맹 왕을 정규군 총독들로 대신하고, 병력을 예전 수준으로 증강시키라고 왕에게 조언했다. 벤하닷은 이 조언을 받아들여서 돌아오는 봄에 사마리아로 다시 쳐들어 갈 준비를 했다.

b. 아벡 전투(20:26~43)

(1) 아합의 승리

20:26~27 해가 바뀌자(BC 856년) 벤하닷이 군대를 모아 아벡으로 진군했다. 이스라엘에서 몇몇 성읍이 이 이름('요새'라는 의미)을 지녔다. 이 아벡은 사마리아와 다메섹의 중간에 있는 긴네렛 호수의 동편 고원에 위치했을 것이다. 벤하닷은 이번에는 신하들의 말대로 평평한 전쟁터를 택했다. 아합은 이스라엘 군대를 이끌고 마주 나갔다. 아람의 무수한 군대에 비하면 이스라엘 병력은 두 무리의 적은 염소 떼와 같았다. 이스라엘이 두 떼로 나뉜 것은, 아합이 어떤 전략을 마음에 두었음을 말해 준다.

20:28~30상 그 선지자와 동일한 인물임에 틀림없는(13, 22절) 하나님의 사람이 아합에게 이스라엘이 이 전투에서 이길 것이라고 일러 주었다. 그

는 여호와의 목적은 아합에게(아마 아람 사람과 이스라엘 백성에게도) 그가 여호와인 줄 입증하시려는 것이라고 다시 한번 말했다(참조, 13절).

전투를 벌이려고 서로 대치한 지 칠 일이 지나 전투가 시작됐다. 전투 첫째 날, 이스라엘 자손이 적군의 보병 십만 명을 죽였다. 그들의 남은 자는 아벡 성읍으로 도망했다. 그러나 하나님이 그들 위에 성이 무너지도록 하셔서 이만 칠천 명을 더 죽이셨다.

20:30하~34 벤하닷이 성읍 건물의 골방에 숨어 있을 때, 그의 신하들은 그에게 항복하여 자비를 구하라고 조언했다. 이스라엘의 왕들은 사실 다른 고대 근동의 왕들에 비해 인자했다. 굵은 베와 테두리는 참회하는 복종의 징표였다.

벤하닷의 사절들이 아합을 방문해서 벤하닷의 생명을 구해 달라고 간청했다. 그들은 벤하닷을 아합의 종이라고 불렀다. 이는 만일 그를 살려 준다면 그가 취하게 될 처지를 일컫는 것이었다. 아합은 아람 왕이 아직도 살았다는 사실에 놀랐다. 아합은 벤하닷을 종이 아닌 형제라고 말했다. 물론 그는 진짜 형제가 아니다. 아합은 앗수르를 방어하기 위한 약조를 염두에 두고 있었다. 그 약조에서 그와 벤하닷은 형제처럼 힘을 합할 것이다.

이 한 줄기의 희망을 얼른 받아 벤하닷의 사절들은 아합의 형제가 살아 있다고 확언했다. 그들은 명령대로 패배한 왕을 아합에게로 데려갔다. 아합은 우정의 표시로서 벤하닷을 총애의 자리인 자기 병거에 태웠다. 상대방을 재빨리 무마시키기 위해 벤하닷은 그의 아버지 벤하닷 1세가 아합의 아버지(전임자) 바아사에게서 빼앗았던 성읍을 돌려주겠다고 약속했다(참조, 15:20). 또한 다메섹에서의 무역 특권을 제공했다. 그것은 벤하닷의 아버지가 사마리아에서 누렸던 특권이었다. 두 왕은 정식으로 **약조**를 했고, 이 불가침 약속에 따라 아합은 벤하닷을 집으로 돌려보냈다.

3년 후(BC 853년) 아합과 벤하닷은 그들의 공동의 적인 앗수르와 대결했다. 앗수르는 막강한 왕 살만에셀 3세가 이끌었는데, 그는 아람의 오론테스 강에 있는 카르카르(Qarqar)에서 격퇴당했다. 아합은 보병 만 명과 병거 이만을 이 동맹에 제공했다. 이 전투는 성경에 언급되지 않았으나 살만에셀에 의해 기술된 기록에 남아 있다. 이것은 현재 대영박물관에 소장되어 있다(참조, James B. Pritchard, ed., *Ancient Near Eastern Texts Relating to the Old Testament*, Princeton, N.J: Princeton University Press, 1955, 278~279).

(2) 아합의 불순종

20:35~36 선지자의 무리는 선지자 학교의 학생들이었다. 그 학교는 모세의 율법과 여호와의 말씀을 영속시키기 위해 설립된 확고부동한 기관이었다. 그들 중 한 사람이 여호와로부터 한 임무를 부여받았다. **친구에게 자신을 치라고 하는 그의 이상한 요구는 여호와의 말씀에 의한 것이었다.** 그 친구가 이행할 수 있는데도 불구하고 거절한 것은 여호와께 불순종의 반항을 한 것이었다. 이런 이유와 하나님의 사명을 받은 자의 중요성 때문에 그 동정심 많은 친구는 죽임을 당했다. **여호와는 그분의 뜻을 이루시는 데 다시 사자**(獅子)를 사용하셨다(참조, 13:24).

20:37~40상 선지자는 그 후 보다 적극적인 동료를 만나 상해를 입었다. 선지자는 부상당한 병사의 역할을 하면서 **왕 아합이 사마리아로 돌아가는 길목에서 기다렸다.** 선지자는 수건으로 눈을 가리어 자신을 **변장**했다.

이렇게 하지 않았으면 왕은 그가 선지자라는 것을 금방 알아챘을 것이다 (참조, 20:41). 흥미로운 것은, 이것이 열왕기상에서 사람이 자신을 변장한 두 번째 경우라는 것이다(참조, 14:2). 나중에 아합도 전장에서 자신을 변장했다(22:30).

아합은 이 사람을 전에 만난 적이 있다고 여겼던 것 같다. 선지자는 그가 전장에서 포로 한 명을 **지키**라는 명령을 받았는데 그 포로가 사라지고 말았다고 왕에게 말했다. 그는 포로를 잃어버릴 경우에는 그의 **생명**을 내놓든지 은 한 **달란트**(약 75파운드)를 내어야 한다고 말했다.

20:40하~43 아합은 즉시 그 사람의 죄를 평가했다. 이것은 분명 태만 죄에 해당했다. 나단이 다윗에게 이야기했을 때처럼(삼하 12:1~7) 왕은 선지자에게 자기 자신을 판단하는 말로 대답했다. 선지자는 곧 자기 정체를 밝히면서, 왕에게 하나님으로부터 받은 명령에 순종할 책임을 태만히 했다고 말했다. 그 명령은 벤하닷을 처형하라는 것이었다. 이 명령은 성경 본문에는 기록되지 않았지만, 아합이 명령을 받았음이 분명하다. 아합은 여호와께 순종하는 대신 자신의 계획을 따르기로 했다. 여호와께 순종했으면 아마 고통을 끼치던 아람 군대와의 싸움에 종지부를 찍었을 것이다. 그는 앗수르에 대항하는 벤하닷의 도움이 벤하닷의 죽음보다 이스라엘에 더 귀하다고 믿었다.

결국 아합은 자기 **목숨**이 벤하닷의 목숨과 바뀌어 잃게 될 것이다(참조, 왕상 22:37). 아합의 **백성**, 이스라엘 역시 벤하닷의 백성을 대신해 죽을 것이다. 아합은 이 예언 때문에 시무룩해서 **사마리아**로 돌아가 하나님의 선지자에게뿐 아니라 자기 자신에게도 화를 내었다(참조, 21:4).

5. 아합의 나봇에 대한 범죄(21장)

a. 아합의 제안(21:1~4)

21:1~2 아벡 전투 이후에 평화의 시기가 이어졌다(20:26~34). 그 후에 21장에 기록된 사건이 발생했다. 이 일은 아합과 이세벨의 악한 성품을 더욱 드러내며, 독자들이 하나님께서 그들을 다루심에 대해 더 잘 이해할 수 있게 한다. 또한 엘리야를 통해 주신 예언을 이루시는 하나님의 신실하심도 보여 준다(21:20~24).

나봇은 이스르엘인으로 아합의 가까운 이웃이었다. 그들은 인접한 재산을 소유했음이 분명하다. 아합은 나봇의 **포도원**을 팔라고 했다. 그곳은 그가 재배하기 원하던 **채소밭**으로 적당한 땅이었기 때문이다. 아합은 다른 곳의 더 **아름다운 포도원**이든 현금이든 나봇이 원하는 대로 주리라고 했다.

21:3~4 나봇은 하나님을 경외하는 이스라엘 사람이었다. 그는 모세의 율법에 순종하여 그의 세습된 **유업**을 팔 수 없다고 했다(참조, 레 25:23~28; 민 36:7). 아합은 이것이 영구적인 거래가 되길 원했음이 분명하다. 다시금 아합은 근심하고 답답하여 궁으로 돌아왔다(참조, 왕상 20:43). 아합은 어린애 같은 행동을 취했다. 나봇의 결정을 받아들이는 대신 침상에 누워 얼굴을 돌리고 식사조차 하지 않았다.

b. 이세벨의 음모(21:5~10)

21:5~7 그의 아내가 아합에게 어째서 식사를 하지 않느냐고 묻자 그는

나봇의 거절에 대해 말해 주었다. 그녀는 **이스라엘**과는 달리 개인의 권리를 존중하지 않는 문화권에서 성장했다. 그녀는 아합이 자기가 원하는 것을 취할 수 없다는 사실을 믿을 수 없었다. 그녀의 사고방식에 따르면 그것은 **왕이 취해야 할 방식**이었다. 만일 그가 필요한 일을 하지 않는다면 그녀가 그것을 하되 주저하지 않을 것이었다.

21:8~10 그녀의 목적을 이루기 위해 이스라엘의 율법을 어떻게 이용해야 하는지 아는 이세벨은 나봇의 성읍에 사는 지도자들에게 **편지를 보냈다**. 그들에게 금식을 선포하고, **불량자 두 사람에게 나봇이 하나님과 아합을 저주했다고** 고소해서 백성이 나봇을 돌로 치도록 하라고 했다. 이스라엘에서 유죄판결을 내리려면 적어도 두 증인이 있어야 했다(신 17:6~7). 하나님을 저주하는 것은 돌에 맞을 죄였다(레 24:16). 왕을 저주하는 것은 그런 식으로 정죄되지 않았다. 이세벨은 그녀의 명령에 그 부분을 추가했을 것이다. 왜냐하면 그것 역시 그녀에게는 죽을죄로 여겨졌기 때문이다.

c. 나봇의 죽음(21:11~16)

21:11~14 이스르엘의 지도자들은 여호와보다 이세벨을 더 두려워했음이 분명하다. 그들이 그녀의 명령을 어김없이 수행했기 때문이다. 나봇(그리고 그의 아들들. 참조, 왕하 9:26)이 **죽자 불량자들은** 일을 끝냈다고 충실하게 보고했다.

21:15~16 그러자 이세벨은 아합에게 이전 소유주가 죽었으므로 나봇의 포도원을 취할 수 있다고 통보했다. 왕은 침상에서 **일어나** 눈독 들이던 그

재산을 차지하러 내려갔다.

d. 엘리야의 예언(21:17~26)

21:17~19 하나님은 다시 엘리야를 택하셔서 아합에게 심판의 말씀을 전하도록 하셨다. 아합은 그 때 나봇의 포도원에 있었다. 하나님은 엘리야가 꼭 말해야 할 것을 말씀해 주셨다(참조, 19절). 이세벨은 나봇의 죽음에 대해 직접적인 책임이 있었지만, 궁극적으로는 아합에게 그 책임이 있었다. 나봇의 살인을 명하며 지도자들에게 띄운 이세벨의 편지가 아합의 이름으로 발송되었기 때문이다.(8절)

엘리야는 아합이 나봇을 죽였을 뿐만 아니라 제 것이 아닌 재산을 탈취하는 죄를 범했다고 말했다. 개들이 나봇의 피를 핥은 곳은 이스르엘이었다. 개들이 사람의 피를 핥는 것은 불명예스러운 죽음이었으며, 특히 왕에게는 더욱 그러했다. 왕의 시체는 보통 주의 깊게 간수되어 크게 예우를 받으며 장사되었다. 엘리야는 누구의 피를 말하는지 아합의 마음에 의심의 여지를 남기지 않았다. 곧 네 몸의 피였다.

21:20~22 엘리야가 탈취한 포도원에 있는 아합에게 이르렀을 때 왕은 "내 대적자여, 네가 나를 찾았느냐"고 말하면서 그를 맞이했다. 이 말은 아합이 엘리야나 다른 하나님의 사람이 자기를 쫓아 잡는 것은 단지 시간문제일 뿐이라고 결론 내렸다는 것을 의미한다. 엘리야는 이제 **이스라엘을 괴롭게 하는 자**(18:17)가 아니라 왕의 '대적'이었다. 아합은 **여호와 보시기에 악을 행함**으로써 스스로 여호와와 주의 백성의 대적이 되었다(참조, 21:25). 엘리야가 왕이 자신을 **팔았다**고 한 것은, 왕이 비교적 쓸모없는 포도원을 포함해 그

가 원하는 것을 얻으려고 자기 방침을 포기했다는 뜻에서 말한 것이다.

하나님은 아합에게는 **재앙**을 내릴 것을, 그의 후손은 멸할 것을 말씀하셨다. 이스라엘 가운데 그에게 속한 **남자**는 다 멸할 것이라고 하셨다. 그는 친척도 없이 홀로 남아야 할 것이다(참조, 14:10; 16:3). 아합의 왕조는 여로보암의 왕조와 바아사의 왕조가 그랬던 것처럼 끊어질 것이다(왕하 9:9)

21:23~24 이세벨에 대하여도 개들이 이스르엘 성읍 곁에서 그녀를 먹으리라고 했다. 권세 있는 왕비로서는 어울리지 않는 마지막이다(참조, 왕하 9:10, 36~37). 들개들은 이스르엘 같은 성읍에서 쓰레기를 뒤지며 살았다. 아합의 후손들은 영예롭게 매장되지 못할 뿐 아니라 개와 새들에게 먹힐 것이다(참조, 왕상 14:11; 16:4).

21:25~26 저자는 엘리야와 아합이 대화하는 대목에서 **아합과 이세벨**에 대한 자신의 평가를 넣었다. 아합은 그의 악함이 독특했다. 그는 자신을 팔아 **여호와 보시기에 악을 행했다**(참조, 20절). 이세벨은 영적인 감수성과 양심이 도대체 없는 자로서 그에게 죄를 짓도록 **충동했다**. 우상숭배에 있어서 아합은 **아모리 사람의 죄 된 습관을 따름**으로써 심히 가증하게 행하였다. 하나님은 여호수아 시대에 이스라엘 백성이 팔레스타인으로 들어갈 때 아모리 사람을 그 땅에서 쫓아내셨다(수 10:12~13).

e. 아합의 회개(21:27~29)

21:27~29 엘리야의 심판 예언에 아합은 충격을 받았다. 진정으로 회개한 그는 **여호와 앞에서 스스로 겸비**하였다. 옷을 찢고(에 4:1; 욥 1:20) 굵

은 베로 몸을 동이며(창 37:34; 왕상 20:31~32; 에 4:1; 느 9:1; 단 9:3) 금식하는 것(느 9:1; 단 9:3)은 슬픈 심정과 통회함을 나타내는 것이다. 하나님은 아합이 마음과 행동을 바꾸었음을 보셨다. 아합의 생애는 죄로 진하게 물들었으나, 하나님은 그가 스스로 겸비함을 보시고 그에게 자비를 베푸셨다. 아합의 집에 닥칠 재앙은 그의 시대에 임하지 않고 그의 아들 요람의 시대에 임할 것이다(왕하 9:24~26; 10:17). 하지만 이세벨은 회개하지 않았다. 그녀는 하나님이 그녀에게 임하리라고 약속하셨던 모든 것을 가차 없이 받았다(왕하 9:30~37).

6. 아합의 죽음(22:1~40)

a. 아합의 여호사밧과의 동맹(22:1~4)

22:1~4 아벡 전투 후 삼 년 동안(참조, 왕상 20:26~34) 이스라엘 사람과 아람 사람 사이에 전쟁이 없었다. 그러나 셋째 해(BC 853년)에, 즉 카르카르에서 아합과 벤하닷이 살만에셀과 싸운 직후에 아합은 **길르앗 라못**을 다시 찾아야겠다고 결심했다. 그 성읍은 중요한 성읍으로 아람 사람이 오래전에 이스라엘에게서 탈취한 것이었다. 라못은 갓 지파의 주요 성읍 중 하나로서 요단 강 동쪽 28마일, 긴네렛 호수 남쪽 15마일 지점에 위치했으며 이스르엘의 정동쪽에 있었다. 아람 사람을 쳐부술 만한 큰 병력을 출전시키고자 아합은 유다 왕 **여호사밧**에게 동맹을 맺어 벤하닷 2세와 대항하자고 했다. **여호사밧**은 종교적인 이유라면 그렇게 하지 않았겠지만, 정치적인 이유인지라 동의했다. 그는 경건한 왕으로서 여호와께 신실했다.

b. 아합의 선지자들의 조언(22:5~12)

22:5~7 여호사밧은 그와 아합이 일을 시작하기 전에 **여호와께 묻기를** 원했다. 아합은 여호사밧보다 그 부분을 더 걱정했음이 분명하다. 그러나 그는 여호사밧을 만족시키기 위해 **선지자를 사백 명**쯤 모았다. 이들은 분명 여호와의 선지자들이었다. 바알의 선지자들은 여호사밧이 용납하지 않았을 것이다. 그러나 그들은 변절한 선지자들이었다. 그들은 여호와의 참된 말씀을 듣고 이야기해 주는 일에 관심이 없었다. 그들이 바라는 것은, 그들 생각에 왕이 듣고 싶어 하는 조언을 해 주는 것이었다. 이것이 그를 기쁘게 했으며, 그는 그들을 좋아하곤 했다. 아합의 질문에 대한 그들의 답변은 **여호사밧**으로 하여금 그들이 어쩐지 여호와의 마음을 대변하는 것이 아니라는 생각을 갖게 했다. 그래서 그는 그들이 **물을** 만한 **여호와의 선지자**를 다시 요구했다(참조, 왕하 3:11).

22:8~12 아합은 그들이 물을 수 있는 하나님의 사람 **한 명**이 남았다고 대답했다. 그러나 그는 항상 아합에 대해 악한 것만 예언했는데, 그런 이유 때문에 아합은 그를 미워한다고 했다. 분명 아합은 진실을 아는 것보다는 기분 좋은 것에 더 관심이 많았다. 미가야는 엘리야처럼 그 당시 이스라엘의 소수의 신실한 선지자 중 한 명이었다. 여호사밧이 계속해서 **미가야**로부터 듣고 싶다고 재촉하므로 아합은 그를 부르러 보냈다. 미가야는 아마 이 대화가 진행되었던 **사마리아**에 살았거나 근처에 살았을 것이다.

광장은 보통 높은 지대였다. 이곳은 아합과 **여호사밧**이 전쟁 준비를 하기에 안성맞춤이었을 것이다. 성문 어귀는 모이기에 가장 좋은 장소였다. 사백 명의 **선지자**를 비롯해 수많은 군중이 운집했다. 이들 선지자 중 한 명이 시드기야였다(참조, 24절). 그는 철로 뿔들까지 만들어 불경스럽게 주장했다. 하나님이 그에게 동맹한 두 왕이 이 뿔들로 아람 사람을 찔러 진멸시키리라고 말씀하셨다고 했다. 이 예언에 다른 모든 선지자들도 동의했으며, 승리에 대한 자기들의 낙관적인 약속을 부가해서 말했다.

c. 미가야의 예언(22:13~28)

22:13~14 미가야를 부르러 간 사신이 그에게 강력히 권하기를, 선지자들 중 한 사람의 말처럼 길하게 하라고 했다. 그러나 미가야는 다른 자들이 뭐라고 하든 **여호와께서** 자기에게 주시는 말씀을 그대로 말하겠다고 했다. 엘리야처럼 미가야도 홀로 견딜 준비가 되었다.

22:15~16 왕은 아마 주인인 아합이었을 것이다. 그는 미가야에게 다른 선지자들에게 물었던 것과 같은 질문을 던졌다(6절). 미가야는 이런 일의 진행에 익숙했던 것 같다. 그는 아마 전에 이런 일을 여러 번 치렀을 것이다. 그의 신분에 어울리지 않는 빈정대는 투로 말하지는 않았겠지만, 그의 대답은 풍자적이었다. 아합은 곧 미가야가 하는 말을 알아챘다. 그 자신의 대답 역시 풍자적이었다. 그는 전에 **진실한 것만** 그에게 고할 것을 맹세하라고 미가야에게 말하지 않았을 것이다. 그는 그럴 필요가 없었다. 그러나 아합의 말은 아마 듣기 좋았을 것이다.

22:17~18 빈정대던 시간은 끝났다. 미가야는 여호와의 뜻을 그것의 파괴적인 단순함과 능력과 연관시켜서 말했다. 미가야는 환상으로 본 것을 말했다. 온 이스라엘이 목자 없는 양같이 방황하며 지도자를 찾아 길르앗

산에 흩어졌다고 했다. 여호와가 선지자에게 말씀하시기를 이 양들에게는 주인이 **없**다고 하셨다. 그 주인은 아합을 가리킴이 분명하다. 목자가 전쟁에서 죽임을 당한 후에 양들은 적군 아람에게 쫓기지 않으면서 **집으로 돌아갈** 것이다. 아합은 이 진지한 경고에 냉담한 반응을 보였다(18절, 참조, 8절). 그것을 심각하게 생각하고 싶지 않았던 것이다.

22:19~23 미가야는 계속해서 하나님이 그에게 보이셨던 것의 나머지를 설명했다. 그것은 전쟁에 관한 것이 아니라, 두 왕이 400명의 선지자들로부터 들은 조언에 관한 것이었다. 그는 두 왕에게 **여호와의 말씀을 들으라**고 했다. 미가야가 보니 **하늘의 만군**, 즉 하나님의 천군이 하늘 보좌를 모시고 섰다. 미가야가 그때 묘사한 대화(20~23절)가 하늘에서 실제로 일어난 일이든, 미가야와 그들 앞에서 일어난 일을 마음속에 그리기위해 신인동형적인 용어로 주어진 계시든 간에 요점은 모두에게 분명했다. 400명의 선지자가 **거짓말하는 영**(22~23절)으로 속이며 아합을 전쟁으로 이끌어 그를 죽게 하리라는 것이었다(20절). 하지만 미가야는 진실을 말했다. 여호와는 **아합을 죽음**으로 이끄시기 위해 **거짓말하는 영**(즉, 마귀)에게 400명의 선지자를 통해 말하도록 허락하셨음이 분명하다.

22:24~25 시드기야(참조, 11절)는 다른 모든 사람처럼 미가야의 말을 분명하게 이해했다. **뺨을 치는** 행위는 큰 모욕으로(참조, 욥 16:10; 애 3:30; 미 5:1) 오늘날보다 그 당시에는 더 심한 모욕이었다. 그 거짓 선지자는 뻔뻔스럽게 또는 순진하게 주장하기를, 그가 스스로 예언을 만들어낸 것이 아니라 여호와가 그에게 주신 것이라고 했다.

미가야는 누구의 예언이 **여호와께로부터** 왔으며 누구의 예언이 거짓

말하는 영으로부터 왔는지에 대해 따질 필요가 없었다. 시간이 말해 줄 것이다. 그는 사람들이 실제적인 두려움을 당하지 않은 상태에서 그들을 위협하려고 하지 않았다. 시드기야는 그가 **골방**에 들어가서 **숨**을 때 누가 여호와께로부터 참말씀을 받았는지 볼 것이다(즉, 아합이 죽임을 당한 후 거짓 선지자들은 공포에 질려 도망할 것이다).

22:26~28 아합이 보인 반응은 여호와의 말씀을 무시하는 자들에게 뒤따르는 무분별한 어리석음을 입증했다. 예전에도 그랬듯이(21:27) 회개하는 대신 이제 무감각하다고 해도 좋을 만큼 죄로 굳어진 아합은 명령을 내려 미가야를 성주인 아몬과 왕자 요아스에게 넘기라고 했다. '왕자'는 왕실 관리의 직함이며, 문자적인 의미에서 아합의 아들을 의미한 것은 아니다(참조, 대하 28:7; 렘 36:26; 38:6). 아합은 아몬과 요아스에게 자기의 임박한 운명을 경고한 미가야를 옥에 가두라고 했다. 그러나 미가야는 마지막 말을 했다. 그것은 아합에게 하는 정중하지만 엄한 경고로서, 왕은 전쟁에서 **평안히 돌아오지 못하리라**는 것이었다. 선지자는 또한 모인 자들에게 그의 말을 들으라고 했다. 그 말은 그의 예언이 성취될 때 여호와가 그를 통해 **말씀**하셨음을 입증할 것이기 때문이었다.

d. 길르앗 라못 전투(22:29~40)

22:29~33 미가야의 경고에도 불구하고 **이스라엘의 왕** 아합과 그의 동맹자 **여호사밧**은 아람 왕 벤하닷 2세와 맞서기 위해 **길르앗 라못**으로 올라갔다. 아합은 미가야의 말 때문에 두려운 나머지 **변장하고**(아마 정규군이나 장교로 변장했을 것) 전쟁터로 들어가겠다는 그의 계획을 말했을 것이다.

여호사밧은 이 전술이 자기를 큰 위험에 빠뜨릴 것이라는 사실을 전쟁 시작 전까지는 깨닫지 못했다. 그는 아합에 대한 벤하닷의 진노가 아람 왕으로 하여금 이스라엘 왕을 집중 공격하도록 한 사실을 몰랐을 것이다. 벤하닷은 아합 한 명만 죽이길 원했다. 이스라엘 군인들은 그들의 왕이 없으면 오합지졸에 불과하다는 것을 알았기 때문이다. 아합이 이제 벤하닷과 맺은 조약을 어긴다는 사실(참조, 20:34)은 왕들 또한 격노케 했을 것이다. 왕복을 입은 **여호사밧**은 모든 아람 군대의 목표가 되었다. 공격을 받자 그는 아람 사람에게 자신은 **그들이 쫓는 자가 아니라**고 소리를 질렀다. 아마 그는 군인들에게뿐 아니라 하나님께도 소리쳤을 것이다. 그는 여호와를 믿었으며 그분에게 기도했기 때문이다.

22:34~36 아합이 치명적인 상처를 입은 방법은 성경에서 보여 준 많은 실례 중 하나다. 하나님이 우연이라 간주되었을 사건을 사용하셔서 그분의 목적을 이루신 것이다. 아합은 **무심코** 화살에 맞았다. 화살을 당긴 사람은 왕의 **갑옷**에 있는 갈라진 틈을 의도적으로 겨냥한 것이 아니었다. 그러나 하나님이 그에게 지시하셨으며 치명적인 화살을 그 목표물로 이끄셨다. 왕의 병거는 아합이 거기에 **붙들려 앉아** 해 질 때까지 전쟁을 볼 정도로 넓었다.

아합의 **피가 병거 바닥**에 고였다는 말은, 아합의 죽음에 관한 예언의 성취에 대해 나중에 말한 것의 무대를 제공했다(38절). 아합이 죽자 싸움은 끝이 났다. 벤하닷은 이스라엘 사람이 길르앗 라못을 취할 수 없도록 하려는 그의 목적을 달성했다.

22:37~38 아합의 시체는 사마리아로 돌아와 그곳에 **장사**되었다. 예전에 회개하지 않았더라면(21:27) 아합은 결국 장사될 수 없었을 것이

다(21:28~29). 그 후 아합의 병거를 외딴 못으로 끌고 가서 씻었다. 아합은 그의 악함 때문에 하나님께 멸시를 당했다. 아합의 이야기는 그의 피가 사마리아에서 멸시당하는 창기와 개들이 벗 삼는 것으로 모욕을 당하면서 결론을 내린다. 아합은 하나님이 그에 관해 예언하신 대로 죽었다(20:42; 21:19, 21).

22:39~40 사마리아를 발굴한 고고학자들은 200개도 넘는 상아 조상과 장식판과 기념패를 한 창고에서 찾아냈다. 아합은 많은 양의 상아를 써서 그의 궁을 여러모로 치장했다. 그는 또한 이스라엘의 몇몇 성도 건축했다.

또한 아합은 영적으로 크게 배교했음에도 불구하고 유능하게 치세했는데, 그것이 그의 통치의 특징이기도 하다. 그는 일반적으로 말해서 성공한 군인이었다. 이는 그의 천부적인 재능과 이스라엘에 베푸신 하나님의 자비하심 때문이었다. 그가 여호사밧의 치세 때 유다와 동맹을 맺은 것은, 왕국이 분열된 이래로 북 왕국과 남 왕국 간에 처음으로 실제적인 평화 시대가 시작된 것이었다. 그 시대는 841년에 예후가 통치를 시작하기 전까지 약 30년간 지속되었다. 그러나 아합의 다른 업적에도 불구하고 그가 바알 제단과 신전을 건축하여 바알숭배를 조장한 것(16:32~33)은 전례 없이 이스라엘을 약화시켰다.

L. 유다 왕 여호사밧의 선한 통치(22:41~50)

22:41~43상 아사의 아들 여호사밧은 BC 873년에 유다에서 통치를 시

작했다. 그는 아버지와 공동 섭정을 했다. 이 공동 섭정은 아사의 건강 악화로 인하여 행해졌는데(15:23), BC 870년에 아사가 죽기까지 3년간 지속되다가 그 후 여호사밧이 유일한 왕이 되었다. 이것은 솔로몬이 다윗과 잠시 함께 통치했던 이래로 공동 섭정의 첫 번째 경우였다. **여호사밧은 이십오년 동안 왕으로 재임했다**(BC 873~848년). 그는 유다의 선한 왕 8명 중 한 명이었으며, 그의 아버지 아사처럼 4명의 개혁자 중 한 명이었다.

22:43하~44 역대하 17장 6절에 의하면 여호사밧이 산당을 제거했다고 하는데, 열왕기상 22장 43절과 역대하 20장 33절에서는 그것을 제거하지 않았다고 말한다. 그가 처음에 산당을 제거했음이 분명하나, 사람들이 그것을 재건했을 때 그 재건된 산당들을 다시 무너뜨리지 않았던 것으로 보인다. 산당들을 제거하지 않은 유다 왕들은 요아스(왕하 12:3), 아마샤(왕하 14:4), 아사랴(왕하 15:4), 요담(왕하 15:35) 등이다. 아하스는 산당에서 제사를 드렸는데, 아마 그가 재건한 산당이었을 것이다(왕하 16:4). 그것들은 히스기야에 의해 제거되었으며(왕하 18:4), 므낫세에 의해 재건되었고(왕하 21:3), 요시야에 의해 다시 파괴되었다(왕하 23:8, 13, 15, 19).

전에 언급했듯이(참조, 왕상 22:39~40 주해) 여호사밧과 아합은 조약을 맺어 연합했는데, 그 결과 그의 치세 중 유다와 이스라엘 간에 평화가 깃들었다. 불행하게도 이 조약에 여호사밧의 아들 여호람과 아합의 딸 아달랴와의 결혼이 포함되었다. 아달랴는 이세벨을 본받아 나중에 유다에 문제를 일으켰다(참조, 왕하 11장).

22:45~47 여호사밧의 업적과 태도는 역대하 17~20장에 보다 자세히 설명되었다. 여기에는 유다 전역에서 모세의 율법을 가르치도록 명령한

것이 포함되었다. 하나님은 기적적으로 모압과 암몬과 에돔의 연합군에서 유다를 구해 내셨다. 왕이 여호와께 기도하며 순종하는 것을 보신 것이다. 그는 막강한 군주였다. 블레셋과 아라비아는 그의 환심을 사려고 했다. 여호사밧은 사법상의 많은 개혁도 시행했다. 열왕기 기자는 남아 있던 남색하는 자들을 추방시킨 사실을 특별히 기록했다(참조, 왕상 14:24; 15:12).

22:48~50 여호사밧은 그 당시 에돔의 정치적인 불안정을 틈타(참조, 47절) 아합의 큰아들인 이스라엘 왕 아하시야와 함께 에시온게벨에서 선박을 제조할 수 있었다(참조, 대하 20:36). 에시온게벨은 아카바 만 북쪽 끝에 위치했다. 그의 계획은 솔로몬이 그랬던 것처럼 아라비아의 남서쪽에 있는 오빌에서 금을 가져오는 것이었다(참조, 왕상 9:28; 10:11). 그러나 여러 가지 사정으로 배가 파선되어 그 임무는 전혀 실행되지 못했다. 여호사밧은 아하시야의 종이 자기 종과 함께 배 타는 일을 허락하지 않았다. 이 모험은 이스라엘과 연합해서 벌인 다른 모든 일처럼 여호사밧에게 실패와 좌절을 안겨 주었다.

여호사밧의 아들 **여호람**은 BC 853년에 그의 아버지와 함께 공동 섭정으로 통치하기 시작했다. 여호사밧이 BC 848년에 죽자 여호람이 841년까지 통치를 계속했다.

M. 이스라엘 왕 아하시야의 악한 통치(22:51~53)

22:51~53 아하시야 통치의 간략한 요약이 열왕기상을 결론짓는데, 열

왕기하에서 그의 통치사는 계속된다. 이스라엘의 아하시야는 BC 853년에 그의 이 년 통치(사실상 1년)를 시작해서 852년까지 다스렸다. 그때는 여호사밧이 유다에서 통치할 때였다. 아하시야는 **아합의 큰아들**이었다. 아하시야는 아들이 없었으므로 그가 죽자 그의 형제인 요람(여호람이라고도 함)이 왕위를 계승했다. 그의 어머니는 이세벨이었다. 아하시야는 그의 부모의 악한 길과 **여로보암의 악한 길**을 따랐다. 바알 숭배는 그의 보호와 장려 속에 이스라엘에서 계속되었다.

참고 문헌

- Davis, John J., and whitcomb, John C, Jr. *A History of Israel*. Grand Rapids: Baker Book House, 1980.
- Finegan, Jack. *Light from the Ancient Past*. 2nd ed. Princeton, N.J.: Princeton University Press, 1959.
- Gray, John. *I & II Kings: A Commentary*. 2nd ed. Philadelphia: Westminster Press, 1970.
- Jamieson, Robert. "I and II Kings." In A *Commentary, Critical, Experimental and Practical on the Old and New Testaments*. 3rd ed. Grand Rapids: Zondervan Publishing House, 1983.
- Keil, C. F. "The Books of Kings." In *Commentary on the Old Testament in Ten Volumes*. vol.3. Reprint(25 vols., in 10). Grand Rapids: Wm. B. Eerdmans Publishing Co., 1982.
- McNeely, Richard I. *First and Second Kings*. Chicago: Moody Press, 1978.
- Montgomery, James A. *A Critical and Exegetical Commentary on the Books of Kings*. The International Critical Commentary. Edinburgh: T & T Clark, 1951.
- Thiele, Edwin R. *A Chronology of the Hebrew Kings*. Grand Rapds: Zondervan Publishing House, 1977.
- Thiele, Edwin R. *The Mysterious Numbers of the Hebrew Kings*. Rev. ed. Chicago: University of Chicago Press, 1983.
- Wood, Leon J. *A Survey of Israel's History*. Grand Rapids: Zondervan Publishing House, 1970.

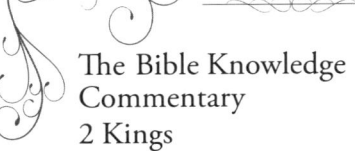

개요

I. 분열 왕국의 후기 역사(1~17장)

   A. 이스라엘에서 아하시야의 악한 통치(1장)
   B. 이스라엘에서 요람의 악한 통치(2:1~8:15)
   C. 유다에서 여호람의 악한 통치(8:16~24)
   D. 유다에서 아하시야의 악한 통치(8:25~9:29)
   E. 이스라엘에서 예후의 악한 통치(9:30~10:36)
   F. 유다에서 아달랴의 악한 통치(11:1~20)
   G. 유다에서 요아스의 선한 통치(11:21~12:21)
   H. 이스라엘에서 여호아하스의 악한 통치(13:1~9)
   I. 이스라엘에서 요아스의 악한 통치(13:10~25)
   J. 유다에서 아마샤의 선한 통치(14:1~22)
   K. 이스라엘에서 여로보암 2세의 악한 통치(14:23~29)
   L. 유다에서 아사랴의 선한 통치(15:1~7)
   M. 이스라엘에서 스가랴의 악한 통치(15:8~12)
   N. 이스라엘에서 살룸의 악한 통치(15:13~16)
   O. 이스라엘에서 므나헴의 악한 통치(15:17~22)
   P. 이스라엘에서 브가히야의 악한 통치(15:23~26)

    Q. 이스라엘에서 베가의 악한 통치(15:27~31)
    R. 유다에서 요담의 선한 통치(15:32~38)
    S. 유다에서 아하스의 악한 통치(16장)
    T. 이스라엘에서 호세아의 악한 통치(17:1~6)
    U. 포로가 된 이스라엘(17:7~41)

II. 잔존 왕국 유다의 역사(18~25장)

    A. 히스기야의 선한 통치(18~20장)
    B. 므낫세의 악한 통치(21:1~18)
    C. 암몬의 악한 통치(21:19~26)
    D. 요시야의 선한 통치(22:1~23:30)
    E. 여호아하스의 악한 통치(23:31~35)
    F. 여호야김의 악한 통치(23:36~24:7)
    G. 여호야긴의 악한 통치(24:8~17)
    H. 시드기야의 악한 통치(24:18~25:7)
    I. 바벨론 통치하의 유다(25:8~30)

וַיִּפְשַׁע מוֹאָב בְּיִשְׂרָאֵל אַחֲרֵי מוֹת אַחְאָב

וַיִּפֹּל אֲחַזְיָה בְּעַד הַשְּׂבָכָה בַּעֲלִיָּתוֹ אֲשֶׁר בְּשֹׁמְרוֹן וַיָּחַל וַיִּשְׁלַח מַלְאָכִים וַיֹּאמֶר אֲלֵהֶם לְכוּ דִרְשׁוּ בְּבַעַל זְבוּב אֱלֹהֵי עֶקְרוֹן אִם־אֶחְיֶה מֵחֳלִי זֶה ס

וּמַלְאַךְ יְהוָה דִּבֶּר אֶל־אֵלִיָּה הַתִּשְׁבִּי קוּם עֲלֵה לִקְרַאת מַלְאֲכֵי מֶלֶךְ־שֹׁמְרוֹן וְדַבֵּר אֲלֵהֶם הַמִבְּלִי אֵין־אֱלֹהִים בְּיִשְׂרָאֵל אַתֶּם הֹלְכִים לִדְרֹשׁ בְּבַעַל זְבוּב אֱלֹהֵי עֶקְרוֹן

וְלָכֵן כֹּה־אָמַר יְהוָה הַמִּטָּה אֲשֶׁר־עָלִיתָ שָּׁם לֹא־תֵרֵד מִמֶּנָּה כִּי מוֹת תָּמוּת וַיֵּלֶךְ אֵלִיָּה

וַיָּשׁוּבוּ הַמַּלְאָכִים אֵלָיו וַיֹּאמֶר אֲלֵהֶם מַה־זֶּה שַׁבְתֶּם

The Bible Knowledge Commentary 6

2 Kings 주해

The Bible Knowledge Commentary

주해

I. 분열 왕국의 후기 역사(1~17장)

열왕기상 12장에서 시작된 이스라엘과 유다의 역사는 열왕기하에서 계속된다. 그리고 이 역사는 BC 722년에 북 왕국이 앗수르에 의해 포로가 됨으로써 끝난다.

A. 이스라엘에서 아하시야의 악한 통치(1장)

아합의 아들인 아하시야의 통치에 대한 기사가 열왕기상 22장 51~53절로부터 계속된다.

1. 아하시야에 대한 연구(1:1~2)

1:1 메사가 왕으로 있던 모압은 아합이 죽은 후에 이스라엘을 배반했다.

이스라엘 왕의 죽음은 메사로 하여금 모압이 이스라엘의 지배하에 있을 때 오므리(아하시야의 조부)가 부과했던 세금의 무거운 짐을 떨쳐 버리도록 용기를 주었다(참조, 왕상 16:21~24). 이 반란은 처음에는 효과적이지 못했다. 하지만 그것이 아하시야의 통치 기간에 일어났다는 사실은, 메사가 아하시야를 아합보다 더 약한 왕으로 생각했음을 암시한다.

1:2 1장의 나머지 부분을 차지할 아하시야의 생애에서 새로운 사건이 시작된다. 왕이 그의 **다락** 난간에서 마당 아래로 떨어져 상처를 입고 병이 든 것이다. 그의 부상은 치명적인 것이었다. 왕은 그가 회복될 수 있을지를 이교도의 우상에게 물어보기로 했다. 그의 **사자**들을 약 40마일이나 떨어진 블레셋의 성 **에그론**(참조, 왕상 17:8~11, "엘리야의 여행" 지도)에 보낸 것을 보면 알 수 있다. **바알세붑**은 바알('주'를 의미함)이라는 이름의 다양한 형태를 가진, 많은 지역적인 풍요의 남성 신들 중 하나다. 바알세붑은 '파리들의 주'라는 뜻이다. 그러나 블레셋에서 쓰는 본래 철자는 '숭배받는 주'란 뜻의 바알세불이었을 것이다. 그는 치유의 힘이 있는 것으로 믿어졌다. 아하시야는 바알세붑의 예언자에게 격려의 말들을 청했다. 이

주해 | 169

스라엘의 하나님이신 여호와께 묻는 것에 대한 그의 태만은 그의 변절의 깊이를 나타낸다.

2. 엘리야의 예언(1:3~8)

1:3~4 구약성경의 많은 지도자들에게 나타났던(예를 들어 아브라함, 모세, 기드온) **여호와의 사자**(성육신 이전의 그리스도. 참조, 16:9 주해)가 엘리야에게 나타났다. 여호와의 사자의 출현은 항상 중요한 계시와 동일시되었다. 그 사자는 엘리야로 하여금 사마리아로부터 에그론까지 남쪽으로 여행하던 왕의 **사자들**을 가로막고, 그들을 통해 왕에게 전달되어야 할 예언을 하도록 했다. 비록 아하시야는 **바알세붑**에게 계시를 구했지만, 그는 신실하고 살아 계신 **하나님**으로부터 응답을 받았다. 그러한 예언들이 왕의 사악함 때문에 **왕들**을 돕기보다는 끊임없이 적대시 했으므로, 아하시야도 그의 아버지 아합과 마찬가지로 주의 신실한 예언을 구하는 것을 원치 않았다. 하나님보다 이방의 우상에게 조언을 구한 것에 대한 하나님의 징계는, 아하시야가 그의 부상으로부터 회복하는 데 실패하는 것이었다(6, 16절).

1:5~8 그 사자들은 아하시야에게로 돌아왔고, 그들이 엘리야를 만났던 사실과 그의 예언을 보고했다. 엘리야가 아하시야의 부모인 아합과 이세벨의 바알 숭배에 대해 끊임없이 반대해 왔기 때문에 아하시야는 엘리야가 누구인지 알고 있었다. **털이 많은 외투**(염소 털로 만든 옷)와 넓은 **가죽 허리띠**는 그 당시 선지자들의 의복이었을 것이다. 의복은 올이 굵은 삼베와 같이 거칠게 짠 털로 된 것인데, 삼베옷이라고도 불렸다. 삼베옷은 비

탄과 자기 학대를 상징했기 때문에(참조, 6:30; 창 37:34; 삼하 3:31) 엘리야의 옷매무새는 아마도 선지자로서 사람들에게 요구했던 회개를 형상화했을 것이다('참회와 굵은 베옷'. 참조, 느 9:1; 렘 6:26). 아하시야는 엘리야에 대한 묘사를 즉시 이해했다.

3. 오십부장과 그의 군사 오십 명(1:9~16)

1:9 많은 독자들은 이 이야기가 하나님의 능력에 대한 불필요하고 잔인한 표현이라고 생각할지도 모른다. 그러나 목숨이 걸린 문제였기 때문에 심한 행동이지만 정당화할 수 있었다. 아하시야는 선지자를 마치 범죄자인 것처럼 여겼다. 그를 왕좌 앞에 끌어오기 위해서 일단의 군사들을 보낸 것은 **엘리야와 하나님에 대한 완전한 경멸**을 뜻했다. 아마 엘리야가 있던 산꼭대기는 **오십부장**으로 하여금 갈멜 산에서 바알의 선지자들에게 이긴 엘리야의 승리(왕상 18:20~40)와 그의 하나님이 주신 위대한 능력을 생각나게 했을 것이다. 그 오십부장이 이런 관계를 알지 못했든, 무시하기로 결정했든 간에 그는 엘리야가 **하나님의 사람**(참조, 11절)임을 알았다. 그럼에도 그는 엘리야에게 아하시야의 이름으로 **내려오라**고 명령했다.

열왕기상·하에서 **하나님의 사람**이라는 말은 선지자라는 말과 동의어로 쓰였다. 스마야(왕상 12:22)에게는 한 번, 엘리야에게는 일곱 번(왕상 17:18, 24; 왕하 1:9, 10~13), 엘리사에게는 열왕기하에서 24번 이상(4:7~13:19) 사용되었고, 다른 익명의 두 선지자에게도 사용되었다(한 명은 왕상 13장과 왕하 23:16~17에서 자주 언급되었고, 다른 한 명은 왕상 20:28에서 언급되었다).

1:10 엘리야가 자신이 진실로 하나님의 사람(참조, 12절)이라는 사실을 반복한 것은, 이것이 하나님의 명성이 걸려 있는 매우 중요한 문제임을 보여 준다. 아하시야의 편에서, 하나님의 종에게 자신 앞에 복종하도록 명령할 수 있었을까? 혹은 하나님 편에서 아하시야의 종에게 하나님께 복종하도록 명령할 수 있었을까? 하나님은 불을 하늘로부터(참조, 12절) 보내서 왕의 군사들을 살라 버림으로써 아하시야로 하여금 하나님이 이스라엘의 지배자이고, 왕은 하나님의 통치권에 복종해야 한다는 것을 기억하게 하셨다. 엘리야는 그가 하나님의 사람(이쉬[אִישׁ])이기 때문에 불(에쉬[אֵשׁ])로 그들을 태우겠다고 말했는데, 이는 유사한 발음을 가진 히브리어 단어를 재치 있게 사용한 것이다.

1:11~12 아하시야는 이 비극을 무시하고 엘리야가 자신에게 복종하도록 다시 힘을 가했다. 이번에는 오십부장이 선지자에게 속히 내려오라(참조, 9절)고 명령했다. 엘리야는 오십부장에게 실제로 그가 하나님의 사람임을 깨닫게 했다. 심판의 불이 다시 내려와서(참조, 10절) 첫 번째의 기적이 단지 사고가 아니고 하나님의 손으로 행해진 심판이라는 것을 증명했다.

1:13~14 아직까지도 아하시야의 마음은 변하지 않았다. 세 번째 오십부장은 아하시야가 했던 것보다 더욱 많은 경의를 여호와와 여호와의 대표자에게 표했다. 이 사람은 우월한 입장에서 항복을 요구하기보다는 엘리야의 권위에 항복하고, 엘리야 앞에 무릎을 꿇었다. 세 번째 오십부장도 역시 엘리야가 하나님의 사람임을 깨달아서 알고 있었고, 앞의 두 오십부장(참조, 9, 11절)과 같이 되는 것이 싫어서 자비에 호소했다. 그는 하늘로부터 불(하나님이 일으키신)이 내려왔음을 인정했다.

1:15~16 여호와의 사자가 엘리야에게 그를 두려워하지 말라. 그와 함께 내려가라고 명령했다. 엘리야는 왕에게로 갔다. 하나님은 탁월한 능력으로 그 상황을 주관하셨다(이것은 하나님이 엘리야에게 가라 혹은 떠나라고 말씀하신 여섯 번째 경우다. 왕상 17:3, 9; 18:1; 21:18; 왕하 1:3). 갈멜 산에서의 대결과 마찬가지로, 이 모든 사건도 왕과 이스라엘 민족에게 하나님의 통치권을 증명하고자 계획한 것이었다.

엘리야는 왕 앞에 서서 하나님이 그에게 주신 말씀을 두려움 없이 전했다. 아하시야는 이스라엘의 하나님으로부터 조언을 구하는 데 실패했다(참조, 2절). 그가 제멋대로 결정했기 때문에 하나님이 그를 폐하셨다. 이것은 엘리야가 전에 에그론으로 가는 왕의 사자들에게 전한 것과 같은 말씀이었다(3~4절).

4. 아하시야의 죽음(1:17~18)

1:17~18 아하시야는 엘리야가 전한 것과 같이(4, 16절) 그 일이 있은 후에 부상에서 회복되지 않고 이내 죽어 버렸다. 아하시야는 아들이 없었기 때문에 그의 동생인 여호람(히브리어 예호람[יהוֹרָם]의 변형. 참조, NIV 난외주)이 그를 대신하여 이스라엘의 왕이 되었다. 이 왕위 계승은 유다 왕 여호람의 둘째 해에 일어났다(그의 아버지 여호사밧과의 공동 섭정 2년째인 BC 852년). 이 시기에는 이스라엘과 유다의 왕이 같은 이름을 갖고 있었다(NIV에서는 이스라엘 왕의 이름을 '요람', 유다 왕의 이름을 '여호람'이라고 하여 구별했다).

B. 이스라엘에서 요람의 악한 통치(2:1~8:15)

엘리사의 중요한 사역의 많은 부분이 요람의 통치 때 발생했다. 열왕기상·하 저자의 관심은 늘 정치적이라기보다는 영적이었다.

1. 엘리사의 시작(2장)

이 장은 엘리야의 승천으로 야기되는 이스라엘의 영적 지도력의 변천을 기록하고 있다. 여기서 엘리사의 기적은 엘리야의 영적 계승자로서의 그의 시작과 관계되어 있다.

a. 엘리야의 승천(2:1~12)

2:1~3 엘리야와 그보다 젊은 동료 선지자인 엘리사는 이스라엘의 **길갈**을 떠나 하나님이 주신 사명으로 이스라엘의 길갈을 떠나 **벧엘**로 향했다. 이 길갈은 아마도 오늘날의 길리기야일 것이다(벧엘의 북서쪽으로 7마일). 요단 강가의 길갈과는 다르다(참조, 왕상 17:8~11, "엘리야의 여행" 지도). 엘리사는 오늘이 엘리야의 지상에서의 마지막 날이 될 것을 알았다(아마 엘리야로부터 들었을 것이다). 엘리사는 마지막까지 믿음의 아버지인 그와 함께 있기로 결심하고, 길갈에 남아 있으라는 엘리야의 제안을 거절했다. 죽음을 앞두고 사람들은 종종 다른 사람에게 축복을 내렸는데(참조, 창 49장), 엘리사는 그의 생애와 사역 위에 내리는 하나님의

축복을 놓치고 싶지 않았다.

벧엘에 사는 몇몇의 선지자들 또한 엘리야가 떠날 것을 알고 엘리사에게 이야기해 주었다. 이러한 선지자 집단이나 모든 학교에서는 이스라엘 백성에게 계시된 하나님의 말씀을 가르치는 일을 수행했다. 엘리야는 그의 존재가 젊은 선지자들에게 **지도자로서 훌륭한 본이 된다**는 의미에서 엘리사의 선생이었다. 엘리사가 **너희는 잠잠하라**고 한 것은, "나로 그것을 생각나게 함으로 이러한 기대에 슬픔을 더하지 마시오"란 뜻이다.

2:4~5 엘리야는 엘리사에게 여리고로 동행하기보다는 벧엘에 머물라고 제의함으로써 엘리사의 생각을 다시 시험해 보았다. 엘리사는 엘리야를 떠나지 않겠다며 자신의 신념을 확고히 보인다. 그래서 그들은 함께 여리고를 향해 갔다. 여리고의 선지자의 제자들은 벧엘에 있는 그들의 형제들이 이야기한 것을 되풀이했다. 엘리사는 그들에게 같은 대답을 했다(참조, 3절).

2:6~8 엘리야가 엘리사를 세 번째 시험했고, 엘리사는 하나님으로부터 특별한 축복을 받을 가능성에 앞서서 자신의 안락을 구하는 일을 또다시 거절했다. 그래서 그들은 **요단 강**을 향해 갔다. 50일이 지났을 때 여리고로부터 온 젊은 **선지자**들은 엘리야가 떠날 때가 급박한 것을 깨달았다. 그들은 멀지 않은 곳에 떨어져서 그에게 어떤 일이 일어나는지를 관찰하며 따르고 있었다.

요단 강 기슭에서 엘리야는 자신의 **겉옷**을 말아서 그것을 하나님의 능력의 상징으로 사용하여 **물을 쳤다**(참조, 출 14:16, 21~22). 선지자의 겉옷은 하나님이 그에게 능력을 주셨기 때문에 하나님으로부터 온 선지자의 권위로 상징화된다(참조, 왕상 19:19). 놀랍게도 **물이** 갈라지고 강바닥이 말라서 **두 사람은** 수백 년 전에 이스라엘 사람들이 홍해와 요단 강을 건넜던 것처럼 **강을 건넜다**(이것은 사역에 대한 모세와 엘리야의 많은 유사점 중 하나다). 엘리사는 동일한 힘을 가진 하나님이 아직도 이스라엘에 살아 계셔서 역사하신다는 것을 깨달았다.

2:9~10 그때 엘리야는 엘리사에게 자신이 데려감을 당하기 전에 자신으로부터 원하는 것을 구하라고 말했다. 엘리사는 장자의 축복인 **두 몫을** 요구했다. 그러나 그것은 육적인 축복이 아니라 영적인 축복이었다. 그는 엘리야보다 갑절이나 유명해지거나 갑절이나 많은 기적을 **행하도록** 구하지 않았다. 엘리사는 엘리야의 계승자가 되어 하나님 아래서 자신의 사역을 수행하기 위한 특권(참조, 신 21:17)을 요구했다.

그러나 이것은 엘리야가 줄 수 있는 것이 아니었으므로 매우 어려운 일이었다. 엘리야는 하나님이 엘리사의 요구를 들어주실지 알지 못했다. 하나님이 그것을 들어주시기 위해서는 그 증표로서 엘리야를 데려가시는 것을 엘리사가 실제로 봐야 한다고 했다. 이것은 엘리사가 갑절을 받기 위한 조건은 아니었지만, 그가 그렇게 될 수 있는 징후가 되었다.

2:11~12 갑자기 불수레와 불말들이 빠르게 접근해서 엘리사로부터 엘리야를 갈라놓았다. 그러나 그것들이 엘리야를 하늘로 올려 가게 한 것은 아니고 **회오리바람이** 그렇게 했다. 전투에서 불말들과 불수레는 하나님의 힘의 상징이었다. 말과 수레는 당시의 전쟁에서는 가장 강력한 수단이었다. 하나님은 이 사건에서 그분의 힘이 어떤 군사적인 힘보다도 훨씬 위대하다는 것을 보여 주셨다. 엘리야가 보여 주고 **엘리사가** 그의 지혜로 그렇

게 높게 평가했던 것이 바로 이 힘이었다(참조, 출 14:9, 17; 왕상 10:29; 시 104:3~4; 사 31:1). 회오리바람은 실제로는 천둥과 번개를 동반한 폭풍이었다. 광야에서 이스라엘 사람을 이끌었던 구름 기둥과 같이 (출 13:21) 그것은 하나님의 임재를 나타냈다.

하나님은 엘리야를 지상으로부터 하나님이 계신 바로 그곳으로 휩쓸어 가셨고, 엘리사는 이 사건을 목격했다. 엘리야는 엘리사의 영적인 아버지였으며, 백성을 하나님께로 인도하는 사역에 있어서 선임자였다. 엘리사가 **이스라엘의 병거와 마병**에 대해 언급한 것은, 엘리야를 하나님이 이스라엘의 우상숭배에 대항해 사용하신 강력한 도구로 간주했음을 보여 준다. 그는 크게 실망했을 것이다. 엘리사는 이 위대한 영적 전사를 잃은 것에 애통해하며 **자기의 옷을 찢었다**(참조, 창 37:29, 34; 44:13; 수 7:6; 에 4:1; 욥 1:20; 2:12). 그때부터 엘리사는 엘리야의 겉옷을 입었고, 그것이 상징하는 권위와 힘으로 섬겼다.

b. 요단을 떠남(2:13~14)

2:13~14 엘리야의 겉옷이 그가 하늘로 들려 올라갈 때 그에게서 떨어졌다. 엘리야가 그랬던 것처럼 엘리사는 그것을 이용해 요단의 **물을 쳤고**, 그 강이 다시 갈라졌다(참조, 8절). 그가 엘리야의 능력을 소유하게 된 것이 명백했다. 엘리사가 "**엘리야의 하나님 여호와는 어디 계시니이까**"하고 말한 것은, 하나님이 엘리야를 통해 하신 것처럼, 자신을 통해 하나님의 능력을 나타내시도록 요청한 것이다.

엘리야와 엘리사를 통해 이루신 하나님의 기적들			
엘리야		엘리사	
기적	포함된 요소들	기적	포함된 요소들
1. 엘리야가 길까마귀에 의해 먹음 2. 과부의 음식이 늘어남 3. 과부의 죽은 아들이 살아남 4. 엘리야가 제단과 제물들을 태움 5. 아하시야의 102인의 용사를 태움 6. 요단 강이 갈라짐 7. 엘리야가 하늘로 올라감	물과 음식 밀가루와 기름 생명 물과 불 불 물 불과 바람	1. 요단 강이 갈라짐 2. 여리고의 샘물이 깨끗하게됨 3. 과부의 기름이 늘어남 4. 수넴 여인의 죽은 아들이 살아남 5. 독이 있는 국이 깨끗하게 됨 6. 선지자들의 음식이 늘어남 7. 나아만의 나병을 치료함 8. 게하시의 나병을 치료함 9. 도끼머리가 물에 뜸 10. 도단 성을 둘러싼 말과 마차들 11. 아람 사람들의 눈이 멂	물 물 기름 생명 밀가루 빵과 곡식 물 — 물 불 —

* 이러한 많은 요소들(물, 밀가루, 기름, 불과 바람)은 비와 빛(불) 그리고 식물의 신인 바알에 대한 반박이었다. 두 소년이 다시 생명을 회복하는 것조차(하나는 엘리야에 의해서였고, 하나는 엘리사에 의해서였다) 어린아이가 희생 제물이 되는 것과 바알이 해마다 그해의 6개월은 죽어 있고, 그 후에는 살아난다는 신화에 대한 반박이었다. 바알이 생명을 회복하는 것은 단지 신화적인 것이지만 소년들의 생명의 회복은 실제적인 것이었다.

c. 엘리야를 찾음(2:15~18)

2:15~18 여리고의 50명의 선지자들(참조, 7절)은 회오리바람과 요단 강이 두 번 갈라지는 것을 보고서 엘리야의 영적 은사가 엘리사에게로 옮겨졌다고 여겼다. 그들은 그의 특별한 소명에 대한 존경심으로 그에게 엎드려 절했다.

그들은 **엘리야**가 하나님이 계신 곳으로 올려 갔고, 다시 지상으로 돌아오지 않을 것이라는 엘리사의 말을 깨닫지 못했다. 그래서 그들은 엘리야를 찾도록 수색대를 보내달라고 요청했다. 엘리야가 오바댜처럼, **여호와의 성령**(참조, 왕상 18:12)에 의해 멀리 떨어진 산이나 **골짜기**로 옮겨졌을 것이라고 생각한 것이다. 엘리사는 그들의 수색이 쓸데없는 일인 것을 알고 그들로 하여금 단념하라고 했다. 그러나 그들은 간청했고, 엘리사는 마지못해 이를 허락했다. 엘리사가 예상한 대로 그들은 **사흘** 후에 엘리야를 찾지 못한 채 돌아왔다. 그 후로 엘리사의 말은 더욱 진지하게 받아들여졌고, 그들에게 존경을 받았다.

d. 물을 정결케 함(2:19~22)

2:19 여기에 기록된 사건은 15~18절의 사건 바로 뒤에 일어난 것이다. 엘리사는 여전히 여리고에 있었다. 이 사건은 **엘리사의 능력을 분명하게 아는** 그 성읍의 모든 시민들에게, 복 주시는 하나님의 소망과 능력을 나타낼 기회가 되었다. 여리고는 요단 계곡의 비옥한 지역에 위치했기 때문에 많은 자연의 이점을 갖고 있었다. 그러나 주된 샘물로부터 나오는 물이 **나빠졌다**. 아마 소금기가 있어서 그것을 관개용으로 사용했을 때 곡식을 살찌게 하기보다는 상하게 했을 것이다. 이스라엘의 이러한 물질적 상황과 바알 숭배로 인한 영적 타락에 대한 대응은 분명한 것이다.

2:20~22 주님이 엘리사에게 알려주신 해결책은, 그들의 직접적인 고통을 덜어 주고, 또한 백성을 가르치는 것이 되었다. **새 그릇**은 하나님 손에 있는 새로운 도구로서 그 자신을 나타냈다. 이스라엘 사람에게 **소금**은 보

존하고 정제하는 것으로 알려졌다(참조, 레 2:13. 매일 주님께 드리는 소제에 소금을 사용하곤 했다). 그러나 상식적으로 소금을 물에 넣으면 물이 더 나빠지지 좋아지지는 않는다. 소금을 여리고의 물에 던져 넣었을 때 상황은 기적적으로 호전되었다. 이 기적은 여리고의 백성에게 풍요의 신 바알이 아니라, 오직 주님만이 그들의 황폐함을 고치실 수 있음을 보여 주었다. 샘에 대한 하나님의 영원한 사역은 우상숭배에서 기인한 황폐함과 불모로부터 다산과 축복을 주시는 그분의 능력을 영원히 생각나게 하는 것이 되었다.

e. 저주받은 젊은 사람들(2:23~25)

2:23 엘리사가 여리고로부터 벧엘로 여행하고 있을 때 수십 명의 작은 아이들(젊은 사람들이며 어린아이들은 아니다—편집자 주)이 그와 마주쳤다. 아마 그들은 바알의 그릇된 젊은 선지자들이었을 것이다. 그들이 조롱하며 한 말은 그 당시의 속어로 기록된 것이다. 만약 엘리사가 엘리야같이 주의 위대한 선지자라면, 소문과 같이 엘리사도 하늘로 올라갔어야 한다는 것이다.

대머리라는 별명은 진저리 나는 추방자로 여겨져 자신의 머리털을 짧게 깎아야 했던 나병 환자를 암시하는 말일 것이다. 아니면 머리가 벗겨진 것이 바람직하지 않은 것이었기 때문에(참조, 사 3:17, 24) 단순한 경멸의 표현이었을지도 모른다. 하지만 남자들은 그들의 머리를 덮는 것이 관습이었기 때문에 그 젊은 사람들은 엘리사의 머리가 벗겨졌는지, 아닌지를 분별하기가 불가능했을 것이다. 그들은 단지 하나님의 선지자에게 경멸감을 갖고 있었다.

2:24 엘리사는 그 젊은이들에게 **저주를 내렸다**. 이러한 저주는 엘리사의 자존심에서 기인한 것이 아니다. 그들이 하나님의 대변자를 대하는 데서 나타난, **여호와에 대한** 그들의 무례에서 기인한 것이다(참조, 1:9~14). 하나님은 그들의 심판(참조, 왕상 13:24)을 집행하는데 다시 야생 동물을 사용하셨다. 하나님과 엘리사에 대항하기 위해 다수의 시위대로 조직된 42명은 두 마리의 곰에 의해 찢겨졌다.

2:25 엘리사는 벧엘로부터 갈멜 산으로 여행했다. 아마도 그는 하나님이 엘리야를 통해(왕상 18:19~46) 자신의 전능하심을 입증했던 여러 행위들을 다시 살피고자 했을 것이다. 또한 엘리사의 사역은 엘리야가 시작한 것을 계속하는 것이었다(왕상 19:16). 엘리사는 갈멜 산으로부터 **사마리아**로 돌아왔다. 북이스라엘 왕국의 수도인 이 도시는 엘리사의 전능한 행위들을 많이 보여 준 대표적인 장소가 되었다. 엘리사의 사역에서 이러한 초기의 기적들은 그를 엘리야의 힘과 권위를 가진 유일한 대변인이요, 살아 계신 하나님의 대리자로서 존경 받을 가치 있는 위대한 한 사람으로 확정지었다.

2. 요람의 사악함(3:1~3)

3:1~3 여호사밧이 유다의 유일한 왕으로서 통치를 시작한 지 **열여덟째** 되던 해에, 아합의 둘째 아들인 **여호람**이 이스라엘의 왕이 되어서 **열두 해** 동안 다스렸다(BC 852~841년). 그는 비록 사악했지만, 아버지 아합과 그의 어머니 이세벨보다는 덜 악했다.

아합이 만든 바알의 주상(sacred stone)은 분명히 그 신의 형상이었다. 비록 여호람이 이 우상을 제거했지만, 그는 여전히 **이스라엘**에서 바알을 숭배하는 것에 대해 호의적이었고 그것을 후원하는 편이었다 (참조, 10:19~28). 그는 몇 가지 이유로 이 형상을 제거했지만, 그의 아버지와 그의 전임자인 **여로보암**의 종교 정책을 계속해 나갔다(참조, 왕상 12:26~33; 13:33).

3. 엘리사의 사역(3:4~8:15)

이미 시작되었거나 부분적으로 드러난 엘리사의 위대한 사역은 이야기의 커다란 부분 안에 기록되었다.

a. 모압과의 전쟁(3:4~27)

3:4~8 모압 족속은 많은 양들을 사육했다. 오므리는 모압을 정복하고서 양과 양털을 공물로 부과하게 했다. 그래서 모압 족속은 할 수 없이 수년간 그것을 공급해야 했다. **아합**이 전쟁에서 **죽자**, 모압 왕인 메사는 아하시야 왕을 배반했다(1:1). 이 배반은 메사가 아하시야의 계승자인 여호람 역시 배반했다는 점에서 효과가 없었던 것처럼 보인다(3:4~27). 이 반란을 진압하기 위해 **여호람**은 이스라엘의 모든 군대를 동원했다. 여호람은 남쪽에서 모압과 싸우기 위해 유다를 통해 진군해도 된다는 허가와 함께 **여호사밧**에게 동맹군으로 함께 전쟁에 참여하지 않겠느냐고 물었다. 여호사밧이 이에 동의하고 여호람을 도와주겠다고 약속했다. 여호람은 견고한 수비와 경계를 통해 더욱 강화된 북쪽보다는 남쪽의 **에돔 광야**를 통해 공격하자고 제의했고, 여호사밧 역시 동의했다.

3:9~12 당시에 에돔은 유다의 권한 아래에 있었는데, 동맹군에 참여했다. 유다를 통해 사해의 남서쪽 해안 아래쪽, 남쪽 끝 주변, 에돔 광야를 둘러 행한지 칠일 째 부대 안의 **물**이 다 떨어져 버렸다. 여호람의 낙담하는 표현(참조, 10절)은 그가 **여호와**께서 그들의 곤경에 응답해 주실 것을 기대했음을 나타낸다. 이전의 경우와 같이(왕상 22:7) **여호사밧**은 그들을 위해 가르침을 줄 수 있는 **여호와의 선지자**를 찾아야 한다고 제안했다.

여호람의 신하 중 한 사람이 엘리사가 부근에 있다고 말했다. 주님이 이 일을 대비해 그를 그곳에 있도록 인도하셨지, 그가 군대와 같이 길을 떠났던 것 같지는 않다. 다른 사람이 씻을 때 그 손에 물을 부어 주는 것은 하인의 일이었다. 엘리사는 엘리야의 종이었다(참조, 왕상 19:21). 그 신하는 분명히 여호람은 엘리사를 알지 못한다고 생각했고, 아마 실제로도 그러했을 것이다. 여호람이 엘리사를 알았든지 몰랐든지 간에, **여호사밧**은 그를 알고 있었다. 세 명의 왕은 겸손하게 선지자를 방문했다.

3:13~19 내가 당신과 무슨 상관이 있나이까?라는 엘리사의 질문은, 관용적 의미로 "내가 왜 당신들에게 복종해야 합니까?"라는 뜻일 것이다. 여호람에게 **그의 부모의 선지자**에게로 가라고 한 엘리사의 제안은, 여호람이 바알 신을 숭배하는 것을 장려해 왔으므로 그가 섬기는 신에게 가서 구하라는 뜻이었다. 이러한 가시 돋힌 말은 여호람을 바알의 무력함에 직면하도록 강요했다. 여호람은 군대가 곤경에 처한 책임을 **여호와**께 전가하는 답변을 했다. 이제 그들의 문제로부터 벗어나는 것이 여호와께 달려 있다는 것을 알았기 때문이다. 그래서 그는 엘리사에게로 갔을 것이다.

엘리사는 여호람의 비난에 위협받지 않았다. 그는 하나님이 이스라엘을 곤란 중으로 인도하지 않으실 것을 알았지만, 그 군대는 왕의 지시에 따라 그곳에 머물렀다. 그럼에도 불구하고 엘리사는 여호사밧을 위해 여호와께 말씀을 구하는 일을 승낙했다. "내가 섬기는 만군의 여호와께서 살아 계심을 두고 맹세하노니"라는 그의 말은 엘리야가 여호람의 아버지인 아합에게 한 말과 매우 흡사하다(왕상 17:1; 참조, 왕하 5:16). 거문고 소리가 엘리사의 심령 속에 젖어 들게 되었고, 그는 주님의 지시를 즉시 깨닫게 되었다(다윗의 거문고 연주도 사울의 마음을 진정시키는 것을 도왔다[삼상 16:23]).

엘리사는 즉각적인 계시를 받았고, 하나님의 계획을 설명했다. 그 골짜기는 아마 모압의 남쪽 경계에 위치한 제레드(Zered) 계곡이었을 것이다. 하나님은 특별한 방법으로 물을 공급하셨고, 모든 사람들이 하나님이 그것을 공급하셨다는 것을 알았다. 그것은 **여호와께서 보시기에 작은 일**이었을 것이다. 궁극적인 승리는 그들의 것이었다. 좋은 나무를 모두 베어 버린 것은 모압 사람들로 하여금 과실을 먹기 어렵게 만들었다. 이는 그들이 그것을 가질 수 없다는 것을 의미했다. 모든 **샘을 메우는 것**은 모압 사람의 물 공급을 제한한 것이다. 또한 밭에 커다란 돌들을 놓는 것은 경작을 방해하여 그들의 생산력을 감소시키고자 한 것이다.

3:20~25 결국 하나님은 에돔의 빗물을 계곡으로 흘러 들어가게 하여 파 두었던 도랑을 가득 차게 하셨다. 이 물은 하나님의 백성에 대한 사랑의 표현이었다. 그 지역에 비가 내리지 않았다는 사실은, **모압 사람으로 하여금 계곡에서 물을 얻는 것이 불가능한 것으로 생각하게 했다. 아침 소제**는 어린 숫양 한 마리와 곡식과 음료였다(출 29:38~43).

모압 사람이 주둔했던 곳은 모압과 에돔 사이로, 사해의 동쪽과 남쪽의 경계였다. 모압 사람들은 물을 예상치 못했기 때문에 이른 **아침 햇살 속**

에 빛나고 있는 물이 피일 것이라고 생각했다. 그래서 모압의 군대는 이스라엘 사람, 유다 사람, 에돔 사람들이 불화를 일으켜서 서로 죽였을 것이라고, 현실적으로 받아들일 수 없는 결론을 내렸다.

그들은 전쟁을 위해 무기를 뽑아 들고 전진하기보다는 죽은 군인들의 갑주와 무기들을 노략하기 위해 달려갔다. 그러나 그들이 뛰어 들어간 곳은 그들을 기다리고 있는 적진 한가운데였다. 방비를 하지 않았던 모압 사람은 이스라엘 사람 앞에서 도망을 쳤다. 이스라엘과 그들의 동맹국은 모압 사람을 쳐서 죽이고, 많은 성읍들을 헐고, 밭과 샘 그리고 나무들에도 하나님이 지시하신 대로 행했다(참조, 3:19). 그러나 가장 중요한 성인 길하레셋은 빼앗을 수가 없었다. 그 성은 계곡의 끝에 위치하고 있었고, 주위로부터의 투석 공격에 훌륭하게 저항하고 있었다.

3:26~27 길하레셋 성(25절)은 메사 왕의 은신처였다. 그는 용기 있게 성을 탈출하여 칠백 명의 군인들을 모아, 동맹국 중 가장 약하다고 결론 내린 에돔 왕을 공격했다. 그러나 그는 성공하지 못했고 곤경에 빠지게 되었다. 근동의 이교도 전사(warriors)에게 전투에서 패하는 것은, 그들의 신이 그들에게 화가 났다는 것으로 간주되었다. 메사는 그의 신인 그모스(왕상 11:7, 33; 왕하 23:13)와 화해하기 위해 그의 왕위를 물려받을 그의 맏아들을 성벽 위에서 인간 제물로 드렸다.

그는 전력을 다해 싸웠다. 모압 사람을 전멸시키는 것이 이스라엘의 의도는 아니었다. 그들은 단지 그들의 통치권에 반항하는 이들을 그들의 통치하에 두기를 원했다. 자신의 아들을 희생시킨 메사의 행동이 동맹국들에게는 너무나 충격적이었다. 그들은 철수하고 고향으로 돌아갔다. 비록 이스라엘이 길하레셋을 부수거나 메사를 사로잡지는 못했지만, 그들은 전투에서 이겼다.

어떤 사람들은 하나님의 진노에 대해 언급하면서, 이스라엘에 대한 격노가 컸다고 이야기한다. 더욱 그럴듯한 주장도 있다. 전쟁 중에 모압을 침략한 이스라엘에 대한 유다의 분노를 언급한 것은, 그들이 결국 그와 같이 유쾌하지 않은 행동을 보게 되었기 때문이라는 것이다.

놀랄 만한 고고학적 발견인 모압 비석은 이 전투와 이스라엘과의 다른 전투에 관한 메사 자신의 기록을 포함하고 있다. 이 비석에서 모압 왕은 이 날에 그의 신인 그모스에 의해 이스라엘 사람들로부터 구원되었다고 주장한다. 비록 그가 길하레셋에서 붙잡히지 않았고 이스라엘 사람들이 철수했지만, 그러나 이 출정의 진정한 승리자는 이스라엘과 동맹국들이었다.

이 전쟁은 여호와의 주권에 대한, 그리고 우상과 우상숭배의 철저한 허무함에 대한 보다 깊은 증거를 제공했다. 그러나 그렇게 많은 증거들을 갖고 있었음에도 불구하고 이스라엘은 계속해서 하나님을 거절하고, 어리석게도 이방의 신을 숭배했다.

b. 선지자의 미망인을 위한 기름(4:1~7)

4:1 이 사건이 발생한 장소는 언급되지 않았지만, 그 미망인이 살았던 곳은 선지자들의 학교가 위치한 벧엘이나 길갈, 여리고 같은 성들 중 하나였을 것이다. 선지자가 아내를 가졌으므로 **선지자들의 제자들이** 독신주의자는 아니었음이 명백하다. 이 과부는 궁핍한 중에 엘리사에게 도움을 청했다. 그녀는 그녀의 **남편**(그는 **여호와를 경외하였다**)이 여호와께 신실했다는 것에 근거하여 그에게 호소했다. 채무에 대한 지불로서 소년들을 **노예로** 취하는 것은 고대 근동에서는 특이한 일이 아니었다.

4:2~7 엘리사는 이 과부를 돕고자 했다. 그의 기적은 엘리야와는 대조적으로 자주 개인적인 필요에 의한 것들을 포함한다. 그녀의 **적은 양의 기름**은 음식과 연료로 쓰이는 감람 기름이었다. 엘리사는 그녀에게 **빈 그릇을** 모으라고 말했다. 그것들은 하나님이 준비하신 기름으로 **채워질** 것이었다. 그 과부의 믿음은 선지자의 지시에 따라 그녀가 모은 **그릇**의 수를 가지고 '측정'될 수 있을 것이다.

기름을 붓는 일은 **문을** 닫고서 은밀히 이뤄졌다. 모든 사람이 그 기적이 일어난 것을 본 것은 아니다. 단지 하나님의 은혜를 직접 입은 미망인과 그녀의 **아들들**만이 그것을 볼 수 있었다. 나중에 그녀는 그녀의 모든 친구에게 하나님의 기적에 대해 얘기했을 것이다. 하나님은 그녀가 필요하다고 느낀 전부를 그녀가 모은 모든 **그릇**에 기름으로 가득 채우셨다. 그녀는 준비한 그릇에 기름이 다 찼다는 이야기를 엘리사에게 했고, 그는 그녀에게 **기름을 팔아 빚을** 갚으라고 말했다. 그녀의 모든 재정적 채무를 청산하고 나서도 그녀가 **생활할만한** 충분한 돈이 남았다. 엘리사는 열왕기상·하에서 몇몇 선지자에게 쓰인 용어인 **하나님의 사람**으로 불렸다(참조, 1:9 주해).

이 이야기는 당시 이스라엘에서 살았던 하나님의 신실한 백성에 대한 하나님의 보호하심을 나타내는 것이다. 과부들은 항상 상처 받기 쉬웠고, 선지자의 미망인은 더욱 가난했다. 지금도 하나님은 이런 신실함으로 의뢰하는 신앙인을 기적으로 돌보신다.

c. 수넴의 여인(4:8~37)

여인들과 그들의 특별한 필요에 대한 하나님의 관심은 앞의 사건과 이 사건으로 명백하게 알 수 있다. 고대 근동 사회에서 여성은 남성에 비해 열등하게 간주되었지만, 하나님은 성경의 많은 곳에서 그들에 대한 관심을 보여 주신다.

(1) 주의 선물

4:8~10 앞서 나온 가난한 과부이야기와 대조적으로 수넴(이스르엘 근처)의 여인은 유복했고 남편도 있었다. 엘리사는 사마리아, 이스르엘, 그리고 다른 성들 사이를 여행할 때 종종 그녀의 집에 머물렀던 것 같다. 그녀의 믿음은 하나님의 사람에게서 축복을 받고자 하는 그녀의 욕구를 통해 알 수 있다. 분명히 그녀는 그녀의 남편보다 영적으로 민감했고 앞서 있었다(참조, 23절). 그래서 그녀의 남편은 엘리사의 편의를 위해 그들 집의 평평한 담 위에 손님방을 만들자는 아내의 의견에 동의했다.

4:11~13 엘리사는 이 부부의 환대를 얼마간 누린 후에, 그에 대한 보답으로 그들을 위해 무언가를 하고자 했다. 그는 그의 사환인 게하시에게 자신의 제의를 그 여인에게 알려 주라고 말했다. 만일 선지자가 직접 그녀에게 말했다면, 그녀로 하여금 그녀가 갖고 싶어 한 것이 아니라 다른 것을 요구하게 했을 것이다. 하나님의 신실한 백성에 대한 하나님의 은총은 엘리사의 제의(13절; 참조, 2절)에서 볼 수 있다. 엘리사는 요람의 종교 정책에 반대했지만, 왕궁 안에서 어떤 영향력 있는 위치를 누렸을 것으로 짐작된다. 그 여인의 대답(나는 내 백성 중에 거주하나이다)은 그녀 자신의 삶에 대한 만족을 표현한 것이다. 그녀는 평안했고, 별다른 필요성을 느끼지 않았다.

4:14~16 엘리사는 그녀가 그의 방에서 나간 후 **그녀를 위해** 무엇을 해야 할지 게하시와 의논했다. 게하시는 그 **여인이 아들이 없고** 그녀의 **남편이** 늙었기 때문에 아들을 갖지 못하리라는 것을 알았다. 엘리사는 그녀를 다시 불러서 1년 안에 그녀가 **아들**을 갖게 될 것이라고 말했다. 이것은 그녀가 하나님의 종을 선대한 것에 대한 하나님의 선물이었을 것이다. 이에 대한 그녀의 응답은 그녀가 아들을 원하지 않았다는 것을 의미하는 것이 아니다. 모든 이스라엘 여인에게 아이가 없다는 것은 커다란 개인적 불행으로 간주되었다. 그녀의 대답은 그녀가 아들을 갖는 것이 불가능하다고 느끼고 있음을 알려 준다. 그녀는 나중에 그녀를 실망시킬 수도 있는 희망을 제시하지 말라고 엘리사에게 요구했다.

(2) 아들의 태어남과 죽음

4:17~23 사라와 같이(참조, 창 18:12~13; 21:2) 수넴 여인도 하나님이 약속하신 것처럼 아들을 낳았다. 그런데 그 아이가 아직 어린 어느 날 아침, 추수가 한창일 때 아버지와 함께 밭에 나갔는데 격렬한 두통이 그를 덮쳐 왔다. 그는 그의 **어머니에게로** 옮겨졌지만 낫지 못하고 얼마 후에 죽었다. 아마도 일사병이었던 것으로 추측된다. 단지 아프기만 한 것이 아니라(참조, 왕하 4:32), 그 소년은 분명히 죽었으며, 그의 어머니도 그것을 알았다. 그녀는 엘리사를 생각해 냈고, 그의 도움을 구할 채비를 했다. 그녀는 소년이 죽은 것을 **남편이** 알면 그녀를 가지 못하게 할까 봐 두려워서 그 사실을 이야기하지 못했을 것이다.

그녀가 엘리사('**하나님의 사람**'. 참조, 9, 16, 21절에 한 번, 25, 27절에 두 번 나옴)를 보러 가겠다고 말했을 때, 남편은 **초하루나 안식일** 같은 종교적인 축일이 아니었으므로 그 이유를 물었다. 그녀의 남편이 가진 영적 관심은 피상적이고 형식적이었던 것 같다. **평안을 비나이다**(23절)라는 그녀의 대답은 긴 설명과 시간의 지체를 피하기 위한 것이었다.

(3) 어머니의 간청

4:24~26 그 여자가 재빨리 나귀를 타자 그녀의 **사환**이 나귀를 몰았다. 엘리사는 불과 몇 마일 떨어진 갈멜 산에 있었다. 흥미롭게도 그녀는 **어디서 그를 찾아야 할지 알았다**. 선지자는 그녀가 오는 것을 보고서 게하시를 보내어 그녀를 맞이하게 했다. 그러나 그녀는 설명하느라고 지체할 시간이 없어 서둘러 엘리사에게로 갔다. 그녀의 신뢰는 하나님의 **사람**인 엘리사의 능력에 있었지 그의 **사환**에게 있지 않았기 때문이다.

4:27~28 그녀는 엘리사가 있는 곳에 도착해서 **그의 발을 안았다**. 이는 지극한 겸손, 필요, 그리고 절망을 나타내는 태도. 게하시는 그녀의 행동이 타당치 않다고 느꼈으나, 엘리사는 그것이 가장 깊은 슬픔의 표현이라는 것을 알았다. **여호와**는 때때로 그의 선지자들이 어떤 상황에 부딪치기 전에 미리 알려 주셨지만(왕상 14:5), 이번에는 그렇게 하지 않으셨다. 그녀가 엘리사에게 말한 첫마디에서 왜 그를 찾아왔는지를 이야기하지 못한 것은, 극심한 긴장 가운데 있었기에 충분히 이해할 수 있는 일이다. 아들이 죽었다고 말하는 것은 그녀의 **희망**을 놓아 버리는 것이었으므로, 그녀는 선지자에게 내가 언제 아들을 구했느냐고 말했다. 그녀는 아들의 죽음에 너무 상심한 나머지 그 순간 그 아들이 태어나지 않았으면 더 나았을 것이라고 느낀 것이다.

4:29~31 처음에는 무슨 일이 일어났는지 몰랐던 엘리사가 비로소 그

아이가 죽었다는 사실을 알게 되었다. 그는 게하시에게 선지자의 권위의 상징인 그의 **지팡이**를 가져가서 그것을 그 **아이의 얼굴에 놓으라고** 지시했다. 엘리사는 하나님이 이 방법을 인정해 주시거나 혹은 어떤 교훈을 줄 수 있기를 바랐을 것이다. 게하시는 즉시 수넴으로 가야 했고, 그가 길에서 만난 어떤 사람에게도 **인사**를 하거나 그들의 인사에 답례해서도 안 되었다(근동 사람들은 인사를 주고받는 데 많은 시간을 허비했다). 아이의 어머니는 엘리사에게 그의 곁을 떠나지 않을 것이라고 말했다(참조, 왕상 17:1. **여호와께서 살아 계심**과 같거나 유사한 구절이 열왕기상에 7번, 열왕기하에 7번 나온다).

그래서 엘리사는 일어나 여인을 따라 수넴으로 향했다. 게하시가 먼저 갔고, 엘리사는 그의 종보다 느린 속도로 뒤따랐다. 게하시는 엘리사의 지시를 따랐지만, 그 아이는 되살아나지 않았다. 그래서 게하시는 그의 주인에게 돌아와서 발생한 일을 보고했다.

(4) 선지자의 기적

4:32~35 그 아이가 진실로 죽었다는 사실이 다시 진술되었다(참조, 20절). 엘리사는 방 문을 닫고 그의 청원의 대상에게 집중하여 기도했다. 그동안 게하시와 아이의 어머니는 방 밖에 있었다. **여호와께 드린 엘리사의 기도**의 진지함이 그의 엎드린 모습에서 나타난다. 엘리사와 접촉됨으로써 아이의 살이 **차차 따뜻해졌다**. 하나님이 선지자의 기도에 응답하시기 시작한 것이다.

엘리사는 그 후 **방 안을 이리저리 걸어 다녔는데**, 분명 그의 힘을 다하여 열렬히 기도하는 가운데 그렇게 했을 것이다. 그리고 그는 다시 돌아와서 아이의 몸 위에 올라가 엎드렸다. 이러한 행동들은 일종의 마술 같은 것이 아니었다. 그것은 진지하게 기도에 열중한 사람의 자연스러운 육체적 표현이었다. 하나님은 그 아이의 생명을 회복시키셨다. 생명의 기운이 그의 허파로 들어갔고, 그가 **일곱 번 재채기**(참조, 5:14. 일곱은 하나님의 역사하심을 뜻한다)를 하고 **눈을 떴다**. 이것은 하나님이 그의 생명을 되살리신 첫 번째 징후였다.

4:36~37 그러고 나서 선지자는 게하시에게 개인적인 장소에서 기도하고 있을 수넴 여인을 불러오라고 했다. 그녀는 방에 들어가서 아들이 다시 살아난 것을 보고, 먼저 엘리사의 발 앞에 엎드려 존경과 감사를 나타냈고(참조, 27절) 땅에 엎드려 절함으로써 여호와께 경배했다. 그녀는 품 안에 아들을 안고서 하나님이 그녀를 위해 행하신 일에 대한 기쁨과 감사로 가득 차 방을 나갔다.

이 이야기를 통해 그 여인의 믿음의 증거들이 맑게 비치고 있다(참조, 8~10, 16, 21~22, 24~25, 27, 30, 37절). 하나님은 기적 같은 탄생과 기적 같은 생명의 회복으로 그녀의 신뢰에 보답하셨다. 게하시가 엘리사의 지팡이를 사용해 그 아이를 되살리는 데 실패한 사실은, 살아 계신 하나님은 물건(엘리야의 지팡이)을 통해 마술적으로 역사하시는 것이 아니라, 믿는 사람들의 요구에 대한 응답으로 생명을 공급하신다는 것이다. 이 이야기가 이스라엘에 널리 퍼졌을 때, 풍요의 신 바알은 수치를 당할 수밖에 없었을 것이다(참조, 왕상 17:21~22).

d. 독이 든 국(4:38~41)

4:38~41 엘리사가 길갈에 위치한 선지자의 제자들에게로 갔을 때, 엘

리사가 무엇을 가르치는가에 대해 좋은 실례를 보여 주는 상황이 전개되었다. 이 사건이 **흉년**이 든 상황에서 일어났다는 사실은 이 이야기를 정확히 이해하는 데 매우 중요하다. 이 흉년은 나중에 언급된 것(6:25; 7:4; 8:1)과 같은 것(들)이거나 다른 하나(참조, 왕상 18:2. 엘리야 시대의 흉년)일 것이다. 엘리사의 사역에 대한 이와 같은 이야기들은 분명히 연대기적으로 엄격하지는 않았다. 다만 유사한 주제의 문제, 관련된 교훈, 지리학적 관계 등이 다양한 이유로 저자에 의해 재배열되었다. 비록 흉년이 들었지만 엘리사는 선지자들에게 구할 수 있는 것은 어떤 것이라도 가져가서 먹일 준비를 했다. 그는 그의 **사환**(게하시거나 다른 사람)에게 식사를 위해 **국**을 끓일 솥을 준비하라고 했다.

선지자들 중 한 **사람**이 나가 그가 찾은 야생식물을 모두 모아서 국 속에 집어넣었다. 그는 들포도 덩굴을 찾아서 그 열매(**들호박**)들을 얼마간 모았고, 그것들을 썰어서 솥에 집어넣었다. 그 알려지지 않은 열매는 맛이 지독했다. 그 **국**을 맛본 사람들은 심한 육체적 반작용을 일으켰을 것이다. 선지자들은 들호박이 국을 오염시켰을 것이라고 결론지었다. 엘리사는 약간의 **가루**를 국에 넣었다. 기근으로 인해 양이 많지는 않았지만, 그것은 유용하게 사용되었다. 국에 이 첨가물이 들어가자 꽤 먹을 만해졌고, 선지자들은 아무런 해 없이 그것을 먹을 수 있었다.

엘리사 시대의 영적 기근은 사람들이 하나님과 하나님의 율법으로부터 돌아선 것에 기인했다. 사람들은 영적으로 굶주렸다. 그들은 그들의 욕구를 충족시키기 위한 노력으로 바알주의라는 잘못된 종교를 받아들였다. 그것은 나쁘지 않은 것처럼 보였지만 구역질 나고 결국은 사망으로 이끄는 것이었다. 하나님의 선지자는 이스라엘에서 바알 신의 치명적인 효과를 중화시키도록 도왔다.

e. 불어난 빵(4:42~44)

4:42~44 바알 살리사는 길갈과 가까운 마을이었으므로 이 사건은 앞의 사건과 거의 같은 시기에 발생했을 것이다. 분명히 기근은 여전히 계속되고 있다. **하나님의 사람**(참조, 21절) 엘리사에게 떡과 **채소**를 가져온 **사람**은 하나님을 경외하는 사람으로, 그가 추수한 첫 번째 열매를 주님께 드리려고 가져온 것이다(참조, 민 18:13; 신 18:4). 엘리사가 그 **사환**(게하시)에게 모여든 **백 명의 사람들**(아마 선지자들의 무리였을 것이다. 참조, 왕하 4:38)에게 그 음식을 먹이라고 했을 때 좋은 음식의 양이 너무나 적다는 사실을 지적했다. 그럼에도 불구하고 엘리사는 그에게 그것을 나눠 주라고 명령하면서, 그것으로 넉넉히 먹고 얼마간 **남을 것이라는 여호와의 말씀**을 전해 주었다. 사환은 복종했고, 하나님은 약속하신 대로 음식이 많아지게 하셨다.

이 기적은 이것을 본 모든 사람들에게 하나님이 그분께 바쳐진 부족한 자원들(참조, 왕상 17:7~16)을 증가시키실 수 있고, 또한 그것들로 많은 무리를 양육하고 유지시키실 수 있다는 것을 가르쳐 주었다. 풍요의 신인 바알은 대지의 주인으로 알려졌지만, 그런 힘을 갖고 있지 않았다.

f. 아람 사람 나아만(5장)

여기에 기록된 이야기에서 보듯, 엘리사의 사역은 이스라엘의 경계를 넘어서까지 확대되었다.

(1) 나아만의 질병

5:1 나아만은 아람 왕 벤하닷 2세(BC 860~841년. 참조, 왕상 11:23~25, "열왕기상·하에 나오는 아람 왕들" 도표)의 군대장관이었다. 나아만은 성공적이고 용감한 전사였고, 하나님이 그의 지휘 아래 아람 사람들에게 주신 승리 때문에 크고 존귀한 자였다. 그러나 그는 나병 환자였다(오늘날에 알려져 있는 나병은 아닌 것 같다). 이 무서운 병은 희생자들을 악화시키고 결국 죽게 만들었다. 치료법은 알려져 있지 않았다. 이스라엘에서는 나병 환자들을 사람들과 격리시켰으나 아람을 비롯한 다른 국가들까지 모두 그렇게 한 것은 아니었다. 나아만은 질병이 더 나빠지지 않는 범위 안에서 그의 의무를 수행했다.

5:2~3 나아만의 부대는 이스라엘과 전쟁을 했을 때 몇 명의 이스라엘 사람들을 잡아 와서 노예로 삼았다. 나아만은 그들 중 한 어린 소녀를 아내의 종으로 주었다. 나아만과 그의 아내는 그 소녀에게 친절했던 것이 분명한데, 왜냐하면 그 소녀가 나아만에게 번영을 가져다주었기 때문이다. 그녀는 여주인에게 사마리아에 살고 있는 한 선지자가 나병을 고칠 수 있다고 말했고, 그 여주인은 이를 남편에게 말했다. 그 선지자는 바로 엘리사였다.

그는 수도에 있는 어느 집에 살고 있었다(6:24, 32). 아마도 그 소녀는 노예로 잡혀오기 전에 엘리사에 대해 들었을 것이다. 그녀는 엘리사가 분명히 그의 초자연적인 힘으로 나병을 깨끗하게 할 수 있을 것이라고 추측했다. 그러나 엘리사 시대에 이스라엘에서 치유된 나병 환자는 없었다(눅 4:27). 주를 향한 이 소녀의 믿음은 후일 하나님께 대해 아무런 믿음도 갖지 않았던 이스라엘의 요람 왕을 향한 간접적인 꾸짖음이 되었다.

5:4~6 아람 왕은 나아만이 믿음직스러운 친구였을 뿐만 아니라, 그 지독한 병이 그에게서 군대의 최고 사령관을 빼앗아 갈 것을 두려워하여, 그가 깨끗이 치유되기를 갈망했다. 나아만은 요람 왕을 찾아가 선지자로 하여금 자신을 치료하도록 명령해 달라고 했다. 그 지휘관은 근동에서 선물로 받은 **은 십 달란트**(약 750파운드), **금 육천 개**(약 150파운드), 열 벌의 옷을 선물로 가져 갔다. 또한 그의 왕이 요람에게 보내는, 나아만을 치료해 달라는 실제적인 조건을 요구한 **글**도 가져 갔다.

(2) 나아만의 회복

5:7 요람은 벤하닷 2세로부터 온 글을 읽고 낙심했다. 옷을 찢는 것은 커다란 걱정과 고민을 나타내는 것이다(참조, 2:12; 6:30; 11:14). 그동안 이스라엘과 아람은 평화를 유지해 오고 있었다. 그런데 요람에게는 그 일이 벤하닷이 요람의 아버지인 아합에게 그랬던 것같이 싸움을 걸어 오는 것으로 보인 것이다(참조, 왕상 20:1~3). 요람은 나아만이 그에 의해 나병이 치유되기를 원한 것이 아니라는 사실을 깨닫지 못했다. 엘리사는 요람의 마음에 있지도 않았다. 이스라엘 왕은 늘 그에게 반대하는 그 선지자의 필요성을 느끼지 않았다. 요람은 가능한 한 그와 접촉하지 않으려고 했다.

5:8~10 엘리사는 요람이 벤하닷의 편지를 받고 옷을 찢었다는 소식을 듣자 왕에게 걱정하지 말라는 **편지**를 보냈다. 만약 요람이 나아만을 선지자에게로 보냈다면 그는 그를 치료했을 것이다. 비록 요람이 그렇게 하지 않았더라도 나아만은 **이스라엘에 진정한 선지자**가 있다는 것을 알았을 것이다. 오래지 않아 나아만과 그의 전 수행원은 엘리사의 집 문 앞에 도

착했다. 엘리사는 그가 위대한 장군이었지만 전혀 두려워하지 않았을 뿐 아니라, 그를 보러 밖으로 나오지도 않았다. 대신에 그는 **사자**를 보내 간단한 '처방'을 전했다. 나아만은 **요단 강에 몸을 일곱 번 씻으면** 병이 나을 것이라는 말을 전해 들었다. 물론, 치료의 효력은 요단의 물에 있었던 것이 아니라 선지자를 통한 하나님의 약속에 순종하는 믿음에 있었다.

5:11~14 나아만은 두 가지 이유로 화가 나서 엘리사의 집에서 돌아섰다.

첫째, 엘리사의 제멋대로인 대접이 그의 자존심을 상하게 했다. 그는 자신의 위엄에 어울리는 정결케 하는 의식을 기대했다.

둘째, 그는 그의 고향 마을에 있는 **아바나** 강과 **바르발** 강보다 못해 보이는 진흙투성이의 강에서 씻으라는 말에 분개했다. 그의 생각에 요단의 물은 그에게 어떤 이익도 줄 수 없을 것 같았다.

그러나 그 지휘관의 종들은 그들의 주인과 같이 사사로이 생각하지 않았으며, 그 상황을 객관적으로 볼 수 있었다. 그들은 그에게 부드럽게 다가가서 마치 **아버지**와 같이 분별력 있게 호소했다. 동시에 그들은 엘리사가 어떤 **큰일**을 요구한 것이 아님을 지적했다. 씻어서 깨끗하게 하라고 하는데 무엇이 문제인가? 나아만은 다소 부끄러움을 느꼈고, 겸손하게 주의 말씀에 순종했다. 그는 믿음으로 순종했기 때문에 **깨끗함**을 입었다. 하나님은 더 많은 것을 그에게 해 주셨고, 그의 육신을 소년기의 부드러운 살결로 **회복**시켜 주셨다.

하나님이 그가 **일곱 번**(참조, 4:35) 씻도록 명령하신 것은, 그 치료가 완전히 하나님의 역사하심에 의한 것임을 나타내기 위해서였다. 일곱은 하나님의 역사하심의 표시이기 때문이다(C. F. Keil, "1 & 2 kings", in *com-mentary on the Old Testament in Ten Volumes*, 3:319). 엘리사 시대에 아람의 나병 환자는 나음을 받았던 것에 반해 이스라엘의 나병 환자는 그렇지 못했던 사실은 이스라엘의 배교를 드러내는 것이다(눅 4:27).

(3) 나아만의 감사

5:15~16 나아만은 감사로 가득 찬 마음에 한아름의 선물을 들고 요단으로부터 사마리아에 있는 엘리사의 집(약 25마일)으로 돌아왔다. 그가 돌아오기를 엘리사가 바랐던 것은 아니지만, 나아만은 자진해서 엘리사 앞에 서서 이스라엘의 **하나님**이 유일하신 참하나님이라는 그의 믿음을 증거했다(불행하게도 이스라엘의 왕을 포함한 많은 사람들은 그와 같은 깨달음을 얻지 못했다). 이것이 하나님의 관점에서 나아만을 치료하신 가장 중요한 의도였다. 엘리사는 그가 섬기는 여호와의 **살아 계심**을 두고 맹세했다(참조, 왕상 17:1; 왕하 4:30).

그러나 엘리사는 그의 사역에 대한 어떠한 **보상**도 받아들이려 하지 않았다. 나아만의 재촉이 엘리사의 결심을 흔들지는 못했다. 엘리사는 보상을 위해서가 아니라 하나님의 말씀에 따라 기적을 행한 것이기 때문이다. 또한 어떤 사람도 그가 한 일을 다른 의도로 생각하는 것을 원치 않았다. 그릇된 선지자였다면 쉽게 받아들였을 수도 있겠지만 엘리사는 그렇지 않았다.

5:17~18 엘리사가 아무것도 취하지 않았기 때문에 나아만은 그에게 두 마리의 **노새**로 다메섹까지 실어 나를 수 있는 양의 **흙**을 달라고 요청했다. 그는 이것을 주의 제단을 만드는 데 쓸 작정이었다. 당시 많은 다신교도들이 어떤 신도 자신의 땅이나 그 땅의 흙으로 지어진 제단이 아니면

숭배받을 수 없다고 믿었다.

나아만은 오직 여호와 한분만을 섬기고자 했지만, 미신적 행위가 그의 생각을 사로잡고 있었다. 그는 공적인 임무를 수행하는 과정에서 자신의 주인인 왕의 신에게 경의를 표시해야만 했다. 다메섹의 신은 비와 천둥의 신인 하닷-림몬인데, 여기서는 줄여서 **림몬**이라고 한다. 왕 혹은 나라의 다른 신하들과 같이 공적인 예배에 참가하는 것은 나아만의 의무였다. 그는 다니엘의 세 친구처럼 우상 앞에 절하는 것을 거절함으로써 목숨을 걸 준비는 되어 있지 않았다. 그러나 기억해야 할 것은, 나아만은 감춰진 하나님 말씀의 이익을 누릴 수 있었던 이스라엘 사람이 아니라는 것이다. 아마도 그러한 이유 때문에 그의 의무는 이스라엘 사람처럼들 심각한 것은 아니었을 수 있다. 그의 손에 **의지한다**(참조, 7:2)는 것은 도움을 주는 보조자를 의지한다는 비유적인 표현이다.

(4) 게하시의 욕심

5:19~21 엘리사가 헤어지면서 나아만을 축복한 것(**평안히 가라**)은, 장군이 이전에 말한(17~18절) 타협적인 행동에 대한 선지자로서의 입장을 표한 것이라기보다 나아만의 여행에 대한 것이다.

게하시는 나아만이 엘리사에게 주려고 했던 것에 욕심이 생겼다. 나아만이 이스라엘의 적인 **아람 사람**이기 때문에 최소한의 이익은 취해도 된다는 명목으로 자신의 욕심을 정당화했다. 게하시는 무엇인가를 얻기 위해 나아만의 뒤를 쫓았다. 그는 느리게 움직이는 거대한 여행대를 따라갈 수 있었다. 나아만이 그의 마차에서 **내려와** 안부를 물었다(참조, 4:26).

5:22~24 게하시는 안부 인사를 하면서 사령관에게 거짓말을 했다. 그는 그의 주인이 예기치 못한 손님을 맞아서(**두 명의 선지자**) 그들에게 주기 위한 얼마간의 은과 각자가 갈아입을 **옷**을 주기를 원한다고 말했다. 게하시는 그것이 엘리사의 말인 것처럼 이야기하면서 매우 겸손하게 요청했다. 나아만은 기꺼이 순응하여 게하시에게 두 배의 은과 옷을 받아달라고 요구했다. 심지어 선물들을 운반하기 위한 **두 명의 사환**까지도 함께 보냈다. 게하시는 그들을 따라가다가 그들이 언덕(그 위에 사마리아가 있었다)에 이르자 그들로부터 **물건을 받아서** 그것을 그의 **집안에 감추었다**.

5:25~27 게하시는 곧 하나님이 그의 주인에게 그가 어디에 갔다 왔는지 계시해 주신 것을 알지 못했다. 그는 하나의 거짓말을 덮기 위해 다른 거짓말을 했다. 그러자 엘리사는 게하시가 행한 모든 일을 알고 있다고 말했다. 엘리사는 주의 종은 이스라엘 사람이 아니더라도, 그들이 하나님으로부터 베풀어진 복을 받고서 바치려 하는 개인적인 **보상**을 받아서는 안 된다고 덧붙였다. 당시 거짓 선지자들은 이기적으로 자신들의 지갑을 채우고 선지자의 일에 먹칠을 했다. 그러나 진정한 선지자는 자기 실속을 차리는 것으로 오해받을 행동은 피해야만 했다.

　나아만의 나병은 하나님께 대한 그의 신뢰와 순종으로 그의 몸에서 깨끗이 제거되었다. 그러나 게하시의 하나님께 대한 불순종은 그 나병이 그에게 옮겨가는 결과를 만들었다. 그 종은 여호와의 이름에 불명예를 끼쳤다. 나병이 심한 경우에는 사람의 피부와 머리카락이 마치 **눈과 같이 희**어진다. 게하시에 대한 심판은 그의 죄가 멀리까지 전파되는 결과를 가져왔기 때문에 중대했다. 이 이야기는 아마도 아람과 이스라엘 전체에 퍼졌을 것이다. 하나님의 종인 게하시는 대부분의 사람들보다 더 많은 특권을 누렸기 때문에 대다수의 사람들보다 더 많은 책임이 있었다.

이 이야기에는 많은 교훈이 포함되어 있다. 나아만의 치유는 바알만이 가졌다고 추측된 건강을 회복시켜 주는 능력이 여호와께 있음을 보여주는 위대한 증거였다. 이 사건은 고대 세계의 다른 지역에 여호와의 명성을 퍼뜨리는 데 도움을 주었다. 엘리사와 게하시의 대조적인 행동은 모든 시대의 하나님의 종들에 대한 긍정적이고 부정적인 태도와 행위의 귀감이 됐다.

g. 떠오른 도끼머리(6:1~7)

6:1~4상 선지자의 제자들에게 또 하나의 사건이 일어났다. 엘리사의 사역에 중요한 역할을 담당하는 젊은이들의 수가 늘어남에 따라 그들의 학교 중 하나가 그 시설이 부족하게 되었다. 젊은이들이 재목을 구하러 요단 강 근처까지 갔으므로 이곳은 아마도 여리고의 학교였을 것이다. 그들은 그곳에 새로운 장소에 새로운 시설물을 세우려고 했다. 엘리사는 그들의 계획을 허락했고 일꾼들과 동행하기로 했다.

6:4하~7 나무를 베는 과정에서 쇠도끼 머리 부분이 손잡이에서 빠져서 강물에 떨어졌다. 그 연장은 빌려 온 것이었으므로 그는 낙심해서 그의 주(엘리사)에게 외쳤다. 엘리사는 도끼 머리가 떨어진 곳을 확인하고서 나뭇가지를 강물 속에 던졌다. 기적적으로 쇠로 된 도끼 머리가 수면위로 떠올랐다. 일꾼이 그것을 쉽게 회수할 수 있었다.

그 당시 많은 이스라엘 사람들이 참되신 하나님으로부터 바알에게로 돌아섰지만, 이 기적은 하나님이 진실로 살아 계시며 그들의 필요를 초자연적으로 제공해 주신다는 것을 보여줌으로 믿음의 신실한 무리들에게 격려가 되었다.

h. 아람 군대의 눈멂(6:8~23)

6:8~10 앞에서 언급한 것처럼, 엘리사가 사역하는 기간 동안 아람은 때로 이스라엘과 **전쟁**을 했고, 어떤 때는 평화를 유지하기도 했다. 이 특이한 사건이 발생한 시기에 **아람 사람들**은 그들에게 유리한 급습을 감행했다. **아람 왕**(참조, 5:1)은 아마 벤하닷 2세였을 것이다(이 이야기의 중요한 인물 중에서 엘리사만 이름이 언급되었다. 이것은 독자들에게 주와 주의 선지자에게 초점을 두어야 한다고 암시하는 것이다). 또 다른 침공을 준비하면서 벤하닷은 그가 돌발적으로 공격할 수 있는 이스라엘의 국경 지역에 그의 진을 치려고 계획했다. 하나님은 **엘리사**에게 그 장소를 알려 주셨고, 그는 그 정보를 **조심하라**는 경고와 함께 **이스라엘 왕**(요람)에게 전했다. 엘리사의 정보대로 확인한 결과 그의 정보가 정확하다는 것을 발견하자, 요람은 적군의 침공을 대비해 벤하닷의 은밀한 공격을 쳐부수었다. 이런 일은 여러 번 발생했다.

6:11~14 이스라엘 사람들을 놀라게 하는 데 계속해서 실패하자, **분노한** 벤하닷은 자신의 사람들 중에 적과 내통하고 있는 사람이 있다고 결론 지었다. 한 신하는 왕에게 그의 진영에 반역자는 없고, 다만 그의 모든 계획들을 초자연적인 힘으로 알고 있는 **엘리사**가 그들에게 있다고 납득시켰다. 왕이 가장 사적인 대화인 **침실**에서 말한 **말씀**까지도 선지자에게 알려졌다는 것이다. 분명히 그 신하는 엘리사와 그의 능력에 대해 어느 정도

는 알고 있었다.

엘리사가 그들의 편에 있는 한 아람 군대가 성공할 수 없으므로, 벤하닷은 그를 찾아내서 납치하라고 명령했다. 그는 비밀리에 **밤**에 **말**과 **병거**를 가진 강력한 파견대를 보내서 엘리사가 머물고 있는 **도단**(사마리아의 북쪽 12마일)을 완전히 포위했다. 엘리사가 계속해서 아람 사람의 행동을 예견한 후에도 벤하닷이 엘리사를 불시에 납치하려고 했던 것은, 왕이 엘리사의 초자연적인 능력에 대한 이해가 부족했다는 것을 뜻한다. 그는 여호와가 살아 계시고 참되신 하나님이심을 깨달을 필요가 있었다.

6:15~17 게하시는 불순종으로 나병 환자(5:27)가 되어 해고되었기 때문에, 만일 여기에 나오는 엘리사의 **사환**이 게하시라면, 나아만의 이야기는 이 이야기 뒤에 나와야 한다. 아니면 이 종은 게하시를 대신한 다른 사람일 것이다. **다음 날 일찍이** 그 종은 **성읍** 전체가 아람의 수중에 있는 것을 보았던지, 혹은 그렇게 생각해서 두려워했다. 그는 흥분하여 엘리사에게 돌아와서 신경질적으로 물었다. **우리가 어찌하리이까?** 그 종의 염려는 여호와께 대한 이해와 믿음의 결핍을 나타낸 것이다. 그는 엘리사의 이전 계시들이 바뀌었다고 생각했을 것이다.

엘리사는 현재 상황으로 인해 전혀 불안해하지 않았다. 그는 그의 종이 두려움에 떠는 것을 멈추도록 용기를 북돋우면서, 자신들이 적군의 힘보다 우월한 힘을 소유하고 있다고 확신시켰다. 엘리사는 그의 사환이 주님의 군대와 **여호와**가 행하신 것을 볼 수 있게 해 달라고 **여호와**께 기도했다. 하나님은 그 사환에게 하나님의 명령(창 28:12)을 항상 수행할 준비가 되어 있는 천사들(정상적으로는 보이지 않는 세계)을 볼 수 있는 능력을 주셨다. 도단 주위의 산은 강력한 말들과 **병거**들로 가득 차 있었다. 이들이 하나님의 불의 대행자들로서 제시된 것은 그 종들에게 그들의 지상을 초월한 기원을 보여 주기 위함이다(참조, 2:11). **여호와는 아람의 군대를 포위하고 계셨으며, 통제하고 계셨다.**

6:18~20 신적으로 계시된 작전의 과정에서, 엘리사는 아람 사람들이 도단으로 몰려들기 시작할 때 그들의 눈이 멀도록 하나님께 요구했고, 하나님은 그렇게 행하셨다.

엘리사는 이 길과 이 **성읍**은 그들이 찾는 그 길과 그 성읍이 아니라고 말했다. 그들은 아무것도 모른 채 엘리사를 따라 이스라엘의 수도인 **사마리아**의 성벽 안쪽으로 갔다. 이스라엘 군대가 많은 전투와 생명의 손실 없이는 할 수 없었을 일을 하나님은 한 사람을 통해 평화적으로 행하셨다. 엘리사의 기도에 응답해서 하나님이 아람 사람의 **눈**을 열어 주시자 그들은 오히려 자신들이 포위되어 이스라엘 왕의 자비를 구해야 하는 상황에 처한 사실을 깨달았다.

6:21~23 요람은 엘리사가 이 모든 상황을 통제하고 있다는 사실을 알고서, 흥분한 나머지 그가 **아버지**(5:13)처럼 존경하는 선지자에게 그 포로들을 **죽여도 되겠느냐고 물었다.** 엘리사는 안 된다고 대답했다. 그 말에 따라 요람은 전쟁에서 사로잡은 군인들을 죽이지 않았을 것이다. 더구나 하나님의 목적은 아람 사람의 생명을 빼앗는 데 있는 것이 아니고, 이스라엘 사람의 생명을 구하는 데 있었다. 왕은 특별한 방법으로 이것을 그들에게 알려 주었다. 그는 그 군인들에게 **큰 잔치**를 베풀어서 적군을 통제하시는 하나님의 능력에 대한 확신을 표현했다. 이스라엘은 하나님이 그들을 하나님의 주권 안에서 통제하시기 때문에 어떠한 것도 두려워하

지 않았고, 심지어 그 군인들까지도 친구처럼 대우할 수 있었다.

고대 근동에서 한 지붕 밑에서 함께 먹는다는 것은 평화 협정을 맺는 다는 뜻이었다(J. Herbert Livingston, *The Pentateuch in Its Cultural Environment*. Grand Rapids: Baker Book House, 1974, 157). 아람 사람들은 친절과 보호의 선물을 베푼 친구는 공격하지 않는다는 사회적 관습에 의해 제약을 받았다. 이러한 이유 때문에 아람 사람들은 당분간 이스라엘 땅을 침공하는 것을 중단했다. 그들의 주인에게로 돌아가는 군인들에 관한 대목은 벤하닷 왕이 엘리사를 사로잡으려고 보낸 군대와 동행하지 않았다는 것을 보여 준다(참조, 6:13). 이들은 단지 아람 군대의 일부분이었다.

이 사건은 여호와가 자신의 백성의 보호자시라는 것을 보여 주었다. 그러므로 하나님으로부터 떠나는 것은 너무나 어리석은 일이다. 이스라엘의 승리가 병사들에 의한 것이 아니라 하나님의 선지자에 의한 것이라는 사실은 이스라엘의 많은 사람들에게 용기를 주었고, 아람으로 하여금 전능하신 하나님을 두려워하게 했다.

i. 사마리아의 기근(6:24~7:20)

요람과 이스라엘은 이 같은 일을 겪고도 주님께 돌아서는 데 실패했다. 그래서 하나님은 그들을 더욱 극한 상황에 빠지게 함으로써 하나님께로 돌아오도록 이끄셨다.

(1) 절망적인 상황

6:24~25 1~23절에 서술된 사건 후에 벤하닷 2세는 다시 이스라엘을 쳐부수려고 했다. 이번에는 침략 부대(23절의 '부대')를 보내는 대신에, 그의

온 군대를 동원해서 사마리아를 포위했다. 아무도 수도인 사마리아로 들어가거나 나올 수가 없었으므로 이스라엘 진영에 큰 기근이 발생했다. 그 기근은 너무나 극심해서 가장 영양가가 없고, 그 동물의 가장 불쾌한 부분이며, 이스라엘 사람들이 부정하게 여기는 나귀의 머리가 고가의 상품이 되어 **은 팔십 세겔**(약 2파운드)에 팔렸다. 일반적으로 동물의 사료로 쓰이는 **비둘기 똥**(실제로는 비둘기 똥이 아니라 비슷한 모양의 '콩'을 말하는 것임-편집자 주)도 은 **다섯 세겔**(약 2온스 또는 1/4 파운드)의 가격에 나갔다.

6:26~27 요람에게 도와달라고 외친 여인에 대한 요람의 답(**내가 무엇으로 너를 도우랴**)은 그의 좌절을 보여 주고 있다. 그는 이러한 상황(참조, 33절)을 허용하신 **여호와**께 화가 나 있었다. 하나님은 만약 그들이 하나님으로부터 돌아선다면 그의 백성을 그와 같은 상황이 되도록 징계하겠다고 말씀하셨다(레 26:29; 신 28:53, 57). 그럼에도 요람은 빈정거리듯 그 여자에게 말하기를, 그는 **타작마당**의 곡식으로부터 **빵**을 공급하거나 **포도주 틀**의 포도로부터 포도주를 공급할 수 없다고 말했다. 그는 하나님이 기대하신 만큼 대단한 사람이 아니었다.

6:28~31 왕은 이 같은 말들로 자신의 좌절감을 표현한 후, 그녀의 문제에 대해 이야기하라면서 그녀를 불렀다. 그녀는 한 친구가 그녀의 **아들을** 잡아먹자고 그녀를 설득해 놓고서는, 그녀의 아들을 잡아먹은 **이튿날**에 그 친구의 **아들을** 잡아먹을 차례가 되자 **그녀의 아들을 숨겼다**고 했다. 포위 공격이 그의 백성을 절망적인 상태로 몰아넣은 것을 알고서, 왕은 기가 막혀 깊은 비탄과 슬픔의 표현으로 **자기 옷을 찢었다**(참조, 2:12; 5:7;

11:14). 검은 염소의 털로 만든 거친 재료의 베옷은 회개와 자기 학대의 상징으로 입는 것이었다.

그러나 요람의 회개는 하나님의 종인 엘리사에 대한 그의 태도로 볼 때에 깊지 않은 것으로 보인다. 요람은 자신의 배교로 인해 하나님이 징계하고 계신다는 문제의 진정한 원인을 다루기보다는 오히려 이스라엘의 상태에 대한 이유를 설명하고 있는 엘리사를 비난했다. 그의 저주(참조, 왕상 2:23; 20:10. "하나님이 내게 벌 위에 벌을 내리실지로다")를 통해 그 왕은 선지자를 바로 그날 사형에 처할 것이라고 맹세했다(참조, 왕상 19:2).

(2) 구원에 대한 예언

6:32 엘리사의 집에 엘리사와 함께 앉아 있었던(참조, 5:9) 장로들은 그 땅의 관리들이었다. 아마도 그들은 현재 상황과 관련하여 선지자와 의논하기 위해 모였을 것이다. 하나님에 의해 경고를 받은 엘리사는 왕이 누군가를 보내어 자신의 머리를 베어 가려고 한다고 큰 소리로 말했다. 요람은 엘리사가 그들의 문제의 원인이 아니라 오히려 해결책이라는 것을 깨닫지 못했다. 장로들에 대한 선지자의 지시는 암살자에 대처하여 문을 닫으라는 것이었다. 요람이 도착할 때까지 어떠한 폭력도 연기하려는 의도였다(그의 주인의 발소리가 그의 뒤에서 나지 아니하느냐). 그 지시는 또한 엘리사에게 하나님의 임박한 구원의 소식을 선포할 수 있는 기회를 주었다.

6:33 요람은 도착하자 엘리사에게 왜 하나님이 행동하시기를 기다려야 하느냐고 물었다. 엘리사는 벤하닷에게 항복하지 말고 하나님의 신적인

구원을 기다리라는 하나님의 말씀을 전했다. 그러나 그 도움이 즉각적으로 다가오지 않았으므로 요람은 자기 마음대로 문제를 처리하기로 마음 먹었다. 전에도 여러 번 그렇게 했던 것같이, 그는 엘리사를 통한 주의 명령에 불순종하여 마치 믿음 없는 자같이 행동했다(참조, 삼상 15:11). 요람이 말한 것같이, 그 재앙(포위와 기근)은 **여호와께로부터 온 것이었으므로 왕은 여호와께 복종해야만 했다.**

7:1~2 그때 엘리사가 예언을 선포했다. 24시간 안에 포위가 끝날 것이고 먹을 것이 많아질 것이라고 했다. 고운 밀가루 한 스아(약 7쿼터)를 한 세겔(약 2/5온스)로 매매하고, 보리(가축이 먹는 것) 두 스아(약 13~14쿼터)를 같은 가격(참조, 16절)으로 매매할 것이라고 말했다. 이러한 거래는 일상적으로 거래가 행해지던 **성문**에서 할 것이었다. 이러한 가격은 모든 것이 매우 비싸게 거래되던 기근 기간(참조, 6:25)에 사람들이 치른 값과 비교해 보면 놀랄 만큼 싼 것이었다.

요람을 보좌하는 장관(17절. 5:8 주해)은 이러한 예언을 믿을 수 없었다. 그의 반박은 하나님이 이 일을 하려고 하시거나 또는 하실 수 있다는 것에 대한 완전한 불신을 표현한 것이다. 엘리사는 그 장관이 자신의 **눈**으로 그 기적이 실제로 일어나는 것을 볼 것이라고 대답했고, 실제로 그 일이 발생했다. 그러나 그의 불신으로 인해 그 자신은 그 복을 경험하지 못했다(참조, 17절).

(3) 나병 환자들의 발견

7:3~4 네 사람의 나병 환자들은 아마도 성문 바로 밖의 오두막집에서 살았을 것이다. 그들은 이스라엘에서 사람들과의 접촉으로부터 격리되어 있었다.

그들은 그들의 세 가지 의견 중 최상의 선택은 **아람 군대에게** 자신들에 대한 처분을 맡기는 것이라고 결론지었다. 그들은 살해를 당하는 것이 굶주림으로 점차 죽는 것보다 나을 것이라고 여겼다.

7:5~7 아람 사람들의 진영으로 들어서자(참조, 해 질 무렵[7절], 밝은 아침 [9절], 밤[12절]) 그 나병 환자들은 적군이 도망쳤다는 것을 발견했다. 저자는 적군이 떠난 이유를 설명한다. 주께서 그들이 북쪽과 남쪽으로부터 그들의 생각에 헷(일찍이 지금은 터키라고 부르는 곳에 살았지만, 지금은 아람의 영토로 둘러싸인 지역 안에 사는 사람들)과 애굽의 군대에 의한 소리인 것 같은 소음을 듣게 하셨다. 그들은 이들이 이스라엘에 의해 고용된 지원군이라고 생각했다. 그래서 해 질 무렵 그들의 고향 땅을 향해 동쪽으로 퇴각했다. 그들은 너무도 서둘렀으므로 많은 가축들과 장비들을 그대로 남겨 두었다.

7:8~9 처음에 나병 환자들은 자신들의 배와 주머니들을 채웠고, 그들이 나중에 찾을 수 있도록 보화를 감추기까지 했다. 그러나 그들의 친구인 사마리아 사람들에 대한 의무감으로 인해 그들은 점차 죄의식을 느끼게 되었다. 또한 만약 그들이 이 상황을 알리지 않는다면, 아침에 적들이 도망간 것을 발견하고서도 굶주린 주민들에게 이러한 상황을 알리지 않았다는 이유로 그들에게 벌을 내릴 것이라고 생각했다. 그들은 죄인으로 고통 받기보다는 영웅으로 대접받기를 원했다. 그래서 그들은 사마리아로 돌아가서 그들에게 **아름다운 소식을** 전하기로 결정했다.

(4) 신중한 조사

7:10~12 나병 환자들은 사마리아로 돌아와서 성읍 문지기에게 이야기 했다. 그 소식은 마치 산불과 같이 밤 사이 온 성에 퍼졌다. 그러나 왕은 그것이 함정일 것이라고 의심했다(참조, 9, 11절). 그는 아람 사람들이 사 마리아를 쳐부술 수 없으므로, 사마리아 사람들을 밖으로 이끌어 내기 위해 퇴각한 것으로 봤다. 사마리아 사람들이 성을 열어 둔 채로 출발하 도록 계획을 세운 것이라고 생각했다.

7:13~15 요람의 신하 중 한 사람이 다섯 마리의 말에 기병을 태워 아람 사람의 진영을 정찰하게 하자고 제의했다. 만약 이 군인들이 붙잡힌다면 그들의 죽음은 다만 그들이 서둘렀기 때문인 것이다. 그들의 운명은 사마 리아에 남은 모든 사람의 운명과 같게 될 것이다. 요람은 이 계획에 찬성 했다. 그래서 그는 말이 딸린 병거 둘을 보내도록 명했다. 네 마리(제시된 것같이 다섯이 아닌)의 말이 위험을 무릅쓰고 도망갔으리라 가정한 아람 군대를 뒤따랐다. 그 전차의 마부는 사마리아에서 약 25마일 떨어진 요단 강까지, 버려져 있는 의복과 병기의 흔적을 계속해서 뒤쫓았다. 그때 이스 라엘의 적들은 요단 강을 건너서 멀리 가 있었다. 그는 사마리아로 돌아와 서 왕에게 기쁜 소식을 전했다.

(5) 엘리사의 예언의 성취

7:16~20 왕은 식량과 노획물을 찾으러 밖으로 몰려 나가는 흥분한 군 중들을 위해 성문을 열었다. 먼저 식량을 찾은 사람들은 여호와가 엘리사 를 통해 말씀신 것과 같은 가격으로 그들의 이웃에게 그것들을 팔 수 있 었다(참조, 1절). 성문의 소통이 너무나 복잡했기 때문에, 왕을 보좌하여

(참조, 2절; 5:18) 그곳의 질서를 유지하기 위해 거기에 머물러 있던 장관이 백성에게 **밟혀** 죽었다. 그는 하나님이 말씀하신 그대로 행하실 수 있겠느냐며(참조, 2절) 하나님의 능력을 조롱했으나, 엘리사가 예언한 비극적인 운명이 그를 덮쳤다.

이 사건에서 바알이 아닌 여호와가 음식을 주셨는데, 실제로 하나님은 언제 그것을 공급하실 것까지도 정확하게 말씀하셨다. 하나님이 사마리아 사람들을 보호하고 부양하신 놀라운 방법이 그들과 왕을 하나님께로 다시 돌려놓아야만 했다. 이스라엘 사람들에 대한 하나님의 미래의 훈련은, 그들을 위한 하나님의 자비롭고 기적과도 같은 공급에 대한 그들의 거부라는 측면에서 더 잘 이해될 수 있을 것이다.

j. 수넴 여인의 보호(8:1~6)

이 이야기는 배교가 일반적인 때라 하더라도 하나님을 믿는 사람들에 대한 하나님의 놀라운 돌보심을 보여 준다.

8:1~3 이 구절들은 이 이야기의 배경과 관련된 내용이다. 엘리사는 그의 후원자와 그녀의 가족에게(참조, 4:8~37) 이스라엘을 잠시 떠나 있으라고 지시했다. 여호와께서는 그분의 선지자에게 이 **땅**(참조, 4:38; 6:25; 7:4)에 칠 년간의 기근을 내리겠다고 계시하셨다. 이것은 배교에 대한 징계였다(참조, 신 11:16~17; 28:38~40; 왕상 18:2). 그녀와 그녀의 가족은 하나님의 사람의 말을 신뢰하고서 그들의 고향을 떠나 **칠 년 동안 블레셋에서 살았다**. 이스라엘에 돌아온 그 여인은 자신이 없는 동안 누군가에 의해 취해졌을 그녀의 이전 재산을 돌려받기를 **호소**하기 위해 요람 왕 앞에 나타났다.

그것은 분명히 모세의 율법에 의해 이스라엘의 모든 족속에게 보증되어 있는 그녀의 세습된 유산이었다. 그러므로 그녀는 그것을 다시 살 수 있도록 허락해 달라는 정당한 재산권 요구였다.

8:4~5 그 여인이 왕에게 방문했을 때 요람 왕이 게하시(엘리사의 사환)와 이야기하고 있었으므로 이 사건은 게하시가 나병 환자가 되기(5:27) 전에 발생한 일일 것이다. 엘리사에 대한 요람의 관심은 뉘우침보다는 오히려 호기심에서 기인한 것으로 보인다. 여기에는 요람이 그의 배교의 길을 포기하거나 주의 신실한 추종자가 되었다는 아무런 증거가 없다. 엘리사가 수넴 사람의 아들을 되살린 것(4:32~37)이 커다란 사건으로 다시 설명되었다. 놀랍게도 그 일에 대한 게하시의 이야기는 왕에게 요청하기 위해 온 그 여인에 의해 중단되었다.

8:6 그 여인과 그녀의 아들의 때맞춘 출현에 감동을 받은 요람은 그 여인에게 그녀가 겪은 일을 게하시보다 더 상세하게 설명할 것을 요구했다. 그 왕은 그녀가 이전 소유지로 돌아가는 것을 허가했을 뿐 아니라, 그녀가 떠난 이후에 그의 밭에서 난 소출까지도 그녀에게 지급하라고 명령했다.

하나님의 행위들의 완전한 시차가 이 간단한 이야기 속에서 드러난다. 하나님은 신실한 수넴 여인을 기근이 시작하기 전에 떠나게 하시고, 너무도 적절한 시기에 왕 앞에 데려오심으로써 보호하셨다. 요람은 게하시에 의해 그녀를 돕도록 준비된 유일한 사람이었다. 그녀의 주를 향한 믿음의 관점에서 볼 때, 요람이 그녀에게 조그만 친절이라도 보인 것은 특기할 만한 일이었다.

k. 하사엘이 벤하닷 2세를 죽임(8:7~15)

8:7~8 엘리사는 아람의 수도인 다메섹을 방문했다. 그때 이스라엘의 오랜 적 벤하닷은 병에 걸려 있었다(그는 BC 841년에 죽었다). 엘리사는 아람 사람들에게 영향을 끼친 많은 기적을 행한 선지자로 왕에게 잘 알려져 있었다. 이스라엘에서 다메섹까지 먼 길을 가는 일은 엘리사에게는 드문 일이었다. 왕은 그의 관리인 하사엘에게 엘리사에게 줄 예물을 가지고 가서 그를 맞으라고 명령했다. 여호와께 대한 경외심을 갖고 있던 벤하닷은 하사엘에게 하나님의 선지자를 보면 자신이 병에서 회복할 수 있을지 물으라고 했다(참조, 1:2. 엘리야 시대에 아하시야 왕은 그릇된 신인 바알세붑에게 물어보려고 했다).

8:9 사십 마리의 낙타 떼에 실릴 만큼의 많은 재화를 나르지는 않았을 것이다. 고대 근동에서는 선물을 줄 때 일을 크게 벌이는 것이 관습이었고, 한 마리의 낙타에 하나의 선물만 싣는 것은 흔한 일이었다. 하사엘은 벤하닷을 엘리사의 아들이라고 언급함으로써 엘리사에게 정중하게 경의를 표했다('아버지'. 참조, 5:13; 6:21). 엘리사는 다메섹의 어떤 집이나 여관에 머물렀을 것으로 보인다.

8:10~11 엘리사는 하사엘에게 왕이 반드시 나으리라고 말하라고 했다(만약 하사엘이 방해하지 않았다면 그렇게 되었을 것이다). 그리고 나서 엘리사는 그의 주인이 사실은 반드시 죽을 것이라고 말했다. 엘리사는 하사엘에게 말하지는 않았지만, 그가 그의 주인을 죽일 것을 알고 있었다. 아마도 그 행위로 인해 그가 부끄러워하기를 바라며 엘리사는 고정된 시

선으로 하사엘을 응시했다. 벤하닷의 운명을 듣고서 남몰래 기뻐한 하사엘은 엘리사가 그의 마음을 **알아차렸기** 때문에 **부끄러움**을 감출 수 없었다. **하사엘**이 이스라엘에 무엇을 할 것인지 알려 주신 하나님의 계시로 인해 엘리사의 눈에 눈물이 흘렀고, 그는 **울기** 시작했다.

8:12~13 엘리사는 하사엘에게 그가 이스라엘에서 일으킬 파괴 행위를 알고 있다고 말했다. **하사엘**은 그런 잔인한 행위들에 충격을 받은 것처럼 가장했다. 그는 자신을 그러한 **큰일**을 해낼 수 없는 개라고 부르면서 겸손한 체했다. 그때 엘리사는 하사엘이 아람 왕이 될 것이라고 했는데, 이것은 하나님이 선지자에게 계시하신 것이었다.

8:14~15 하사엘은 벤하닷에게 **되돌아와서** 그의 치유에 대한 희망적인 예언을 전달했다. 하사엘은 다윗처럼 여호와가 자연스러운 과정을 통해 왕위 계승을 조정해 주시기를 기다리기보다는, 왕위를 찬탈하기로 마음먹었다. 그래서 그 **이튿날** 그는 마치 자연사한 것처럼 보이게 하기 위해 그의 주인을 질식사시켰다. 엘리사가 예언대로 **하사엘**이 왕위를 계승했다(참조, 13절).

　엘리야가 이전에 **하사엘**에게 기름을 부어 아람의 **왕**이 되게 하라고 명령받았던 것(왕상 19:15)이 이제 엘리야의 지시에 따라 엘리사에 의해 이뤄졌다. 하사엘이 이스라엘에서 행한 잔인한 지배는 이스라엘 백성의 우상숭배에 대한 하나님의 징계의 일부분이었다. 하사엘은 귀족 혈통이 아니었다. 앗수르의 한 기록에 의하면, 살만에셀 3세가 그를 '보잘것없는 사람의 아들'이라고 불렀다(David Luckenbill, *Ancient Records of Assyria and Babylonia*, 2 vols., Chicago: University of Chicago Press, 1926~1927,

1:246). 하사엘은 아람 왕으로 BC 841년부터 801년까지 다스렸다. 이스라엘에서는 요람, 예후, 여호아하스가 다스리던 기간이었고, 유다에서는 아하시야, 아달랴, 요아스가 다스리던 기간이었다.

C. 유다에서 여호람의 악한 통치(8:16~24)

저자가 여호사밧의 아들인 여호람에 대한 이야기를 계속하므로, 장면은 다시 남 유다 왕국으로 바뀐다.

1. 여호람의 사악함(8:16~19)

8:16~19 여호사밧은 길르앗 라못으로 아합과 전쟁을 하러 나간 그해에 여호람을 그의 공동 섭정자로 지명했다(BC 853년). 그는 몇 달 동안 나라 밖에서 전쟁에 참가해야 할 것이라고 생각했다. 여호람은 분명히 나라를 다스리기 위해 예루살렘에 남아 있었을 것이다. 이때는 아합의 아들인 요람이 이스라엘을 다스리기 시작했을 때이다(3:1). 여호사밧이 유다를 다스린 지 18년째 되던 해가 여호람이 여호사밧과 공동 섭정한 지 2년째 되던 해였다(1:17). 또 이스라엘에서는 요람이 다스린 지 5년째 되는 해가 유다에서 여호람이 홀로 통치를 시작하던 해(BC 848년)였다. 여호람이 통치하던 기간은 그의 섭정 기간을 포함해서 13년이었지만(BC 853~841년), 그의 단독 통치는 8년이었다(BC 848~841년).

불행하게도 여호람의 경건한 아버지는 그의 경건치 못한 아내에게 영향을 준 것보다도 그의 아들에게는 영향을 주지 못했다. 아합과 여호사밧의 조약의 일부로 여호람과 **결혼한 아합의 딸**은 아달랴였다. 여호람은 유다의 악한 왕 중 한 명이었다. 그러나 다윗과의 언약(삼하 7장) 때문에 하나님은 다윗 왕조를 끊어 버리시거나 유다 왕국을 멸하지 않으셨다(등불로서의 다윗 왕조에 대해서는 왕상 11:36을 보라. 참조, 삼하 21:17; 왕상 15:4).

2. 에돔과 립나의 배반(8:20~24)

열왕기하의 저자는 여호람의 통치 기간에 주의를 끈 두 가지의 불행한 사건만 언급했다. 포함되지 않은 한 사건은 그가 여호사밧의 아들인 여섯 명의 형제를 살해한 것이다(대하 21:2~4). 이러한 숙청은 아마도 아달랴의 생각에서 나온 것 같다. 왜냐하면 유다의 어떤 왕도 그러한 일을 한 적이 없었는데, 아달랴는 그녀가 통치할 때 스스로 그러한 일을 했기 때문이다(11:1).

8:20~22 여호사밧이 에돔을 포함한 연합 왕국을 쳐부수었을 때 에돔은 유다의 지배 아래 들어왔다(대하 20:1~29). 그때 에돔 왕 대신에 섭정 왕이 왕위를 대신했을 것이다(왕상 22:47). 에돔은 모압 왕 메사에 대항한 그들의 출정으로 이스라엘과 유다를 도왔다(3:4~27). 그러나 여호람의 시대에 **에돔이 배반하여 자신의 왕을 세웠다**. 여호람은 반란을 진압하려고 **사일**(아마도 사일[Seir]은 에돔의 다른 이름이었을 것이다)로 그의 군대를 보냈다. 그러나 그는 성공하지 못했고 가까스로 목숨만 구해 도망쳐 나왔다. 그의 군대는 **본국으로 후퇴**해야 했다.

립나는 블레셋 국경 근처의 예루살렘 남서쪽에 위치하고 있었다. 립나의 배반은 블레셋의 영향으로 행해진 것 같다(참조, 대하 21:16). 블레셋은 여호람의 시대에 유다를 공격했고, 유다는 그들의 손에 의해 많은 손실을 경험했다(대하 21:16~17).

아라비아 사람들도 배반했다. 블레셋과 아라비아 모두 여호람의 아버지를 두려워했고 조공을 바쳤다(대하 17:11). 유다는 부분적으로는 **여호람의 사악함** 때문에 더 약해져 있었다.

8:23~24 여호람은 장의 고통스러운 질병으로 죽었다(대하 21:18~19). 여호람은 통치 초기에 그의 사악함(대하 21:12~15) 때문에 엘리야에게 경고를 받았지만 자신의 방법을 고치지 않았으며, 엘리야가 예언한 대로 죽었다(참조, 유다 왕 역대지략은 왕상 14:29, 다윗 성은 왕상 2:10).

D. 유다에서 아하시야의 악한 통치(8:25~9:29)

아하시야의 유다에서의 짧은 통치 기간에 관한 모든 기록은 예후의 활동과 관련된다.

1. 아하시야의 사악함(8:25~29)

8:25~27 이스라엘의 아하시야와 유다의 아하시야를 혼동해서는 안 된다. 그들은 서로 다른 왕이다. 각자 일 년씩 다스렸는데 그들의 통치 기간

은 일치하지 않는다. 유다의 아하시야는 이스라엘의 요람(여호람) 왕 마지막 해(BC 841년)에 다스렸다. 그의 통치는 그의 아버지인 여호람이 죽고 그의 나이 이십이 세였을 때 시작되었다. 그의 어머니는 오므리의 손녀이고 아합의 딸인 아달랴였다. 그는 사악한 어머니의 영향을 받아서(대하 22:3) 북 왕국의 조상들의 사악한 길을 뒤따랐다.

8:28~29 아하시야의 시대에 이스라엘과 유다는 여전히 동맹 중에 있었다. 그것이 길르앗 라못에서 아람 왕 하사엘에 대항하는 전투에 그의 삼촌 요람과 함께 참여한 이유다(이것은 아합이 치명상을 입은 길르앗 라못의 전투가 아니다. 그 전투는 12년 전에 일어났다. 왕상 22:29~40). 요람은 이 전투에서 부상을 당했고, 아마도 그의 겨울 왕궁이 위치해 있는 이스르엘로 치료하기 위해(9:14~15) 돌아왔다(왕상 21:1). 아하시야는 그를 방문하기 위해 예루살렘으로부터 그곳으로 갔다. 그가 그곳에 있을 때 예후가 공격해서 요람을 죽였고(9:14~26), 아하시야는 므깃도로 도망했다(9:27).

2. 예후의 융성(9:1~29)

하나님의 도구인 엘리야와 엘리사는 아합과 그의 많은 친척들의 배교의 결과에 대해 경고했다. 하나님의 도구인 예후는 그 왕들이 회개하게 하는 데 실패하자 그 왕조를 심판했다.

a. 예후의 기름 부음(9:1~10)

9:1~3 엘리야는 예후를 이스라엘의 왕으로 기름 부으라는 위임을 하나

님으로부터 받았다(왕상 19:16). 이 임무는 그의 계승자인 엘리사에게 넘어갔고, 엘리사는 그의 지도하에 있던 젊은 **선지자**들 중 한 명을 대리로 내세웠다. 긴 **외투**를 허리띠로 묶는 것(참조, 4:29)은 신속히 움직일 수 있도록 하기 위한 것이다. 그 청년은 **기름**으로 가득 찬 **병**을 가지고 가서 전쟁 후 요단 강 동편 **길르앗 라못**에 머물러 있던 **예후**(참조, 8:28~29)에게 기름을 붓는 데 사용했다. 예후는 요람 군대의 사령관이었다(9:5). 기름 부음은 보통 사적(私的)으로 행해졌다. 올리브 **기름**을 머리에 붓는 것은, 왕의 권위를 행사할 수 있도록 하나님의 영이 임한다는 상징적인 것이었다(참조, 삼상 16:13). 하나님의 뜻을 선포하는 일은 이같이 의식을 동반한다. 여기에서는 간단히 설명했지만(3절) 이에 관련된 내용이 뒤에 상세히 나온다(6~10절).

9:4~10 그 청년 선지자는 예후가 그의 동료 **장관**들과 있는 것을 발견했다. 그는 **장관**에게 **전할 말**이 있다고 설명하자 예후는 그들이 은밀하게 이야기할 수 있는 건물 안으로 선지자를 인도했다. 선지자는 **예후**에게 기름을 붓고 **하나님**이 그를 선택하신 목적에 대해 설명했다. 예후는 아합 왕가를 **쳐야** 했다. 이것은 이세벨이 행한 악행으로 뿌려진, 주의 **선지자**들과 **종**들의 피에 대한 복수였다. 하나님은 엘리야가 예언했듯이 아합의 가계를 완전히 **절멸**시키셨다(왕상 21:21~22, 29), **이세벨** 역시 엘리야가 예언한 대로 죽었다(왕상 21:23). 여로보암과 바아사의 왕가는 극단적으로 끝이 났고(참조, 왕상 15:25, 28~29; 16:3~4), 아합의 왕가도 그러했다.

젊은 선지자가 이야기했듯이, **이세벨**은 개들에 의해 먹혔고 매장되지도 못했다. 셈족에게 이 두 가지 사실은 모두 수치스러운 것이었다. 젊은 선지자의 임무는 끝났고, 엘리사가 그렇게 하라고 했듯이 예후와 동료들로부터 도망쳤다(3절). 아마 그가 불의의 일격을 당할 수 있었고, 또한 결백한 사람을 함정에 몰아 넣었다는 비난을 염두해 엘리야가 조치한 것이었다.

b. 예후의 기름 부음의 선포(9:11~13)

9:11~13 장관이 그 선지자를 미친 자라고 부른 것은 재빨리 도망쳐 버린 (참조, 10절) 선지자의 행동 때문이었을 것이다. 예후는 그의 동료들이 그에게 선지자가 한 말에 대해 물어보았을 때 화제를 바꾸려고 시도했다. 그는 동료들에게 그 선지자가 조금 이상했다고 알려 주었다. 아마도 그들은 젊은 사람의 복장을 통해 그가 선지자였음을 알았을 것이다. 예후의 친구들은 이 일을 그냥 넘기지 않았다. 선지자의 임무가 중대한 것이라는 사실을 느낀 그들은 무슨 일이 일어났는지 알기를 원했다. 그래서 예후는 선지자가 그를 이스라엘의 왕으로 기름 부었다고 이야기했다. 그러자 장관들은 즉시 간단한 의식을 준비했다(참조, 왕상 16:16). 그들은 그의 발밑에 그들의 옷을 깔고 나팔을 불며, "예후는 왕이라!"고 소리쳤다. 이는 왕을 선포하는 관습적인 의식이었다(참조, 삼하 15:10; 왕상 1:34, 39; 마 21:7~9).

C. 요람에 대한 예후의 모반(9:14~16)

9:14~16 예후의 아버지 여호사밧은 이름은 같지만 유다의 왕과는 다른 사람이다. 예후는 아합의 가문에 대한 하나님의 뜻을 수행할 계획을 갖고 갔다. 아합이 벤하닷 2세에 의해 라못에서 패했지만, 이스라엘은 아람 사람에게서 길르앗 라못을 되찾았다(왕상 22:29~40). 요람 왕은 하사엘의

명령을 따른 아람의 침략자로부터 그곳을 지키는 동안 부상을 입었다. 그는 치료를 위해 **이스르엘로 돌아왔다**. 예후는 그가 왕으로 선포된(13절) 상황 속에서 자신의 성명서를 만들었을 것이다(15절). 예후가 자신의 사람들에 의해 왕으로 맞아들여진 것을 요람이 듣기 전에, 예후는 이스르엘에 도착하여 **요람을 처형**하고자 했다.

d. 예후의 이스르엘로의 여행(9:17~20)

9:17~20 파수꾼이 예후의 무리가 오기 훨씬 전에 그들이 예후의 군대임을 발견해 냈다. 그는 아마 지평선에 자욱한 먼지가 이는 것을 보고 많은 기병들이 접근해 오고 있다고 판단했을 것이다. 요람은 이들이 아람 사람들이거나 혹은 라못으로부터 오는 나쁜 소식일지도 모른다고 두려워하면서, 기병을 보내어 그 무리가 누구인지 알아보라고 명령했다. 기병은 **예후를** 만나서 요람의 말을 전했다. 예후의 대답은 의무적이었다. **평안이 네게 상관이 있느냐**는 말은 "현 상황에 관해 염려하지 마라"는 의미다. 예후는 그 사신에게 자신을 따라 이스르엘로 가자고 말했다.

왕은 첫 번째 사람이 소식을 가지고 이스르엘로 돌아올 때가 되었는데도 돌아오지 않자 두 번째 사신을 내보냈다. 그의 질문과 예후의 대답은 첫 번째 기병과 동일했다. 그 무리가 이스르엘에 더 가까이 오자 **파수꾼은 장관이 마치 미친 사람처럼** 전차를 매우 빨리 모는 것을 발견했다. 이것은 예후의 독특한 스타일이었기에 탑 위의 정찰병은 그가 예후인 것을 알아챘다. 예후는 **님시의 자손**이었지만 그의 **친아들**은 아니었다(참조, 14절).

e. 예후의 요람 살해(9:21~26)

9:21~23 요람은 예후가 길르앗 라못 전투에서 나쁜 소식을 갖고 오는 것으로 생각해(만약 그들의 소식이 좋은 것이었다면 그 사신은 이스르엘로 서둘러 돌아왔을 것이다), 가능한 한 빨리 소식을 듣고자 **예후를 맞으러 말을 타고 나갈 준비를 했다.** 그는 반란의 가능성에 대해서는 전혀 생각하지 않았지만, 전쟁에 관해서는 너무나 염려했으므로 부상에도 불구하고 이렇게 했다. 그의 손님인 아하시야도 그의 병거를 타고 함께 했다. 그들은 나봇이 소유했던 지역에서 예후를 만났다(왕상 21장).

요람의 질문(예후야, 평안하냐)의 의미는 "길르앗 라못이 평안하냐"는 뜻이다. 그때까지도 왕은 예후의 계획을 전혀 눈치채지 못했다. 그렇지만 예후의 대답에서는 그가 요람을 적으로 생각하고서 이스르엘로 돌아왔다는 것이 드러난다. 그는 **평안**이라는 말의 뜻과는 다른 말을 했다. 이세벨의 음행과 술수가 하나님과 이스라엘 사이의 평화를 망쳐 놓았다며, 그 때문에 자신이 그녀의 아들에 대항해 자신이 나섰음을 내세웠다(참조, 출 22:18; 신 18:10~12).

요람은 도망치고자 그의 마차의 방향을 바꾸며 아하시야에게 경고하여 소리쳤다. '술수'는 케솨핌(כְּשָׁפִים, '마법'이라는 뜻)을 번역한 것인데, 구약성경에서는 여기와 이사야 47장 9, 12절, 미가 5장 12절, 나훔 3장 4절에서만 사용되었다. 이것은 마귀의 힘으로부터 정보를 구하는 것을 뜻한다. 이스라엘에 끼친 이세벨의 영향이 그렇게 황폐했다는 것은 의심할 여지가 없다.

9:24~26 예후는 요람을 너무나 놀라게 했다. 왕은 분명히 그의 갑옷을 입지 않았다. 예후는 쉽사리 화살을 쏘아 그에게 치명상을 입혔다. 예

후는 그의 전차장관인 빗갈을 시켜서 엘리야가 예언한 대로(참조, 왕상 21:17~19) 시행하게 했다. 그들은 그 예언을 성취시켰다. 예후의 자유로운 인용은 이전에 알려지지 않았던 사실을 첨가시켰다. 이세벨도 나봇의 아들들을 살해했다. 예후는 조심스럽게 주님의 말씀에 순종했고 또 성취시켰다. 이렇게 이스라엘의 네 번째 왕조가 끝을 맺었다.

f. 예후의 아하시야 살해(9:27~29)

9:27~29 아하시야의 운명에 관한 두 가지의 설명(27~29절; 대하 22:9)은 모순된 것처럼 보이지만, 그것들은 조화될 수 있다. 분명히 아하시야는 정원의 정자 길을 통해 이스르엘로부터 남쪽으로 도망쳤다. 예후와 그의 사람들은 그를 추적했고 이블르암 근처에서 그를 쳤다. 아하시야는 잠시 동안 사마리아에 숨었다(대하 22:9). 그러나 예후의 사람들이 그를 발견하여 이스르엘의 예후에게로 데려갔을 것이다. 예후는 그곳에서 다시 그에게 부상을 입혔고, 아하시야는 그가 죽은 서쪽의 므깃도까지 도망했다(27절). 그의 신복들이 그의 시체를 그가 묻혀야 할 왕가의 묘지가 있는 예루살렘으로 실어 왔다. 요람의 제 십일 년은 BC 841년이다.

E. 이스라엘에서 예후의 악한 통치(9:30~10:36)

온 국민 앞에서 치러진 예후의 즉위식은 기록되어 있지 않기 때문에, 의 통치는 요람이 죽은(BC 841년) 해에 시작된 것으로 간주된다.

1. 예후의 이세벨 살해(9:30~37)

9:30~31 예후가 이스르엘로 돌아올 때 이세벨은 그녀의 아들의 죽음에 대해 알고 있었다. 예후가 돌아온다는 것을 듣고서 그녀는 눈과 머리를 단장했다. 분명히 그녀는 자신의 운명을 예상하고, 예후에게 당당한 모습을 보여 주고 왕비답게 죽고자 했을 것이다.

그녀가 예후를 큰 소리로 불렀을 때, 그는 그녀가 있는 창문 아래의 성문으로 들어가고 있었다. 그녀의 말은 신랄했다. 그녀는 자신의 생의 마지막에서도 거들먹거렸다. 아마도 그녀는 예후에게 평안하냐는 질문을 함으로써 그에게 무안을 주려고 했을 것이다(참조, 18~19절). 분명히 그는 그렇지 않았다. 시므리도 마찬가지로 그의 주인인 엘라(왕상 16:9)를 모반했고, 아합 왕가의 창설자(왕상 16:18~19)인 오므리에 의해 7일 뒤에 스스로 생명을 끊었다. 이세벨은 예후의 모반이 시므리가 그랬던 것처럼 그를 파멸시킬 것이라고 암시했다. 이러한 암시는 이세벨의 말에 대한 다른 해석에서 더욱 명백해진다 "자신의 주인을 살해한 시므리가 평안한가?"(참조, NIV 난외주)

9:32~33 이세벨의 측근은 그녀에게 충성을 다하지 않았다. 여왕을 모시던 몇 명의 내시들은 기꺼이 예후의 명령에 따라 그들의 여주인을 창밖으로 던져 버렸다. 아마도 창문은 2층이거나 그보다 높았을 것이다. 이세벨이 땅에 떨어지자 그녀의 피가 담(명백하게는 '성읍'. 참조, 왕상 21:23)과 예후의 말에 튀었다.

9:34~37 예후는 그의 말과 전차로 그녀의 시체를 짓밟은 후에, 음식을 먹기 위해 성안으로 좀 더 들어갔다. 그는 자신의 행위에 너무나 만족해

있어서 그가 행한 잔인한 행동도 그의 식욕에 영향을 끼치지 못했다. 분명히 예후는 이세벨의 운명에 관한 엘리야의 예언을 처음에는 기억하지 못했다. 그는 나중에서야 비록 그녀가 사악함 때문에 하나님께 저주받은 여자였지만 왕의 딸이었기에 묻어 주라고 명령했다. 예후의 매장인들이 그 장소에 도착했을 때 들개들이 이미 그녀의 시체를 갈기갈기 찢어 놨고, 두골과 발과 손을 제외한 모든 것을 뜯어 먹었다. 그들이 이러한 일을 예후에게 보고 하자 그는 엘리야의 예언(왕상 21:23)을 기억해 냈다. 그녀는 묘하게도 나봇의 포도밭이었던 땅 위에서 수치스럽고 부당하게 죽었다. 이곳은 빗갈이 그의 아들 요람의 시체를 내던진 땅과 같은 장소였다(25~26절).

예후의 예언에 관한 설명(37절)은 엘리야의 말과 일치했다. 예후가 이세벨의 죽음에 전혀 경외를 표하지 않은 것은, 이스라엘의 경건한 자들과 마찬가지로, 하나님의 백성 가운데서 그렇게 많은 배교와 사악함에 직간접적으로 책임이 있었던 이러한 무감각한 죄인을 어떻게 바라봤는지를 보여 준다.

2. 예후가 아합의 친족과 친구들을 죽임(10:1~11)

10:1~3 아합의 아들 칠십 명(후손들)과 선조들이 모두 이스라엘의 수도인 **사마리아**에서 살았다. 아합의 뒤를 이을 수 있는 모든 친족을 처형하려고 계획했던 예후는 아합의 친족이 아닌 이스라엘의 고관들에게 **편지**를 썼다. 이들 중에는 **이스르엘의 귀족들**(이스라엘의 겨울 왕궁을 책임지는 사람들. 참조, 왕상 21:1; 왕하 8:29)과 사마리아의 **장로들**, 그리고 아합에 의해 왕가의 어린 남자들을 보호하고 적절히 가르치도록 임무를 부여받은 사람들이 포함되어 있었다(참조, 10:6).

예후는 그들에게 아합 왕조에 계속 충성하고 아합의 **자손** 중에서 새로운 왕을 뽑으라고 제안했다. 예후는 이 새로운 왕과 그의 도시가 자기와 대항하여 싸우도록 그들에게 도전했다. 한때 고대 근동의 지도자들은 대규모의 군사가 서로 싸우는 것보다는 단지 두 사람이 싸워서 어느 가문이 지배할지를 결정했다(참조, 삼상 17:8~9; 삼하 2:9). 어쩌면 바로 이것이 예후가 제안하려던 것이거나, 아니면 그가 아합의 모든 가문과 사마리아 성에 대해 전쟁을 일으키려고 했던 것일 수 있다.

10:4~8 관리들, 장로들, 그리고 수비자들은 모두 두려움에 떨었다. 그들은 예후가 그 싸움에서 이길 것을 알았다. 그는 이미 두 명의 왕, 요람(9:24~26)과 아하시야(9:27)를 죽인 바 있는 강력하고 훌륭한 군 지휘관이었다. 국가의 관리들은 오므리 왕조와 어떠한 개인적 관계도 없었기 때문에 그들의 충성심을 예후에게로 옮기기로 결정했다. 그들은 예후가 말하는 것은 어떠한 것이라도 행하겠다고 말했다.

예후는 즉시 지시를 내렸다. 그는 그들에게 아합의 아들 칠십 명을 처형하여 그들의 머리를 다음 날까지 이스르엘에 있는 자신에게로 가져오라고 했다. 그 관리들은 예후가 명령한 대로 정확히 수행했다. 왕자들의 머리가 모아지자 예후는 그것들을 아침까지 이스라엘의 성 문어귀에 두 무더기로 쌓아 두라고 했다. 고대 근동에서는 정복당한 백성의 목을 성문에 쌓아 두는 것은 정복을 시사하는 가장 효과적인 방법이었다.

10:9~11 아침에 예후는 이스르엘의 백성들을 성문에 모이도록 했다. 그는 그들에게 요람 왕(내 주)의 죽음에 대해 자신만이 책임이 있다고 인정함으로써 백성들의 책임감을 덜어 주었다. 예후의 이 말은 백성들에게 심리적인 위안을 주었다. 그는 백성들에게 고백했고, 자신의 행동을 그들과 관

런시키지 않았다.

　이것은 그 당시 명백해져 가던 예후의 전략 중 한 부분이었다. 그는 아합 자손들의 죽음에 대해 결백을 주장하고, 아무것도 모르는 척했었다. 이러한 일들은 아합의 고관들에 의해 자행되었으나 예후는 백성에게 그것이 자신의 명령에 의해 행해졌다는 것을 말하지 않았다. 그는 요람 왕을 죽인 것에 대한 자신의 책임에 관해서는 백성에게 정직했기 때문에, 백성은 그가 이 대량 학살에 대해서도 결백하다고 생각했다. 게다가 예후는 자신이 아합의 가문(왕가)이 멸망하리라는 엘리야의 예언의 실행자라고 주장하여 하나님과 하나님의 예언에 자신을 일치시킴으로써 백성의 마음에 들게 했다. 이러한 방법으로 예후는 아합의 아들들(참조, 삼하 1:14~15)을 살해한 사마리아의 관리들을 몰살시키려는 음모에 대한 백성의 지지를 얻었다.

　예후는 하나님께서 허락하신, 사마리아와 이스르엘에 있던 아합의 후계자들을 모조리 죽여 버렸다. 그러나 그는 하나님이 허락하지 않으신 아합의 모든 **중요 인물들**(귀족들[1절])과 가까운 **친지들**(신뢰받는 자들)과 **제사장들**을 처형했다. 이로 인해 하나님은 후에 예후 왕조를 심판하셨다(참조, 호 1:4). 예후는 자신의 열정에 도취되어 그가 더욱 강력한 왕이 되도록 그를 도와줄 수 있었던 많은 무고한 사람들을 죽였다.

3. 예후가 아하시야의 친족을 죽임(10:12~14)

10:12~14 예후와 그의 부하들은 이스르엘에서 **사마리아**를 향해 남쪽으로 가다가 노상에서 **사십이 명**의 남자들을 만났다. 예후는 그들이 예루살렘으로부터 **태후**인 이세벨을 포함하여 왕의 다른 친족들을 방문하러 가

던 중인 유다의 왕 아하시야의 친족들이라는 것을 알았다. 분명히 그들은 예후의 반역에 대해 듣지 못했다. **예후는** 그들이 아합 가문의 일가이기 때문에 바로 잡아서 한 사람의 생존자도 남기지 않고, 우물 근처에서 모두 처형했다. 42명의 여행자 모두가 아합의 혈통은 아니었다. 어떤 이들은 결혼으로 아합 혈통과 맺어졌을 것이다. 그러나 그러한 것들은 예후에게 문제시되지 않았다(참조, 11절). 역대하 22장 8절에서 그들은 유다 방백들과 아하시야의 형제들의 아들들 곧 아하시야를 섬기는 자들이라고 소개되고 있다.

4. 예후가 아합의 남은 친척을 죽임(10:15~17)

10:15~17 그의 여행은 계속되었고, 예후는 레갑의 아들 여호나답을 만났다. 이 사람은 하나님의 신실한 종이었고, 모세의 율법을 엄격히 따르는 자였다(요나답. 참조, 렘 35:6). 그는 예후를 만나기 위해 가던 중이었다. 여호나답을 만난 **예후는** 그가 아합의 배교로 영향을 받은 땅을 정화시키려는 자신의 정책에 지지한다는 것을 알았다. 손을 잡고 **병거를** 같이 타는 것은 찬성과 상호 서약의 표시였다. 새로운 왕은 그의 협력자를 초대하여 **여호와를 위한 그의 열심을** 증명하기 위해 그와 함께 사마리아로 갔다. 사마리아에 도착한 예후는 엘리야의 예언을 성취하고자 아합 가문의 남아 있는 모든 사람을 죽이는 일을 계속했다(참조, 왕상 21:21).

5. 예후가 바알 선지자들을 죽임(10:18~28)

10:18~23 예후는 자신이 바알에게 헌신하고 섬길 것같이 가장하고서 이스라엘 백성들에게 특별한 집회를 소집하게 했다. 이것은 아합이 사마

리아에 세운 바알의 중앙 신전에서 행해졌다(왕상 16:32). 바알의 모든 제사장이 참석하도록 되어 있었다. 분명히 예후의 진정한 종교적 입장은 아직까지 이스라엘 사람들에게 알려져 있지 않았다. 여호나답(참조, 15절)은 예후와 동행했고, 그의 준비를 관찰했다. 예후는 여호와를 섬기는 어떤 신자가 참석해서 살해당할 가능성에 대해 조심스럽게 대비했다. 그는 또한 어떠한 바알 숭배자도 도망칠 수 없으리라고 확신했다.

10:24~28 예후는 개인적으로는 바알 제사장들의 번제와 다른 제사에는 참석하지 않았다. 그랬더라면 이스라엘 신자들의 지지를 얻는 그의 의도가 왜곡되었을 것이다. 그는 바알 선지자들을 위한 함정을 만들기 위해 번제를 드렸다. 그런 후에 예후는 그의 호위병과 지휘관들(팔십 명)에게 바알의 신당으로 들어가서 바알을 섬기는 모든 이들을 도살하라고 명령했다. 그들은 목상들을 가지고 나와서, 아마도 굴욕을 주는 의미에서 그것들을 불사르고 부숴 버렸다. 그것에는 두 개의 목상이 포함되었던 것 같다. 26절과 27절의 목상에 두 개의 다른 히브리 단어가 쓰였기 때문이다. 만일 첫 번째 목상이 실제였다면, 두 번째 목상은 바알에게 봉헌되었던 원추형의 바알 주상이었을 것이다. 예후의 대량 학살은 엘리야가 시작한 이스라엘에서의 바알 숭배의 분쇄를 완성시켰다. 그 왕은 하나님의 심판의 도구였다.

6. 예후에 대한 평가(10:29~31)

10:29~31 비록 예후가 바알 선지자들을 죽였지만, 그는 하나님께 완전히 복종하지는 않았다. 그는 벧엘과 단에서 금송아지를 숭배하는 여로보암의 우상화 정책을 계속했다.

그가 아합 왕조를 심판하는 일에는 여호와께 복종했기 때문에, 하나님은 **예후**에게 그의 **자손 사 대는 이스라엘**의 왕으로서 군림하게 될 것을 약속하셨다. 이들은 여호아하스, 여호아스(요아스), 여로보암 2세, 그리고 스가랴다. 만약 예후의 마음이 주님께 헌신하는 데 더욱 몰두했다면 하나님의 복은 더 컸을 것이다. 그는 이스라엘의 다섯 번째 왕조의 시조가 되었다.

7. 예후의 손실(10:32~36)

10:32~36 예후의 불완전한 순종(참조, 31절)에 대해 이스라엘에 내린 하나님의 징계는 지역적인 손실의 형태로 나타났다. 예후의 통치는 혼란과 불안으로 특징지어졌다. 그는 강력한 통치자가 아니었다. 사회적이고 경제적인 남용이 그의 통치의 특징이었다. 아람 사람과 앗수르 사람 모두가 그의 통치 기간 중에 이스라엘을 굴복시켰다. 아람 왕인 **하사엘**은 이스라엘로부터 요단을 넘어온 모든 사람을 잡았고, 나중에는 요단 서쪽의 이스라엘 영토를 침입했다(12:17~18; 13:7). 하사엘의 공격이 있기 전에, 앗수르 왕인 살만에셀 3세는 예후로 하여금 그 앞에 굴복하고 공물을 바치게 했다. 살만에셀의 소위 '검은 오벨리스크' 위에 새겨진 부조는 예후가 이러한 일을 했다는 것을 보여 준다. 이것은 아주 오래전에 발견된 것으로 이스라엘 왕의 유일한 그림이다.

예후가 잘 훈련된 고관들을 무차별하게 살해하지 않았다면, 그들의 경험을 사용할 수 있었을 것이다(참조, 10:11). 그의 성급함과 속임수는 그의 가까운 동맹국들까지 그를 의심케 했을 것이다. 예후가 유다의 왕인 아하시야를 죽일 때까지 유다와 이스라엘은 동맹국으로 연합하고 서로 도와주었다. 이스라엘의 페니키아에 관한 계약 또한 예후가 요람, 이세벨,

바알의 선지자들을 죽일 때 깨졌다. 이렇게 하나님은 예후가 지배한 이스라엘의 영토를 축소시키셨다. 예후가 28년간 이스라엘을 통치했다(BC 841~814년).

F. 유다에서 아달랴의 악한 통치(11:1~20)

아달랴는 유다의 왕위를 찬탈했다. 그녀는 유다의 유일한 여왕이었고, 유다의 지배자 중에서 가장 강력한 바알 숭배자였다.

1. 요아스의 보호(11:1~3)

11:1 아달랴는 예후가 BC 841년에 살해했던(9:27~29; 대하 22:9) 유다 왕 아하시야의 어머니였다. 아달랴는 아합과 이세벨의 딸이었고, 아합이 죽은 뒤 이스라엘을 계승해서 다스린 아하시야와 요람의 누이였다. 그녀는 속병으로 죽은(대하 21:18~19) 유다 여호람 왕의 아내였다. 그녀의 아들들은 블레셋과 아람의 침공으로 죽었다(대하 21:17). 그녀는 지금이 왕위를 차지할 기회임을 깨달았다. 그래서 다윗의 후손들이 영원히 유다를 다스릴 것이라는 하나님의 뜻을 전적으로 무시한 채 그녀의 모든 손자들을 죽이기 시작했다(삼하 7:16).

11:2~3 아달랴의 남편인 **여호람의 딸**(아달랴 자신의 딸은 아니었을 것) 여호세바는 유다의 왕 아하시야의 누이였다. 그녀는 아하시야의 아들 중

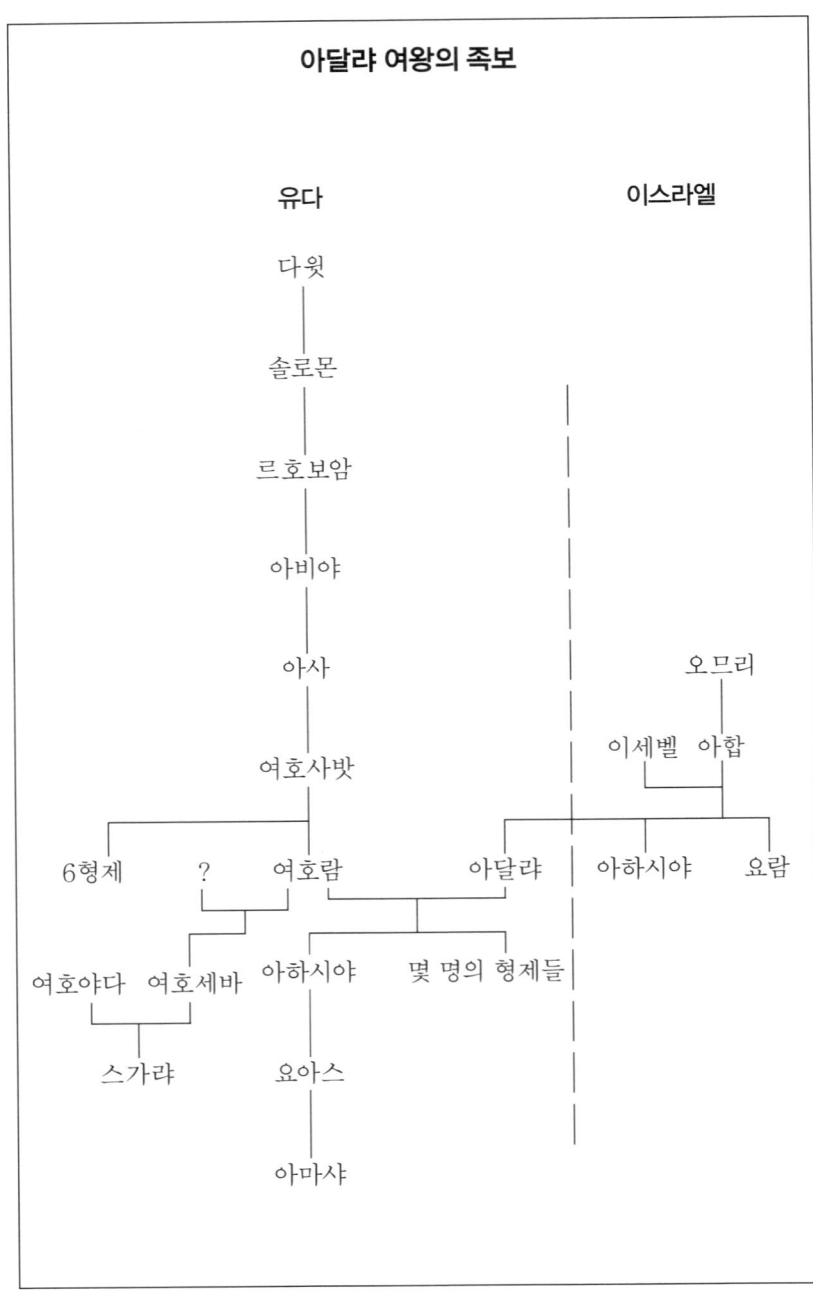

요아스를 빼내어 다른 왕자들처럼 죽임을 당하지 않도록 숨겼다. 아달랴의 6년간의 통치 기간(BC 841~835년) 동안에 요아스의 고모는 그녀의 남편인 여호야다가 대제사장으로 일하는 **여호와의 성전** 안에 요아스를 숨겨 둠으로써 왕자를 안전하게 보호했다(참조, 대하 22:11, "아달랴 여왕의 족보"). 요아스가 여호세바에 의해 보호받았을 때 그는 한 살이었는데, 6년 동안 숨어 지냈기 때문에 칠 세에 왕이 되었다(참조, 왕하 11:21).

2. 여호야다의 계획(11:4~8)

11:4~8 아달랴가 7년째 통치했을 때, 대제사장인 **여호야다**는 어느 정도의 권위를 가진 **백부장들**(100명 정도의 군인을 명령할 수 있는 사람들)과 **가리 사람들**(삼하 8:18 주해에는 게렛 사람들로 나와 있다. 성을 지키는 페니키아의 군인일 수도 있다)과 솔로몬 **성전**의 비밀 **호위병**(아마 황실 근위대)의 백부장들을 불러 모았다. 이 사람들은 모두 여왕을 지지하지 않는 반대파였다. 여호야다는 그들에게 정말로 왕위를 이어받아야 할 합법적인 계승자가 생존해 있다는 것을 확신시키기 위해 당시 칠 세였던 어린 요아스를 **보여 주었다**(참조, 11:21). 그는 요아스를 왕위에 앉히려는 계획을 그들에게 설명했다.

안식일에 들어온 호위대(제사장과 레위인으로 구성됨, 참조, 대하 23:4)를 3개 집단으로 나누어 한 집단은 **왕궁**을, 다른 한 집단은 **수르 문**을, 또 다른 한 집단은 호위대 뒤에 있는 문을 지키도록 했다. 비번인 두 부대는 **성전을 지키도록** 했다. 의식은 성전이 매우 분주한 안식일 당번 교대 시에 행해졌을 것이다. 그 소년은 군인들의 호위를 받았고 대열에 접근하는 사람은 **누구나** 죽임을 당했다. 군인들은 요아스를 성전에서부터 성전 안뜰의 대관식 하는 곳까지 호송하려고 그들의 목숨을 바쳤다.

3. 요아스의 대관식(11:9~12)

11:9~11 정한 날이 되자 백부장들은 지시받은 대로 행했다. 여호야다는 성전에 있는, 나라의 비상사태 때 쓰는 특수한 **창과 방패**를 나눠 주었다. 그러한 무기를 사용한 것은, 대관식이 중요할 뿐만 아니라 공식적인 것이라는 사실을 사람들에게 알리는 역할을 했을 것이다. 성전이 동쪽에 위치하고 있었기 때문에, 호위대는 성전의 북동쪽에서 남동쪽 구석까지 건물의 앞에서 반원형의 아치 형태를 이루면서 기름 부음이 거행될 성전의 안뜰에서 방어 지역을 형성했다.

11:12 여호야다는 요아스를 그가 살았던 성전에서 안뜰의 보호 지역으로 인도하여 그의 머리 위에 왕관을 씌워 주고 **율법책**(모세의 율법이나 그것의 한 부분. 참조, 신 17:18~19)을 주고 그를 왕으로 삼았다. 의식을 시작할 무렵 제사장은 요아스에게 **기름**을 부어 신성한 권력의 계약을 상징화했다(참조, 9:6). 여호야다는 가능한 한 많은 사람들이 대관식을 목격할 수 있도록 계획했을 것이다. 왕위 계승이 이뤄지자 백성은 동의의 **환호**를 올리고 박수하며 왕의 만세를 불렀다.

4. 아달랴의 처형(11:13~16)

11:13~14 아달랴가 여호야다의 계획을 알아차린 것은 의식의 함성 소리를 들었을 때였다. 그녀는 왕궁에서 나와 무슨 일이 일어나고 있는지 알아보려고 **성전**까지 갔다. 그녀는 **왕**이 성전에서 공식적인 연설을 할 때 자리했던(참조, 대하 23:13) 성전 안뜰의 기둥 옆에 서 있는, 어린 요아스(**왕**)를

보았다. 왕이 성전을 방문하여 제사를 드릴 경우, 서 있을 수 있도록 높은 제단이 준비되어 있었다(참조, 왕하 23:3; 대하 6:13). 바로 그곳에 요아스가 서 있었던 것이다. 여왕은 즉시 무슨 일이 벌어지고 있는지를 깨닫고, 커다란 슬픔의 표현으로 그녀의 **옷을 찢으면서**(2:12; 5:7; 6:30) 반역이로다! 반역이로다!하고 외쳤다.

11:15~16 요아스가 정통적인 왕위 계승자였기 때문에 여호야다가 한 일은 반역이 아니었다. 아달랴는 다윗의 피를 이어받지 못했기 때문에 정통적인 계승자가 아니었다. 오히려 그녀가 반역의 죄를 지은 것이다. 이러한 이유로 **여호야다 제사장**은 백부장들에게 그녀를 잡아서 호위대의 호송 하에 **성전 밖으로 끌고 나가고**, 그녀를 따르는 자를 칼로 쳐 죽이라고 **명령했다**. 성전은 예배의 장소였기에 성전 안에서 사람을 죽이는 것은 적절하지 못했다(대하 24:20~22). 아달랴는 말이 궁궐을 드나들던 곳에서 칼에 맞아 **죽었다**(참조, 대하 23:15. 성으로 들어오는 말의 문이 아님). 성경에서 가장 사악했던 여인 중 한 명이고 이세벨의 친딸인 그녀의 생애는 그렇게 끝이 났다.

5. 여호야다의 바알 신 추방(11:17~20)

11:17 여호야다는 여호사밧 시대 이래 멀어졌던 하나님과 백성의 관계를 모세를 통해 주어진 하나님의 **언약**(참조, 신 4:20; 27:9~10)을 통해 다시 세우도록 했다. 또한 왕은 모세의 율법에 따라 백성을 다스리고 백성은 왕에게 복종해야 한다는(참조, 삼하 5:3) 새로운 언약을 왕과 백성 사이에 맺게 했다.

11:18~20 그때 백성은 예루살렘에 세워져 있던, 바알 숭배를 조장한 아달랴에 의해 사용된 **바알의 신당**을 허물었다. 그들은 또한 이 신전에 있었던 제단들과 우상들을 부수었고, 제단 앞에 있던 **바알의 제사장 맛단을 죽였다**. 성전 지역은 성역화된 신성한 곳이라는 이방 숭배자들의 그릇된 믿음을 의도적으로 무시한 것이었다.

바알의 광신자들에 의한 반격을 막기 위해 **여호야다**는 솔로몬의 성전에 관리들을 배치했다. 계약 의식이 끝날 즈음 백성은 여호야다에 의해 인도되었고, 그의 호위병은 새로운 **왕의 왕좌**가 있는 **왕궁**으로 새 왕을 인도했다. 유다의 온 백성은 다시 다윗의 후손이 다스리게 되고, 여호와의 경배가 공식적으로 이뤄진 것을 **매우 기뻐했다**. 아달랴의 통치 기간 중 예루살렘에 있었던 혼란은 가라앉았고, 도시는 다시 한번 평온해졌다. 아달랴의 통치에 관한 좀 더 자세한 설명은 역대하 22장 10절~23장 15절에 나와 있다.

이세벨이 이스라엘에서 바알 숭배를 조장했듯이 그녀의 딸인 **아달랴**도 유다에서 이를 고무시켰다. 아달랴가 여왕으로서 통치했을 때 바알 신은 남 왕국에 강력한 발판을 얻었다. 그러나 여호와께 대한 몇몇 유다 왕의 더욱 강력한 서약으로 인해 유다에서는 결코 이스라엘에서와 같은 영향력을 미치지 못했다.

G. 유다에서 요아스의 선한 통치(11:21~12:21)

요아스의 통치의 시작은 네 사람의 훌륭한 왕에 의한 100년간의 통치의 시작을 의미한다. 이들 네 왕(요아스, 아마샤, 아사랴[웃시야], 요담)은 여호사밧, 히스기야, 요시야만큼 훌륭하지는 않았으나, 그들 모두 유다 역사에서 하나님이 인정하신 지도력을 가장 오랫동안 행사했다.

11:21~12:3 요아스는 유다의 왕위에 오른 가장 어린 왕이었다. 왕이 될 때 그의 나이는 칠 세였다. 그의 통치는 BC 835년에 시작하여 **사십 년 후인** BC 796년에 끝이 났다. 그는 **아하시야 왕과 남유다의 브엘세바에서 온 시비**아라는 여인의 아들이었다.

요아스는 그의 스승인 **제사장 여호야다**가 살아 있는 동안에는 여호와의 뜻을 따랐다. 그러나 **여호야다가 죽은 후에는** 하나님을 섬기는 것으로부터 멀어졌다. 요아스는 신실했던 기간 동안에는 잘 다스렸으나, 백성이 모세 율법이 금하는(참조, 신 12:2~7, 13~14) 희생물을 바치고 향을 피웠던 **산당**(대부분의 유다 왕이 그러하였다. 왕상 22:43)을 **없애지는 않았다**. 요아스는 이러한 산당에 대해 그의 조상들처럼 중요한 문제가 아니라고 생각했다.

1. 요아스의 성전 복원(12:4~16)

12:4~8 요아스는 아달랴의 지배 기간에 파손되고 손상을 입은 솔로몬의 성전을 복원하려고 계획했다(참조, 대하 24:7). 이는 열왕기상·하에 기록된 첫 번째 성전 복원 계획이다. 왕은 사람들이 의무적으로 바치는 헌금(출 30:11~16), 서원금(레 27장; 민 30장), 자진해서 드리는 헌금을 사용하려고 계획했다. 그러나 이 계획은 실행되지 못했다. 이 같은 정기적인 수입은 제사장과 레위인을 부양하고 성전의 수리비로 사용하는 데 충분하지 못했기 때문이다.

요아스가 은을 모으는 일에 책임이 있는 **제사장들**(참조, 왕상 12:7; 대하 24:5)에게 인내하지 못한 것은, 그들이 자신들의 몫인 유지비의 어떠한 기금도 성전 수리에 사용하기를 원하지 않았기 때문이다. 그들은 성전 봉사를 위해 규칙적으로 주어지는 합법적인 비용을 제사장들의 몫으로 받아 사용해 왔다. 그래서 **요아스**는 새로운 절차를 수립하여 그러한 목적으로 헌금 사용하는 것을 중지하게 했다. 그들은 새로운 방법으로 모은 **돈**을 성전 수리를 책임지는 다른 사람에게 **넘겨줘야** 했다. 제사장들은 이러한 계획을 정기적인 성전 봉사와 구별하여 다른 사람에게 그 책임을 넘기는 것에 **동의했다**.

12:9~16 여호야다는 요아스의 지시에 따라 큰 나무 궤의 뚜껑에 구멍을 뚫어 성전 안뜰에 있는 제단의 북쪽에 놓아두었다. 그 후 **제사장들**은 성전 복원 계획을 위해 백성이 가져온 **모든 돈**을 궤에 넣었다. 궤가 채워질 때마다 왕의 서기와 대제사장이 그 돈을 **계산하여 성전** 관리 책임자에게 넘겼고, 그들은 다시 그것을 직접 수리하는 자들에게 주었다.

이 돈은 처음에는 성전의 기구를 만드는 데는 사용되지 않았으나(13절) 후에 초과된 헌금은 그것을 위해 사용했다(대하 24:14). 감독이 성실하게 일하였으므로 **일꾼**에게 지급할 돈을 **회계하지** 않아도 될 만큼 신용을 얻었다(성전 복원 사업에서 유다인들은 정직했다). 속건제와 속죄제로 바친 돈은 **성전 복원** 계획에 사용되지 않았고, **제사장들의 생활 유지**에 쓰였다(대하 24:4~14).

요아스의 통치와 관련하여, 열왕기하에는 기록되지 않았으나 역대하에는 기록된 몇 개의 사건이 있다. 대제사장 여호야다는 보통 사람과는 달리 130세에 죽었다(대하 24:15~16). 여호야다가 죽고 난 후 요아스는 유다 고관들의 말을 듣고 하나님으로부터 돌아서서 우상을 섬겼다. 왕이 이러한 일을 하자 하나님은 선지자를 보내어 경고하셨다(대하 24:17~19). 여호야다의 아들로, 아버지를 이어 대제사장이 된 스가랴도 하나님의 말씀을 받아 예언했다. 그러나 요아스는 그를 돌로 쳐 죽이도록 명령을 내렸다(대하 24:20~22).

2. 요아스가 하사엘에게 몸값을 치름(12:17~18)

12:17~18 아람의 하사엘 왕은 예후와 여호아하스(13:3, 22)의 지배하에 있는 이스라엘을 쳐부수고 유다의 해안을 따라서 남쪽을 압박했다. 그는 유다에 의해 빼앗겼던 블레셋의 성, 가드(참조, 대하 11:8)를 탈환했다. 그런 다음 그는 예루살렘을 치려고 파견대를 보냈다. 이 군대는 '백성의 모든 지도자들'을 죽였다(대하 24:23). 요아스는 하사엘의 환심을 사기 위해 왕궁과 성전에 있는 금과 그와 그의 조상들이 여호와께 바쳤던 모든 성물을 그에게 바쳤다. 이렇게 몸값을 치르자 하사엘은 그의 군대를 철수시켰다. 이 모든 사건은 요아스가 신앙을 버림으로 인해 유다가 매우 약해졌음을 보여 준다.

3. 요아스의 죽음(12:19~21)

12:19~21 그러나 이 전쟁에서 아람 사람들은 요아스에게 치명상을 입혔다(대하 24:25). 분명히 그는 실라로 가는 길목의 마을인 밀로 궁(베트 밀로 [בֵּית מִלֹּא])을 찾아갔다(이 마을의 위치는 현재는 알려져 있지 않다). 요아스가 대제사장 스가랴를 죽였기 때문에(대하 24:20~22), 그의 신복들 몇몇이 공모를 해서 그를 그의 침상에서 죽였다. 암살자는 요사갈과 여호사바드였는데, 이들의 어머니는 역대하 24장 26절에 따르면 각각 암몬

과 모압 사람이었다. 요아스는 다윗 성(예루살렘)에 장사되었으나, 그의 조상처럼 공경을 받지 못했기 때문에 왕실 묘지에 장사되지는 못했다. 그를 이어 그의 아들인 아마샤가 왕이 되었다.

H. 이스라엘에서 여호아하스의 악한 통치(13:1~9)

장면은 다시 한번 북 왕국으로 옮겨진다.

13:1~3 여호아하스는 요아스의 유다 통치 이십삼 년에 다스리기 시작해 십칠 년간을 다스렸다(BC 814~798년). 요아스의 23년은 요아스가 BC 837년에 통치하기 시작했다는 의미로 보인다. 실제로 그는 BC 835년에 통치를 시작했다(참조, 왕상 12:25~33, "유다와 이스라엘의 왕들과 바벨론 추방 전 선지자들" 도표). 유다와 이스라엘은 다른 연대계산법을 사용하기 시작했고, 따라서 2년의 오차가 생겼다. 여호아하스는 예후의 아들이었고, 그의 수도는 **사마리아**였다. 여호아하스는 재임 기간 동안 **여로보암의 죄를 따랐다**(예후. 참조, 왕하 10:29). 모세의 율법을 따르지 않은 것에 대한 징계로 하나님은 아람 사람으로 하여금 이스라엘을 다스리도록 하셨다. 여호아하스는 하사엘의 말기 통치 기간과 그의 아들 벤하닷 3세의 초기 통치 기간 동안 다스렸다.

13:4~6 아람의 괴롭힘 때문에 **여호아하스는 여호와께 도우심을 구했다**. 왕의 우상숭배에도 불구하고 여호와께서는 그의 백성을 불쌍히 여겨 **구**

원할 사람을 보내셨다. 이 사람은 아마도 앗수르의 아닷 니라리 3세였을 것이다(BC 811~783년. 참조, 욘 1:2, "중앙 앗수르의 왕과 신앗수르의 왕국" 도표). 그는 다메섹(그리고 두로, 시돈, 메디아, 에돔, 이집트)에 대항하여 싸웠고, BC 803년에 그 나라들을 쳐부수었다. 따라서 아람 사람들은 이스라엘 침략에서 앗수르로부터 자신을 방어하는 데로 주의를 돌렸다. 결국 이스라엘은 아람의 힘에서 벗어났고 백성은 그들의 집으로 돌아와 행복하게 살 수 있었다.

그러나 이러한 기도의 응답에도 백성은 우상숭배를 회개하지 않았다. 심지어 바알의 아내인(바알 신화에 따르면 바알의 아내는 아스다롯이고 아세라는 바알의 어머니-편집자 주) 이교의 여신 아세라 목상이 사마리아에 그대로 남아 있었다.

13:7~9 이스라엘의 군대가 예후의 통치 기간(참조, 10:32~36) 중에 어느 정도 줄어들긴 했지만, 아람 사람과의 전쟁에서 여호아하스의 군대는 거의 전멸을 당했다. 그들은 발길에 차이는 티끌처럼 날아가 버렸고 다시는 볼 수가 없었다. 여호아하스는 죽어서 사마리아에 묻혔고, 그의 아들 요아스가 왕위를 이어받았다.

I. 이스라엘에서 요아스의 악한 통치(13:10~25)

요아스는 이스라엘을 지배한 예후 왕조의 세 번째 왕이다.

1. 요아스에 대한 평가(13:10~13)

13:10~11 요아스가 이스라엘을 다스릴 때, 요아스라는 동일한 이름을 가진 왕이 유다를 다스렸다. 요아스는 BC 798년에 이스라엘을 통치하기 시작했고, BC 782년까지 16년간을 다스렸다. 그러나 5년 후(BC 793년)에 요아스의 아들 여로보암 2세가 그와 함께 유다를 다스렸다. 왕은 조상의 우상숭배를 계속 이어 갔고, 여호와께서 보시기에 악하였다.

13:12~13 특정한 왕에 대한 역사 기록을 끝마치는 일반적인 문구가 요아스의 이야기 초반부에 나타난다. 요아스에 관한 평가는 유다의 아마샤(14:15~16)의 경우에도 거의 축어적으로 반복된다. 요아스와 아마샤의 전쟁은 유다 왕들의 통치 기록의 일부분으로 서술되었다. 여로보암 2세는 요아스를 계승했으나, 실제적으로는 그의 아버지가 죽기 11년 전에 통치하기 시작했다.

2. 엘리사의 예언(13:14~21)

13:14 이제 선지자 엘리사가 이야기에 재등장한다. 그는 **죽을 병**이 들었다. 요아스 왕은 하나님의 사람에 대한 존경심에서 그를 방문했다. 왕이 그 앞에서 **눈물을 흘리며** 통곡했다는 사실은, 비록 요아스가 여로보암 1세(참조, 11절)의 전철을 밟았지만, 여호와를 경외했음을 나타낸다. 그는 하나님의 종의 죽음이 이스라엘에 미칠 커다란 손실을 걱정했다. 그는 엘리사를 자신보다 위대한 사람으로 간주했으며, 진정 겸손한 마음으로 그를 내 아버지라고 불렀다. 이스라엘의 **병거와 마병**이라는 표현으로 볼 때, 그가 엘리사

와 그의 배후에 계신 하나님을 모든 적대자들로부터 이스라엘을 보호하는 참된 능력으로 인식하고 있음을 알 수 있다. 엘리사는 엘리야의 사역이 하나님에 의해 끝났을 때도 자신에게 사용된 똑같은 표현을 사용했다(2:12).

13:15~17 요아스의 믿음의 표현으로 인해 엘리사는 그에게 승리를 약속했다. 활과 화살들은 하나님이 요아스에게 주시는 능력과 승리의 상징이었다. 손에 활을 잡음으로써 왕은 상징적으로 하나님의 능력을 대행하는 대행자가 되었다. 엘리사는 자신의 손을 요아스의 손 위에 올려놓아, 왕이 그의 예언을 통해 여호와께로부터 받아서 발휘할 능력을 상징화했다.

요아스가 화살을 쏠 수 있도록 적군인 아람 사람을 향해 나 있는 **동쪽 창**을 열었다. 예언에 따라 요아스는 화살을 **쏘았다**. 화살을 쏨으로써 실제적으로 왕은 화살이 상징하는 승리를 획득하고 있었다. 왕이 화살을 쏘았을 때 엘리사는 그 화살이 요단 강 건너 아벡(왕상 20:30)에서 싸우게 될 아람에 대한 승리를 상징한다고 말했다.

13:18~19 그런 다음 엘리사는 왕에게 남아 있는 화살들을 가지고 땅에다 쏘라고 지시했다(히브리어 번역에 의하면 **땅을 쳤다**는 것은 왕이 화살을 손에 움켜쥐고 땅을 쳤다는 것보다는 첫 번째 화살을 쏜 것처럼 쏘았다는 것을 의미할 것이다). 왕은 화살을 세 번 더 쏘았고, 그런 후에 쏘는 것을 **그쳤다**. 왕이 화살을 쏜 수만큼 승리를 주시려는 하나님을 믿는 데 실패했기 때문에 엘리사는 그가 멈춘 것에 **화를 내었다**.

요아스는 첫 번째 화살이 상징하는 것을 이해했다. 엘리사는 그것을 설명했다. 하나님은 왕으로 하여금 보다 많은 화살을 쏘도록 하여,

그가 쏘았던 화살 수만큼의 승리를 엘리사를 통해 선언하도록 하셨다. 하나님은 그에게 신적인 능력을 주어 그가 승리하리라는 것을 확신시켜 주셨다. 그러나 요아스는 엘리사가 암시한 만큼 하나님이 그에게 해 주실 수 없으리라고 느꼈던 것 같다. 이러한 잘못된 믿음이 엘리사가 화를 낸 이유였다.

요아스는 하나님이 약속하신 것을 알았지만, 하나님을 믿는 데 실패했다. 엘리사는 왕이 좀 더 많은 화살을 쏘았더라면 하나님이 그의 믿음을 높이 사서 그에게 아람의 완전한 멸망을 이루는 완벽한 승리를 주셨을 것이라고 말했다. 결과적으로 그는 세 번의 승리밖에 얻지 못했다(25절).

13:20~21 그 후 얼마 지나지 않아서 엘리사가 죽었다. 엘리사는 최소한 56년간 사역을 했을 것이다(엘리야의 종으로 있던 기간까지 포함해서). 왜냐하면 엘리사는 아합의 통치 기간 동안(BC 853년에 끝난)에 엘리야에 의해 부름을 받았고, 요아스의 통치 기간(BC 798년에 시작한)에 죽었기 때문이다. 엘리사의 시체는, 대부분의 초창기 이스라엘인들이 그러했듯이, 아마포 천으로 둘둘 감싸인 뒤 동굴이나 바위를 막아 만든 무덤에 **묻혔을** 것이다.

얼마 후에 몇 사람이 엘리사의 묘실 근처에 어떤 **사람의 시체**를 묻으려고 했다. 그들은 **모압의 도적 떼**를 보고 놀랐는데, 이들은 틀림없이 만나는 사람마다 강도질을 했을 것이다. 시체를 매장하려던 이스라엘 사람들은 재빨리 도망치기 위해 **엘리사의 묘실** 앞의 돌을 밀어내고, 친구의 시체를 **묘실** 안에 던지고 달아났다. 시체가 **엘리사의 뼈**에 닿자 죽은 사람이 회생하여 **발을 딛고 섰다**. 엘리사의 **묘실** 안으로 시체를 던졌던 사람들은 분명히 이 광경을 목격했다. 그들은 이 이야기를 널리 퍼뜨렸고, 요아스의 귀에도 들어갔을 것이다. 이러한 기적은 우선적인 의도를 가진 것으로 보인다. 하나님이 그의 선지자의 시체를 통해 역사하신 이러한 능력의 징조는, 왕이 아람 사람들과의 싸움에서 예감했듯이, 왕을 고무시켰고 왕의 신앙의 부족을 책망했다(참조, 18~19절 주해).

3. 요아스의 승리(13:22~25)

13:22~23 비록 하사엘의 양손은 그의 적인 앗수르와 싸우느라 바빴지만, 그의 발은 요아스의 아버지인 **여호아하스** 시대의 이스라엘의 목도 밟고 있었다. 그러나 여호와는 이스라엘의 족장들과 세우신 **언약** 때문에, 은혜와 불쌍히 여기심으로 이스라엘을 돌보시고 멸하기를 즐겨 하지 않으셨다. 저자가 기록한 것처럼 **이때까지** 하나님이 그들을 자기 앞에서 쫓아내지 않으신 것은, 이스라엘의 선함 때문이 아니라 하나님의 **약속** 때문이었다. 이는 열왕기상·하가 쓰인 시대에도 그러했다.

13:24~25 하사엘이 죽은 후(BC 801년) 요아스는 아람의 새 왕 **벤하닷 3세**와 전쟁을 하여, 엘리사가 예언한 것과 같이 그를 세 번 물리쳤다(19절). 여기에 기록되어 있지는 않지만 아벡의 전투(17절)는 그 세 번의 전투 중 하나일지도 모른다. 요아스는 여호아하스가 하사엘과의 세 차례의 싸움에서 빼앗긴 이스라엘의 성읍들을 재탈환했다(참조, 3절).

J. 유다에서 아마샤의 선한 통치(14:1~22)

1. 아마샤의 정책(14:1~6)

14:1~6 요아스가 이스라엘의 왕이 된 지 약 1년 후에 아마샤는 유다를 다스리기 시작했다. 아마샤가 왕이 되었을 때의 나이는 이십오 세였고, 이십구 년간(BC 796~767년) 다스렸다. 이 기간의 대부분은 그의 아들인 아사랴의 지배와 그의 지배가 중복되었다. 왕은 그의 아버지 요아스의 본보기를 따랐다. 그는 주님을 경배했지만 산당을 제거하지는 않았다(참조, 왕상 22:43). 백성은 그 산당에서 모세의 율법(신 12:2~7, 13~14)을 지키지 않으면서 하나님을 경배했다. 다윗 왕조의 시조이자 유다의 위대한 왕인 다윗과 비교할 때 아마샤는 많이 부족했다.

아마샤는 하나님의 율법에 복종하여(참조, 신 24:16), 근동의 군주들이 관습적으로 했던 것처럼 그의 아버지의 암살자들의 자녀들을 죽이는 일을 하지 않았다. 그는 하나님이 배반할 가능성이 있는 사람들을 제어해 주실 것을 믿었다.

2. 아마샤의 에돔과의 전쟁(14:7)

14:7 에돔과의 전쟁은 역대하 25장 5~16절에 잘 설명되어 있다. 에돔은 여호람의 통치 기간 동안 반란을 일으켰다. 아마샤는 에돔이 유다에게 남쪽 무역 항로들을 열어 줄 수 있기 때문에 이 지역의 통치권을 다시 얻기를 원했다.

이 전쟁은 사해 남쪽 끝의 늪지대인 소금 골짜기(사해 계곡)에서 발생했다(참조, 삼하 8:13). 아마샤에 의해 욕드엘로 재명명된 셀라는 나중에 가파른 산 벽에 굴을 뚫어 만든 에돔의 성채 도시인 페트라로 다시금 명명된다.

3. 아마샤의 이스라엘과의 전쟁(14:8~14)

14:8~10 에돔과의 전쟁에서 승리한 후, 아마샤는 최근에 하사엘에게 패배한 이스라엘에 도전하기로 결심했다(13:22). 아마샤의 요아스에 대한 도전장은 전쟁의 선언을 구성하는 요소가 되었다.

이스라엘 왕은 아마샤에게 우화 형식의 경고를 보낸 후 이 전쟁에 응했다. 가시나무와 백향목은 레바논에 흔한 것이었다. 아마샤는 가시나무였고 요아스는 백향목이었다. 야생동물들이 가시나무를 쉽게 짓누를 수 있었기 때문에 누구라도 쉽게 유다를 이길 수 있었다. 요아스가 아마샤에게 집으로 돌아가라고 한 충고는 선의에서 나온 것이었지만 그 이야기로 아마샤는 자존심이 상했다. 그래서 그는 한층 더 전쟁에 강력하게 대응하기로 마음먹었다. 그의 결정은 그가 에돔을 정복한 후 에돔의 우상을 유다에 가져와서 그것들을 숭배했기 때문에(참조, 대하 25:14, 20) 패배의 고통을 받게 하려는 여호와의 뜻에 의한 것이었다.

14:11~14 요아스는 선수를 쳐서 유다를 공격했다. 그는 예루살렘에서 약 15마일 서쪽 벧세메스의 전투에서 아마샤와 부딪쳤다. 유다는 패배하고 그의 군대는 후퇴하였으며, 아마샤는 생포되었다. 요아스는 예루살렘으로 가서 사백 규빗의 성벽을 파괴했다. 그는 금, 은, 그리고 다른 귀중품들을 성전과 왕궁에서 약탈했을 뿐만 아니라 포로를 끌고 사마리아로 돌아

갔다. 아마샤가 포로로 잡혀 있을 때, 그의 아들 아사랴는 예루살렘에서 왕으로 통치하기 시작했다(BC 790년).

4. 요아스의 죽음(14:15~16)

14:15~16 요아스의 죽음(참조, 13:12~13)에 대한 두 번째 언급은, 아마샤가 이스라엘에 죄수로 갇혀 있는 특이한 상황 때문에 여기에 기록된 것 같다. 요아스가 죽자(BC 782년) 아마샤는 석방되었고 유다로 돌아갔다. 요아스의 계승자는 그의 아들인 **여로보암 2세**였다.

5. 아마샤의 죽음(14:17~22)

14:17~20 아마샤(BC 767년에 사망)는 요아스(BC 782년에 사망)보다 적어도 15년은 더 살았다. 아마샤는 유다로 돌아온 후 그의 아들을 부섭정으로 만들었다. 그들은 아마샤가 죽을 때까지 왕위(BC 790~767년)를 공유했다.

아마샤에 대해 **음모를 꾀한** 사람은 밝혀지지 않았으나 아마 그의 관리들 중 몇 명이었을 것이다. 왕은 유다의 남부 국경에 있는 옛 수도 **라기스로 도망쳤다.** 그곳에서 적들이 그를 먼저 잡지 않았다면 그는 그 나라에서 도망칠 수 있었을 것이다. 그는 **예루살렘**의 옛 다윗 성 한쪽에 있는 왕실 묘지에 장사되었다.

14:21~22 BC 790년에 아사랴는 그의 아버지 아마샤가 이스라엘에 포로로 잡혔을 때인 **십육 세** 때부터 통치하기 시작했다. 그의 아버지가

BC 767년에 죽었을 때 아사랴는 독자적으로 통치하기 시작했다. 아카바 만의 해안에 있는 엘랏의 복원은 아사랴의 가장 중요한 업적 중 하나였기 때문에 여기에서 언급했을 것이다. 아사랴에 대한 더 자세한 설명은 15장 1~7절에 나와 있다.

K. 이스라엘에서 여로보암 2세의 악한 통치(14:23~29)

14:23~24 여로보암 2세는 BC 793~782년까지 그의 아버지인 요아스와 공동 섭정을 했다. 유다의 왕 아마샤 십오 년에 그는 독자적인 통치를 시작했다(BC 782년). 그는 사십일 년(BC 793~753년) 동안 통치해서 그 전의 어떤 이스라엘 왕보다도 오래 통치했다.

여로보암 2세는 영적으로 그의 조상들의 발자취를 따랐다. 그러나 정치적으로는 이스라엘의 가장 강력한 왕이었다. 그러나 여로보암 2세의 업적 중 몇 가지만 기록되어 있다. 이스라엘 역사에서 영적인 면을 강조한 저자의 입장에서 이러한 것들은 그다지 중요하지 않았다.

14:25~27 여로보암 2세는 솔로몬 시대의 이스라엘의 경계선만큼 이스라엘 국경을 회복시켰다(유다와 베냐민에 속하는 남 왕국의 영토까지는 포함하지 않음). 하맛 어귀(참조, 왕상 8:65)는 긴네렛 바다 북동쪽으로 150마일에 걸쳐 있었다. 아라바 바다는 사해다. 이 영토 확장은 여로보암 2세 때 사역한 요나에 의해 계시되었다(참조, 왕상 12:25~33, "유다와 이스라엘의 왕들과 바벨론 추방 전 선지자들" 도표. 요나의 예언은 성

경의 어느 곳에서도 기록되어 있지 않다. 이 요나가 앗수르 사람들에게 회개를 촉구하는 하나님의 말씀을 가지고 니느웨로 간 바로 그 사람이다(참조, 욘 1:1). 그의 고향인 **가드헤벨**은 이스라엘의 나사렛 북쪽 수마일 내에 있었다.

이스라엘 사람들은 다메섹의 하사엘의 억압적 지배 때문에 **고통을 받았다.** 하나님은 이스라엘 백성을 불쌍히 여기셔서 요아스(참조, 왕하 13:22~25)의 지배 때부터 고통을 덜어 주기 시작하셨고, **여로보암 2세 때까지 계속하셨다.**

14:28~29 하나님이 어떻게 이스라엘 사람들을 구원하셨는지는 설명되어 있지 않다. 단지 특수한 몇 가지 사실들만 이 구절에 나타나 있다. 여로보암 2세는 아람의 수도인 **다메섹과 하맛**을 침략했다. 이들 도시와 그 주위 영토들은 솔로몬과 다윗 시대에는 **야우디**(Yaudi, 유다)의 땅이었으나 그 이후로는 그렇지 않았다. 이 지역을 통치하면서 여로보암 2세는 하사엘이 **빼앗았던**(참조, 10:32~33), 요단을 경유하는 모든 지역을 수복하고, 이스라엘을 동부 지중해안의 가장 강력한 국가로 만들었다.

여로보암 2세의 승리는 다메섹이 아닷 니라리 3세(참조, 13:5)가 다스리던 앗수르로부터 북동쪽에 공격을 받아서 약해져 있었기 때문에 가능했다. 또한 이때는 앗수르도 그들의 북쪽 국경의 우라르투(Urartu) 사람들의 공격 위협과 내부 분열과 계속되는 무능한 지도자로 말미암아 약해져 있었다. 요아스는 훌륭한 군사전략가였고(14:11~14), 그의 아들 **여로보암 2세**는 그의 아버지의 능력을 이어받았으며, 심지어 그의 아버지를 능가할 정도였다.

여로보암 2세의 재임 기간 동안 아모스와 호세아가 이스라엘에서 사역했다(암 1:1; 호 1:1). 그들의 예언은 여로보암의 통치 기간 동안 이스라엘에 생명의 통찰력을 더해 주었다. 여로보암 2세는 BC 753년에 죽었고, 그의 아들 스가랴가 그의 왕위를 계승했다(15:8~12).

L. 유다에서 아사랴의 선한 통치(15:1~7)

15:1~4 아사랴(여호와가 도우셨다라는 뜻)는 구약성경(13, 30, 32, 34절; 대하 26장; 사 1:1; 호 1:1; 암 1:1; 슥 14:5 등)에서 웃시야("여호와는 나의 힘이시다"라는 뜻)로 불렸다. 요아스와 여로보암 2세의 공동 섭정 이십칠 년은 BC 767년이었다.

그해에 아사랴는 독자적으로 유다를 통치하기 시작했다. 그는 아마샤가 이스라엘에 포로로 있을 때는 그의 아버지를 대신해서 왕으로 있었고, 아마샤가 유다로 돌아왔을 때는 그와 공동 섭정을 했다.

아사랴가 섭정을 시작했을 때(BC 790년)의 나이는 **십육 세**였고 그는 **예루살렘을 오십이 년간**(BC 790~739년) 통치했다. 이 통치 기간은 그때까지의 유다나 이스라엘의 어떤 왕의 통치 기간보다 더 긴 것이었다. 아사랴는 그의 **아버지**(참조, 대하 26:4~5)와 같이 선왕이었지만, 백성이 모세의 율법(신 12:2~7, 13~14)에 불순종하며 하나님을 섬기던 산당(참조, 왕상 22:43 주해)을 없애지는 못했다.

15:5 역대하의 저자는 아사랴를 나병 환자가 되도록 만든 죄악을 자세

히 설명했다(대하 26:16~21). 아사랴가 나병 환자가 되자(BC 750년) 그는 죽은 해인 BC 739년까지 그의 아들 요담과 그의 왕위를 공유했다. 아사랴는 이스라엘에서 나병 환자에게 요구되는 제한된 **은둔 생활을** 했으나, **왕궁의** 집행자인 그와 아들 요담과 더불어 국가를 이끌어 나가는 데 여전히 기여했다.

15:6~7 유다 왕 역대지략에 기록된 아사랴의 사적에 부가해서 역대기 저자는 이사야가 그의 이야기를 적었다고 덧붙였다(대하 26:22). 이사야가 유다 왕 역대지략을 썼거나 또는 두 개의 다른 문서가 존재해 왔을지도 모른다. 왕은 죽고 나서 다윗 성의 왕립 묘지에 **묻혔을** 것이다. 그의 아들 요담은 그의 왕국을 계속 지배했다.

아사랴는 유다의 가장 영향력 있는 왕 중 한 사람이었다. 그는 엘랏(14:22)까지 남쪽과 동쪽으로 영토를 확장하여 암몬 족속이 그에게 조공(대하 26:8)을 바치게 했으며, 블레셋을 쳐서 서쪽까지 영토를 넓혔다. 그는 예루살렘과 유다의 다른 지역을 요새화했고(대하 26:9~10, 15), 군대를 재조직했다(대하 26:11~14). 아사랴와 여로보암 2세가 합병한 영토는 다윗과 솔로몬 시대의 영토와 비슷했다. 여로보암 2세 사후에 아사랴는 더욱 강력해져서 앗수르의 위협에 대항하여 그와 연합한 이웃 나라들의 지도자로부터 신뢰를 받았다. 불행하게도 그는 자만심에 **빠져서** 제사장만 할 수 있는 분향까지 직접 시행하여 하나님의 노여움을 샀고, 결국 비참하게 되었다(대하 26:16~21).

M. 이스라엘에서 스가랴의 악한 통치(15:8~12)

15:8~12 스가랴는 아사랴 삼십팔 년(BC 753년)에 여로보암 2세의 왕위를 계승했으나 단지 여섯 달 동안만 왕위에 머물렀다. 그는 그의 조상들이 모두 그랬던 것같이 여로보암 1세가 단과 벧엘에서 시작한 금송아지 숭배를 계속했다. 그는 살룸에 의해 공개적으로 암살당했다. 살룸이 왕위를 취했다는 사실은 스가랴가 국민의 지지를 얻지 못했다는 것을 암시한다. 스가랴의 죽음은 이스라엘 왕위를 사 대가 계승할 것이라는 예후에 대한 하나님의 말씀을 성취시켰다(10:30). 그래서 이스라엘의 다섯 번째 왕조는 종말을 고하게 되었다.

N. 이스라엘에서 살룸의 악한 통치(15:13~16)

15:13~16 BC 752년에 있었던 살룸의 한 달간의 지배는 이스라엘 역사상(시므리의 6일 왕국 이후, 왕상 16:15~20) 두 번째의 최단기 지배였다. 므나헴은 여로보암 2세의 군대의 총사령관이었다(Josephus, *The Antiquities of the Jews*, 9. 11, 1). 그는 이스라엘의 옛 수도인 디르사에 머물렀다(참조, 왕상 15:21, 33; 16:6, 8~9, 15, 17, 23).

므나헴은 살룸을 찬탈자로 간주하고, 총사령관으로서 자신이 스가랴를 계승해야 한다고 믿었다. 므나헴은 디르사와 사마리아 근처의 딥사를 공격했다. 왜냐하면 그를 왕으로 인정하는 것을 거절한 그곳의 거주자들이 그에게 대항하여 그들의 성문을 닫아 버렸기 때문이다. 그가 모든 임신한 부녀자들까지 죽인 파괴적인 행위는 다른 이스라엘 백성이 그에게 즉각적으로 충성하게 하려는 의도였다.

0. 이스라엘에서 므나헴의 악한 통치(15:17~22)

15:17~18 므나헴은 아사랴 삼십구 년부터 지배하기 시작하여 10년 동안 (BC 752~742년) 다스렸다. 므나헴은 이스라엘의 일곱 번째 왕조를 설립했다. 그의 배교는 그의 많은 조상들만큼이나 악한 것이었다.

15:19~22 불은 앗수르 묘비명에 디글랏 빌레셀 3세(BC 745~727년. 29절; 16:7, 10; 대상 5:26)로 되어 있다. 이것이 열왕기하에서의 앗수르에 대한 첫 번째 언급이다. 불은 앗수르의 가장 강력한 지배자 중 한 명이었다. 불은 BC 743년에 이스라엘을 공격해서 므나헴으로 하여금 그에게 조공을 바치도록 했다. 므나헴이 이스라엘의 부유한 주민들에게서 거둔 천 달란트(약 37톤)의 은을 불에게 조공한 대가로 앗수르 왕은 그가 왕위를 계속 유지할 수 있도록 도와주었다. 므나헴이 죽은 후 그의 아들 브가히야가 그 뒤를 계승했다.

P. 이스라엘에서 브가히야의 악한 통치(15:23~26)

15:23~26 브가히야는 사마리아에서 2년(BC 742~740년) 동안 다스렸다. 그도 역시 여로보암의 길을 따라 배교했다. 그의 통치는 그의 장관 중 한 명인 베가가 그의 휘하의 오십 명의 병사를 요단 강 건너 길르앗에서 사마리아까지 이끌고 와서 왕을 암살함으로써 끝났다. 아르곱과 아리에 왕자 또한 같이 살해되었다. 이들의 피살은 사마리아 왕궁의 가장 안전한 장소인 호위소 안에서 일어났다. 그리하여 베가가 이스라엘의 왕위를 계승했다.

Q. 이스라엘에서 베가의 악한 통치(15:27~31)

15:27~28 아사랴 오십이 년은 BC 740년이다(그의 마지막 해인 52년은 BC 739년까지 확장된다). 이 시기에 베가는 사마리아로부터 이스라엘을 지배하기 시작했다. 그러나 그는 왕위에 대한 므나헴의 주장을 인정하지 않았고, 요단 강 동쪽 길르앗에 적대적인 정부를 수립했다. 그곳에서 베가는 사마리아 정부 아래서 그가 자신을 주장할 수 있을 때까지 군대의 장교로 지냈다. 그의 이십 년간의 통치는, 므나헴이 사마리아에서 왕위에 오른 시기에 그가 길르앗에서 통치를 시작했다는 것을 의미한다(BC 752년). 그의 통치 기간은 므나헴과 브가히야의

통치 기간과 중복되었다(BC 752~740년). 그는 BC 740년에 브가히야를 암살하고, BC 732년에 그가 머물러 있던 사마리아에서 정복될 때까지 지배했다. 베가는 이스라엘 왕조의 전임자들이 행한 사악한 길을 계속 따랐다.

15:29 베가가 므나헴과 그의 아들 브가히야에 대항한 이유 가운데 일부는, 이스라엘의 앗수르 외교 정책에 대한 다른 확신 때문인 것 같다. 므나헴은 유화적이었고 앗수르의 통제에 복종하려고 했다(참조, 19~20절). 베가는 분명히 저항이라는 강경 노선을 좋아했을 것이다. 므나헴의 세금 제도에 대한 백성의 반발은 베가가 행동을 취할 수 있도록 고무시켰을 것이다. 베가는 사마리아에서 권력을 얻고서 앗수르에 대항하여 다메섹의 왕 르신과 조약을 맺었다. 이것이 디글랏 빌레셀 3세(불)로 하여금 블레셋, 이스라엘, 이 후에 아람과 BC 734~732년에 전쟁을 일으키게 했다(참조, 대하 28:5~8).

이 전투에서 그는 납달리의 마을인 이욘과 이욘 바로 남쪽의 아벨벳마아가와 다른 이웃 마을인 야노아와 후레 호수 북서쪽의 게데스와 게데스 남쪽의 하솔을 취했다. 그는 요단 강 동쪽의 길르앗과 이스라엘 북부 지역의 갈릴리와 납달리의 땅도 얻었고, 그곳의 백성을 앗수르로 사로잡아 갔다. 이스라엘 사람들의 첫 번째 포로는 BC 733년에 발생했다. 두 번째 포로는 11년 후인 BC 722년에 뒤따라 일어났다.

15:30~31 이스라엘의 패배로 호세아는 베가를 반역하여 그를 암살했고, BC 732년에 이스라엘의 왕이 되었다. 앗수르의 묘비 중 하나에서 디글랏 빌레셀 3세가 호세아를 왕위에 오르게 했다고 주장하고 있

다(James B. Pritchard ed., *Ancient Near Eastern Texts Relating to the Old Testament*, 3rd ed, Princeton, N.J.: Princeton University Press, 1969, 284). 분명히 호세아는 므나헴과 브가히야가 그랬듯이 앗수르에 충성을 맹세했다.

R. 유다에서 요담의 선한 통치(15:32~38)

15:32~35 요담이 그의 아버지 아사랴(웃시야)와 공동으로 통치하기 시작할 때는 베가 이 년(BC 750년)이었다. 요람은 BC 750~735년까지 십육 년간 다스렸다. 실제로 요담은 BC 732년까지 그의 아들 아하스와 함께 다스렸는데, 이 시기 동안 아하스는 공식적인 왕으로 간주되었다. 요담은 선한 왕이었으나 산당을 제거하지는 못했다(참조, 왕상 22:43과 비교).

요담의 업적 중 하나가 열왕기하에 기록되어 있다. 그는 성전의 윗문(북문)을 개축했는데, 아마도 여호와 경배를 고무하기 위해서였을 것이다. 요담의 다볼 건축 계획과 암몬 족속 정복은 역대하 27장 3~5절에 기록되어 있다. 그가 강력한 왕이 된 이유는 그가 그의 하나님 여호와 앞에서 바른 길을 걸었기 때문이다(대하 27:6).

15:36~38 아람 왕 르신과 이스라엘의 왕 베가는 앗수르의 위협에 대항해서 저항하는 강경 노선을 취했고, 요담과 아하스에게 동참할 것을 강요하기 위해 유다에 대항하는 동맹을 맺었다. 이때는 요담과 아하스가 공동 섭정할 때였다(BC 735~732년. 16:1). 이 압력은 여호와께로부터 온 것이었고, 유다

왕의 믿음에 대한 시험으로 나타났다(참조, 16:5~8; 사 7:1~17). 그의 조상들(왕하 15:38)은 52년 동안 예루살렘을 통치한 요담의 아버지 아사랴나 그의 조상 다윗을 가리킬 것이다.

S. 유다에서 아하스의 악한 통치(16장)

1. 아하스에 대한 평가(16:1~4)

16:1~2상 베가의 십칠 년째 해는 BC 735년이다. 그러나 BC 732년이 되어서야 아하스는 BC 715년까지 계속되었던 그의 **십육 년간의 통치**를 시작했다. "유다와 이스라엘의 왕들과 추방 전 선지자들"이라는 열왕기상 12장 25~33절의 도표에서 볼 수 있듯이, 아하스의 아버지인 요담의 통치 기간은 BC 750~735까지 십육 년간이었다(대하 27:1). 그러나 요담은 732년까지 죽지 않았다. 요담과 아하스는 BC 735년부터 732년까지 4년 동안 독자적인 통치를 했다고 인정할 수 없다. 그들은 공동 섭정을 했다. 다른 의미에서 아하스의 통치는 744년에 시작되었다. 그래서 그는 그의 아버지 요담 밑에서 BC 744년부터 BC 735년까지 부섭정으로 있었다.

16:2하~4 많은 유다 왕들과 비교해 볼 때, 그의 조상 다윗과 달리 아하스는 하나님의 뜻을 행하지 않았다. 그 대신에 그는 북 왕국의 사악한 왕들의 실례를 따랐다. 그는 우상에게 드리는 번제물로 그의 아들을 바치기까지 했다(왕으로서 그를 계승한 사람이 히스기야가 아닌 것이 분명하다).

이러한 가증스러운 죄(참조, 17:17)는 암몬 족속과 여호수아 지배하의 이스라엘에 의해 부분적으로 그 땅에서 **쫓겨났던** 토착 이교도의 가나안 사람들에게는 일반적인 일이었다. 아하스도 역시 **작은 산 위**, 그리고 **큰 나무들 밑에 있는 산당**(참조, 왕상 22:43)에서의 경배를 장려했다. 이러한 경배의 장소가 너무나 많았기 때문에 저자는 그것들을 모든 우거진 나무 아래에서(참조, 17:10) 찾을 수 있었다고 과장하여 말했다.

2. 아하스의 적들(16:5~9)

16:5~6 르신과 베가는 침략자 앗수르에 대항하여 동맹군을 형성했고, 아하스가 그들에게 동참하기를 원했다. 그렇지만 아하스는 유다와 앗수르 사이에 위치해 있던 그의 이웃 나라들이 그랬던 것같이 앗수르의 위협을 민감하게 느끼지는 못했다. 아하스는 앗수르에 대해 유화적인 정책을 택하였다. 그 결과로 르신과 베가는 **아하스**가 그들과 함께 하도록 압력을 가하려고 그를 공격했다. 그러나 그들은 7~9절에 언급된 이유들 때문에 이 시도에 성공하지 못했다.

저자는 아사랴가 근래에 유다의 도시로 만든(14:22) 아카바 만 북쪽 끝에서 **르신**이 **엘랏**을 탈환하는 데 성공했다는 것을 부가적으로 기록했다(6절). 이 중요한 항구 도시는 이렇게 아람의 지배하로 들어갔다. 유다는 다시는 그것을 되찾을 수 없었다. 그것은 나중에 **에돔** 족속에게 떨어졌다.

16:7~9 아하스는 르신과 베가에게 협력하는 대신 **디글랏 빌레셀 3세**에게 도움을 요청했다. 아하스는 자발적으로 부하가 되어 앗수르의 지배에 복종했다. 그의 성으로부터 그의 지독한 이웃들을 쫓아 달라고 디글랏

빌레셀에게 부탁하려고 예루살렘의 성전과 왕궁으로부터 은과 금을 선물로 보냈다. 디글랏 빌레셀은 그의 말을 듣고서 르신의 수도인 다메섹을 공격하여 점령했다.

이것이 예루살렘의 포위 공격으로부터 아람 사람의 관심을 돌리게 했다. 그들은 자신들의 영토를 지키기 위해 고향으로 돌아갔다. 다메섹은 앗수르의 수중에 떨어졌고 르신은 처형되었다. 많은 아람 사람들이 정복된 민족들에 대한 앗수르의 격리 수용 정책에 의해 앗수르 지역인 기르로 추방되었다(참조, 15:29; 17:23). 앗수르에 도움을 구한 아하스의 결정은 어리석은 것이었다(참조, 사 7장). 베가가 포위 공격에서 자신의 많은 백성을 잃은 것을 제외한하면(대하 28:5~8), 아하스는 앗수르의 블레셋으로의 진출을 더 촉진시켰다. 역대기의 저자는 당시의 에돔 족속과 블레셋 족속에 의한 유다의 성공적인 침략을 기록했다(대하 28:17~19). 이러한 모든 손실은 궁극적으로 아하스의 배교에 의한 것이었다(대하 28:19).

3. 아하스의 배교(16:10~18)

16:10~14 아하스는 디글랏 빌레셀 3세를 만나려고 다메섹으로 갔다. 그곳에서 그는 아람 사람의 것이거나 혹은 앗수르 사람들의 것으로 보이는 제단(큰 제단, 15절)을 보았다. 아하스는 대제사장인 우리야에게 이 제단의 양식을 보내면서 그것과 똑같은 것을 지으라는 명령을 내렸다. 당시의 제사장들의 배교는, 우리야가 그것을 즉시 묵인하고 따른 것으로 알 수 있다. 아하스는 돌아와서 번제물을 드리는 여호와의 놋제단을 눈에 잘 띄는 장소인 새 제단 옆으로 옮겼다. 그 위에서 그는 유다의 전통적인 제물을 드렸다.

16:15~18 아하스는 모든 규정된 제물은 그 새 제단에서 드리라고 명령했다. 그는 그 놋제단을 하나님으로부터의 인도하심을 구할 때만 사용했을 것이다. 우리야는 왕의 소원에 협조했다.

아하스는 또한 놋으로 된 열 개의 받침(참조, 왕상 7:27~40)으로부터 물두멍을 걷어치우고, 놋바다(참조, 왕상 7:23~26)의 밑으로부터 단단한 놋받침을 제거하고 돌판으로 대신했다. 그는 또한 안식일에 쓰기 위해 성전에 건축한 낭실(왕과 그의 종자들이 성전을 방문할 때 그늘을 만들기 위해 안 뜰에 세운 덮개)을 헐고 왕이 성전 밖에서 들어가는 낭실(왕만이 성전을 들어가는 데 사용하였던 특수한 등잔이나 계단)을 제거했다. 아하스가 어떠한 가구를 제거했는지는 설명되어 있지 않다. 그렇지만 그가 놋제단과 다른 가구들의 사용과 재배치를 명하신 하나님에게 의도적으로 불순종하고, 앗수르의 통치자를 기분 상하게 하지 않으려고 디글랏 빌레셀 3세에게 경의를 표한 것은 분명하다. 아하스의 우상숭배에 관한 다른 기록은 역대하 28장 2~3, 22~25절에 있다.

4. 아하스의 죽음(16:19~20)

16:19~20 아하스는 예루살렘에 묻혔지만 유다의 다른 경건한 왕들과 같이 왕립 묘지에 안치되지는 못했다(대하 28:27). 이것은 유다에 아하스의 정책을 인정하지 않은 유력한 사람들이 있었다는 것을 보여준다.

T. 이스라엘에서 호세아의 악한 통치(17:1~6)

17:1~2 호세아는 아하스 십이 년인 BC 732년에 왕이 되었다. 아하스의 통치는 BC 744년에 시작되었는데, 9년간의 부섭정(BC 744~735년)과 4년간의 그의 아버지 요담과의 공동 섭정(BC 735~732년) 그리고 16년간의 단독 왕으로서의 기간(BC 732~715년)을 포함한다(참조, 16:1~2상 주해).

호세아는 BC 732년, 요담 이십 년(15:30)에 9년간의 통치를 시작했다. 요담의 이십 년(BC 750~732년)은 십육 년간의 통치(BC 750~735년)와 사 년간의 아하스와의 공동 섭정(BC 735~732년) 기간을 포함한다. 요담의 BC 750~732년까지의 통치는 18년 또는 19년으로 보이지만 20년으로 간주된다. 왜냐하면 그는 만 18년과 다른 2년의 일부분을 통치했기 때문이다(참조, 왕상 12:25~33, "유다와 이스라엘의 왕들과 바벨론 추방전 선지자들" 도표).

여로보암 1세의 죄는 호세아와 연관하여 언급되지 않았다. 그는 사악한 왕이었으나 아마도 그가 살던 시대의 혼란함으로 인해 여로보암의 정책들을 장려하지는 못했다. 유다인의 전통에 따라 그는 이스라엘 사람들이 예루살렘에 가서 여호와께 경배하는 것을 허락했다.

17:3~6 살만에셀 5세(BC 727~722년. 참조, 욘 1:2, "중앙 앗수르의 왕들과 신앗수르의 왕국들" 도표)는 그의 아버지 디글랏 빌레셀 3세의 앗수르 왕위를 계승했다. 그는 사마리아를 공격했다. 왜냐하면 호세아가 봉신의 의무인 조공을 그에게 바치지 않았기 때문이다. 호세아는 조공을 드리는 대신

에 애굽의 왕 소(오소콘 4세. BC 727~716년)와 조약을 맺으려 했다. 애굽의 왕은 호세아를 도울 수 없었으므로 이것은 어리석은 실수였다.

호세아의 반란 계획을 알아낸 살만에셀은 이스라엘로 쳐들어가 호세아를 포로로 사로잡았다. 그리고 나서 북 왕국의 남은 지역을 평정했다. 길르앗과 요단 강 건너 지역(이스라엘의 북쪽과 서쪽 일부)은 이미 디글랏 빌레셀에게 함락되었다(15:29). 살만에셀은 사마리아를 함락시키는 데 3년을 들였다. 그는 호세아 구 년(BC 722년)에 그 일을 마쳤다. 그리고 많은 사람들을 앗수르로 **추방했다**(18:9~11). 이스라엘 사람들은 유브라데로 흐르는 하볼(오늘날의 하버) 강변에 있는 고산 지역의 **할라** 마을과 니느웨의 북동쪽에 있는 메대의 여러 마을 등 앗수르 제국의 여러 지역으로 보내졌다.

U. 포로가 된 이스라엘(17:7~41)

두 세기가 지난 후 이스라엘의 북 왕국은 더 이상 국가로서 존재할 수 없었다(BC 931~722년). 20명의 왕 중 7명이 암살당했다. 모두 하나님에 의해 그들의 악에 대한 심판을 받은 것이다.

1. 포로가 된 이유(17:7~23)

17:7~13 이스라엘이 패배와 추방을 당한 이유는 그들이 하나님께 죄를 범했기 때문이다. 하나님이 애굽 사람들의 속박으로부터 그 민족을 기

적적으로 해방시키신 구속을 고려해 볼 때, 그들의 죄는 더욱 심각한 것이었다. 724년 전(BC 1446년)에 **애굽**으로부터 탈출한 이스라엘이 마지막 왕 호세아에 의해 애굽에 도움을 청하게 된 것은 얼마나 묘한 일인가!

이스라엘은 **여호와**를 완전히 저버리지는 않았지만, 또한 **다른 신들**(**우상들**, 참조, 12절)을 섬겼다(참조, 출 20:3). 이방의 이웃들과 타협했으며, 그들의 사악함 때문에 하나님이 저버리신 **이웃 나라들의 관습을 따랐다**. 그들의 왕들 중 특히 여로보암 1세는 국민 생활에 배교의 **풍습**을 알리고 그것을 따랐다. 그들은 많은 죄를 은밀히 행하였음에도 불구하고 공개적으로는 **여호와**를 섬겼다.

하나님을 경배한다기보다는 그들 자신의 유익(참조, 신 12:2~7, 13~14)을 위해 예배하는 산당이 그들의 모든 마을의 곳곳에 세워졌다. 그들은 그들이 신성하다고 간주하는 돌과 실제로 모든 면에서 특별한 힘을 가진 것으로 이교도들에게 생각된 이교도 여신(참조, 18:4)을 상징하는 **아세라 목상을 세웠다**(참조, 16:4). 또한 이스라엘 사람들은 우상숭배를 했기 때문에 하나님이 그 땅에서 몰아내신 이교도의 **조상들**이 했던 것처럼 신들을 달래기 원하여 산당에 **향**을 피웠다. 그들의 사악한 행동을 포함한 경배는 여호와를 노엽게 했다(참조, 13:3; 17:17). 불순종을 포함한 그들의 우상숭배는 하나님에 의해 자세히 계시된 금령이었다. **여호와**는 모세의 **율법**에 추가하여 특별한 경고를 하려고 **선지자들**을 보내셨다. 이러한 사자들(하나님의 종)은 율법에 있는 하나님의 명령에 따라 회개하고 복종하라고 경고했다(참조, 17:23).

17:14~15 그러나 이스라엘 사람들은 선지자의 말을 귀담아 듣지 않았으며(참조, 13~14절), 분할된 왕국 이전에 살던 그들의 조상처럼 완고했다.

이러한 배반은 **그들의 하나님 여호와에 대한 믿음의 부족**을 보여 주는 것이다. 이스라엘 사람들은 **하나님의 명령**은 물론이고 하나님이 그들의 조상과 맺으신 **언약**조차 고의적으로 저버렸다(참조, 13절). 그들은 하나님이 그들의 조상에게 내리신 **경고**도 무시했다. 헛된 **우상들**(참조, 12절)을 따르기로 선택하면서 그들에게 주어진 것은 그들 자신의 헛됨과 무가치함이었다. 그들은 그들의 생활에 들어온 우상들의 특성을 닮아 갔다. 하나님이 그들의 본을 따르지 말라고 하신 **명령**에도 불구하고 그들은 주위의 경건치 않은 나라들을 **모방했다**. 그들은 하나님이 하지 말라는 일들을 행했다.

17:16~17 모든 하나님의 **명령**을 저버리고 두 개의 금속으로 된 송아지를 만들어 단과 벧엘에서 그것들을 경배했다(참조, 왕상 12:28~29; 신 4:15~18). 이스라엘 사람들은 가나안 사람들의 다산을 상징하는 여신 아세라 **목상**을 그들의 수도 사마리아에 세웠다(13:6). 그들은 이웃과 함께 혹성이나 빛나는 성좌들에게 경배했으며(참조, 21:5; 23:4~5), 점성술을 시행했다(참조, 신 4:19). 그들은 또한 근동의 **생산력**을 상징하는 남성 신 **바알을 숭배했다**. 신들을 달래기 위해 인간 제물로 그들의 아이들을 바치는 잔인한 관습조차 따랐다(참조, 16:3; 신 18:10). 그들은 **복술**(마법)과 악의 정신에 입각한 **사술을 행했다**(참조, 신 18:10~11). 이러한 죄를 행함으로써 이스라엘 사람들은 자신을 **죄악에 빠뜨리는** 꼴이 되었으며, 그것으로 주님의 노여움을 사게 되었다(참조, 13:3; 17:11). 이스라엘 사람들은 모세 언약의 분명한 명령에 **불순종**했다.

17:18~20 그들이 너무나도 반항적이었기 때문에 그들의 행동에 화가

나신 하나님은 그의 백성을 하나님이 현존하신 곳(하나님이 그들에게 살도록 허락하셨던 곳)으로부터 추방시키는 것으로 징계하셨다(참조, 23절). 포로는 만약 그들이 하나님을 배반할 경우에 당하게 될, 하나님이 말씀하신 벌(심판) 가운데 하나였다(신 28:45~48).

이제 유다만 남았다. 베냐민은 남 왕국의 일부분임에도 불구하고 작기 때문에 유다와 함께 자주 언급되지는 않았는데, 남 왕국조차 여호와께 불순종했다. 많은 유다 사람들이 이스라엘 사람들의 흉내를 냈으며, 그들의 동포가 전해 준 관습을 행하고 또 알렸다. 그리하여 하나님은 남 왕국에도 벌을 내리셨다. 하나님은 유다를 고통에 빠트리시고, 다른 나라에 의해 자기들 땅에서 쫓겨날 때까지 약탈당하게 하여 괴로움 속에 빠지게 하셨다(이러한 서술은 유다의 추방 뒤에 열왕기하 저자가 넣은 편집된 주해다).

17:21~23 하나님은 르호보암 시대에 솔로몬의 죄로 인해(왕상 11:9~13) 유다(다윗의 왕가 또는 집안)로부터 이스라엘을 갈라놓으셨다. 그 후 이스라엘 사람들은 여로보암을 왕으로 세웠다. 그는 국가를 하나님께로부터 멀어지게 했으며, 두 금송아지를 숭배하도록 했다(참조, 왕하 17:16). 하나님의 종들인 선지자들의 계속적인 경고에도 불구하고, 추방되어서 하나님 앞에서 제거될 때까지 그들은 이러한 경배의 형식을 계속하여 따랐다(참조, 13절). 이러한 이유들(끔찍한 우상숭배, 완고한 불순종, 별의 숭배, 어린아이의 희생과 마술의 관습) 때문에 이스라엘 사람들은 하나님이 그들의 본향으로 그들에게 주신 땅에서 쫓겨나 앗수르로 추방되었다. 그들은 저자가 이러한 말들을 기록할 때까지 거기에 있었다.

2. 포로의 결과(17:24~41)

a. 즉각적인 결과(17:24~33)

17:24 앗수르 왕은 아마도 사르곤 2세(BC 722~705년)였을 것이다. 살만에셀 5세는 사마리아의 포위 공격 중에 또는 그 직후에 죽었다. 앗수르의 정복 지향 정책은 많은 유력한 주민들의 추방과 그들의 땅을 차지하기 위한 앗수르 사람들의 유입의 결과를 낳았다. 사르곤은 **바벨론**, **구다**(바벨론 북동쪽의 도시), **아와**(아나와 하봇 강 사이. 참조, 6절. 유브라데 강 위), **하맛**(오론테스 강가의 아람의 성), **스발와임**(바벨론 위의 유브라데 강변의 시파르로부터 온 사람들)으로부터 사람들을 데려와서 지금은 사마리아의 앗수르 지방이라고 불리는 이스라엘의 성에 그들을 정착시켰다. 이러한 앗수르 사람들은 그 영토에서 **통치권**을 가졌으며, 여러 성에 정착했다.

17:25~28 그 백성이 여호와를 경외하지 않았기 때문에 하나님은 그들에게 **사자들**(lions)을 보냈다. 그 사자들은 주민들의 수가 줄어든 것 때문에 급속히 증가했다. 하나님은 때때로 야생동물들을 심판의 대행자로 이용하셨다(참조, 왕상 13:23~26; 20:36). 그들은 **상당수의 사자들**을 죽였다. 앗수르 사람들은 이 사태를 수습하기 위해, 그들이 신으로서 느꼈던 이스라엘의 하나님으로부터 내려진 벌이라고 판단했다. 그들은 하나님을 어떻게 위로시켜 드려야 할지 몰라서 사르곤에게 상황을 보고했다.

왕은 이스라엘 제사장을 앗수르로부터 사마리아로 되돌려 보내는 것으로 응답했다. 그는 백성에게 여호와에 대해 가르쳤고, 어떻게 여호와를 경배하는지를 가르쳤다. 그 제사장은 **벧엘**로 갔다. 만약 그곳이 그가 이전에 거주했던 지역이라면 그는 아마도 그곳의 두 금송아지를 경배한 제사장 가운데 한 명이었을 것이다.

17:29~33 앗수르 이주자들의 각 국가 단체는 그들이 정착하는 곳마다 자신의 이교도 신들을 섬기는 **사원을 지었고**, 이스라엘 사람들이 자주 모인 산당을 이용했다. 국가 단체(참조, 24절)와 그들의 우상들은 우상 숭배자들의 몇몇 관습에 따라 명부(30~31절)로 작성되었다. **네르갈은** 바벨론 사람들의 저승 신이었다. 다른 신들의 정확한 정체는 불분명하다. 그 외국인들은 다신교도들이었기 때문에 그들의 신들에 여호와를 추가하는 것을 주저하지 않았다. 그들은 제사장과 같은 특권 계급은 없었지만 **지명된 모든 사람들은 제사장과 같이 봉사했다**. 이러한 사람들이 여호와를 섬기고 또한 그들의 신을 섬겼다는 것을 강조하려고 저자는 그 사실을 두 번이나 기록했다. 이러한 혼합주의는 여호와가 금지하신 것이었다(출 20:3).

열왕기하 17장 24~33절까지는 사마리아 사람들이 어떻게 존재해 왔는가를 보여 준다. 인종적으로 이스라엘 사람들과 다양한 고대 근동 사람들이 혼합된 사마리아 사람들은 순수한 유다인들에게 멸시를 받았다(참조, 요 4:9). 그렇지만 사마리아 사람들은 그 땅에 남은 이스라엘 사람들의 순수한 자손이었다.

b. 계속되는 결과(17:34~41)

17:34~41 열왕기하가 기록될 때까지(오랜 후에) 사마리아 사람들은 그들의 방식을 유지했다. 그들은 하나님을 경외하지 않았다. 32~33절을 보

면 그들이 여호와를 경외한다고 했는데, 진실한 마음에서 그리고 하나님이 지시하신 방식대로 하지 않았다. 34절도 그것을 지적하고 있다.

또한 그들은 하나님이 야곱의 자손들에게 내린 율법도 지키지 않았다. 하나님은 야곱과 그의 자손들이 세상에서 특별한 백성이 되는 것을 보여 주려고 야곱의 이름을 이스라엘로 바꾸셨다. 이 특별함이 사마리아 사람들에 의해 깨졌다. 이러한 특별함은 모세의 율법(출 6:6; 20:4~5, 23; 신 4:23, 34, 5:6, 15, 32; 6:12; 7:11, 25 등)으로부터 35~39절의 치밀하지 못한 인용문의 몇 개의 명령들에 의해 더욱 두드러진다. 이것들은 모두 하나님에 대한 불순종을 강조한다. 하나님의 백성은 하나님에게 귀 기울이지 않았고, 이전의 그들의 죄악 된 길을 고집했다(40절). 혼합주의적 숭배는 저자의 시대까지 수세대 동안 계속되었다.

Ⅱ. 잔존 왕국 유다의 역사(18~25장)

열왕기하의 나머지 부분은 유다의 남은 왕들의 통치뿐만 아니라 BC 586년에 시작된 포로 이후 유다 왕국의 사건들을 기록한다.

A. 히스기야의 선한 통치(18~20장)

열왕기상·하의 저자는 솔로몬을 제외한 어떤 왕보다 위대한 히스기야의 업적 때문에 그에게 더 많은 공간과 더 많은 칭찬을 하려고 힘썼다.

1. 히스기야의 선함(18:1~8)

18:1~2 히스기야는 그의 아버지인 아하스와 14년 동안(BC 729~715년) 공동 섭정을 했다. 호세아 삼 년이 히스기야가 통치를 시작한다고(아하스와의 공동 섭정으로) 말한 해인 BC 729년이다. 그는 단독으로 십팔 년(BC 715~697년) 동안 다스렸고, 그의 아들 므낫세와 십일 년(BC 697~686년) 동안 공동 섭정을 했다. 이 두 개의 통치 기간은 합쳐서 이십구 년(BC 715~686년)이었다(참조, 왕상 12:25~33, "유다와 이스라엘의 왕들과 추방 전 선지자들" 도표).

18:3~4 히스기야가 다윗이 했던 것처럼 바르게 행했다는 칭찬은 유다의 다른 세 명의 왕에게만 주어진 것이었다. 아사(왕상 15:11), 여호사밧

(대하 17:3), 요시야(22:2)가 그들이다. 히스기야가 모세의 율법(참조, 신 12:2~7, 13~14)과 상반되게 주를 섬기던 산당을 제거(대하 17:6)하기 전까지는 여호사밧과 같았다(그렇지만 나중에 여호사밧은 산당을 제거하지 않았다, 참조, 왕상 22:43; 대하 20:33. 분명히 사람들은 그것을 재건했고, 여호사밧은 그것들을 다시 제거하지 못했다).

요시야는 또한 바알과 아세라(대하 31:1)에게 숭배를 드리기 위해 사용된 우상들을 파괴했다. 광야에서 모세가 만든 놋뱀(민 21:5~9)은 보존되었고 종교적 주물이 되었다. 히스기야는 그것이 영적으로 불결한 것이었기 때문에 부수어 버렸다. 그것은 이스라엘 사람들을 주저하게 하는 방해물이었다(느후스단은 뱀의 이름으로 히브리어 '놋', '뱀', '불결한 것'과 비슷하게 소리 나는 단어다).

18:5~7상 히스기야가 가장 잘한 것은 주를 의지하였다는 것이다. 이런 면에서 그는 남 왕국의 모든 왕 중에서 가장 위대했다. 상당수의 다른 왕들과는 다르게 그는 모세의 언약을 신실하게 **지켰고**, 생의 후반기에 **변절하지 않았다**. 그것의 결과로 **여호와께서는 그와 함께하셨고 그가 하려는 모든 일을 형통하게 하심으로** 복 주셨다. 역대기 저자는 그의 성전 정화와 재봉헌(대하 29:3~36), 그의 유월절과 다른 축제일의 의식(대하 30장), 그리고 다른 종교적 개혁들(대하 31:2~21)을 포함해서 많은 것을 기록한 반면, 열왕기하 저자는 히스기야의 영적인 개혁과 행동들에 대해서는 간단하게 기록했다.

18:7하 앗수르 왕 산헤립(BC 705~681년)에 대한 히스기야의 모반은 나중에 기록된 앗수르인의 침공을 촉진시켰다(18:13~19:36). 히스기야는 그의

아버지 아하스와는 대조적으로 반앗수르적이었다. 그러나 사르곤 2세가 왕위에 있는 동안 히스기야는 현명하게도 앗수르에게 적대하지 않았다. 사르곤의 아들 산헤립이 그를 계승하자, 히스기야는 앗수르가 그렇게 강하지 않다고 판단했다. 그는 북쪽의 적에 대항하기 위해서 그의 이웃 나라들과 동맹하기로 결정하고, 앗수르의 예상되는 보복에 준비하기 시작했다.

18:8 히스기야는 아하스의 통치 기간 동안 유다의 많은 성을 빼앗은 블레셋 사람들(대하 28:18)을 쳐부수는 데 성공했다. 가사는 블레셋 가장 남단의 성이었다. 망대에서부터 견고한 성까지라는 말은 '그가 향한 어느 곳이라도'라는 의미다.

2. 사마리아의 함락(18:9~12)

18:9~12 사마리아(참조, 17:3~6)의 함락에 대한 두 번째 설명은 이스라엘과 마찬가지로 유다의 지속에 관련된, 큰 중요성을 가진 관점에서 역사적으로 언급되었다. 히스기야가 부섭정을 시작한 지 4년째 되는 해인 BC 725년의 일이다. 3년째(722년)의 끝 무렵에 살만에셀 5세는 이스라엘의 수도를 빼앗았다. 이스라엘 사람들이 재정착을 위해 보내진 장소는 17장 6절에 언급된 곳과 같다. 18장 12절의 요약된 문장은 왜 이스라엘이 붕괴되었는지를 말해 준다. 이스라엘은 모세의 율법에 불순종했다(17:7~23).

3. 앗수르에 의한 예루살렘 포위(18:13~19:37)

다음에 나오는 부분은 몇 가지만 변화되었을 뿐 이사야서에도 기록되어 있다(사 36~37장).

a. 산헤립의 출정(18:13~16)

18:13 산헤립의 전임자인 사르곤 2세는 앗수르의 영토를 확장하고, 정복당한 백성으로 인해 앗수르를 강하게 하는 일을 계속했다. 그는 하맛(다메섹 북쪽의 성, 14:28)의 선두에 섰던 반란을 진압시키고, 소아시아와 싸웠다. 그는 하맛 북쪽의 갈그미스에서의 반란도 진압하고, 그곳의 주민들을 이주시켰다. 또한 앗수르에 적대하는 힘인 북쪽의 우라르투 왕국을 쳐부수고, 블레셋으로 가서 그곳의 주요한 성인 아스돗 성의 반란도 진압시켰다.

산헤립은 그의 아버지보다는 덜 유능한 통치자였다. 왕위에 오르고 4년 동안에 그는 바벨론을 지배하게 되었다. 그 기간에 베니게와 블레셋의 성들뿐 아니라 애굽(사보카가 통치)과 유다(히스기야가 통치)가 앗수르에 대항하는 데 함께 참여하여 동맹군을 결성했다. 분명히 산헤립은 사르곤처럼 이 반란을 진압하려고 했지만, 히스기야는 예루살렘을 강화함으로써 앗수르의 침략에 대비했다(대하 32:1~8).

산헤립은 예상한 대로 그의 군대를 예루살렘으로 이끌었다. 이것은 BC 715년에 시작된 **히스기야**의 단독 **통치**가 **십사 년 째** 되던 해인 BC 701년의 일이었다. 유다로 가는 도중에 앗수르인들은 베니게의 반란을 쳐부수었는데, 그것은 몇몇 동맹국들의 철수를 가져왔다. 그래서 산헤립은 블레셋의 성들이 일렬로 늘어선 블레셋의 해변으로 군대를 진군시켰다. 다음으로 그는 예루살렘을 제외한 **유다의 강화된 모든 도시들을 공격했고**, 그곳의 사람들을 **사로잡았다**. 산헤립의 비문에는 히스기야가 정복한 많은 성읍들 가운데 46개의 강한 성읍들을 그가 정복했다고 언급하고 있다.

18:14~16 앗수르 왕은 그의 예루살렘 포위 공격을 위한 본부를 블레셋 국경 근처의 잘 강화된 도시인 라기스에 세웠다. 히스기야는 지금 너무나 약해져 버린 동맹군의 다른 일원에 대해 계속적으로 성공을 거둔 산헤립의 군대와 싸우지 않기를 원했다. 그래서 히스기야는 **라기스의 산헤립에게 전갈을 보냈다.** 유다의 왕이 다른 나라와 함께 앗수르에 대항해서 동맹을 맺은 것은 **잘못된** 것이라고 인정했다. 그는 만약 앗수르 왕이 **철수**하여 예루살렘을 공격하지 않는다면 그의 어떠한 요구도 들어주겠다고 제의했다. 산헤립은 은 삼백 달란트(약 11톤)와 금 삼십 달란트(약 1톤)를 요구했다. 히스기야는 성전과 왕궁의 보물 중에서 모든 은을 그에게 주었다. 금을 모으기 위해 왕은 성전의 문과 기둥에 입힌 모든 금을 벗겨 냈다.

b. 산헤립의 위협(18:17~37)

그 배상금은 산헤립을 만족시키지 못했다. 그래서 그는 완전한 항복을 요구하려고 사신을 보냈다. 처음에는 그들의 요구를 단지 히스기야의 대표자에게만 제출했지만(참조, 17~27절), 나중에는 모든 이스라엘 사람들에게 요구했다(28~37절).

18:17~18 산헤립이 보낸 세 사람의 관리들은 그의 최고의 관리였다. 그들은 즉시 히스기야에게 대군을 이끌고 갔고 히스기야는 저항 없이 무조건 항복했다. 그들은 기혼의 샘물로부터 사람들이 그들의 옷을 빨던 장

소까지, 넓어진 윗못 수도 옆의 세탁자의 밭에 있는 큰 길을 통해 진군했다. 이곳은 **예루살렘** 성벽에서 소리를 들을 수 있는(참조, 26절) 범위 안에 있었고, 사람들의 왕래가 빈번한 장소였다. 그 사자들은 **왕**과 이야기하기를 원했지만, 히스기야는 그의 세 명의 대리인(엘리야김, 셉나, 요아)을 산헤립의 세 명의 대리인과의 협상을 위해 보냈다.

18:19~22 산헤립의 전투사령관은 히스기야에게 그의 왕의 전갈을 되풀이해서 말했다. 그가 말한 내용은 산헤립의 힘과 영예를 가지고 히스기야에게 압박하는 것으로, 이로 말미암아 히스기야가 즉시 항복하도록 하기 위한 것이었다. 그는 앗수르의 위대한 왕에게 저항하고자 했던 히스기야의 신뢰의 근거에 대해 물어보았다.

유다가 **계교**와 용력에 의지한다고 추정한 사령관은 그것들의 약함을 지적했다. **애굽**은 아직까지 남아 있던 동맹군의 유일한 일원이었는데, 만약 어떠한 신뢰라도 그 나라에 가해진다면, 약한 갈대처럼 부러져 의지한 손을 찢을 것이다. 사실상 **애굽**은 유다를 돕지 못했고, 오히려 히스기야의 실패와 좌절에 의해 피해를 입었다. 그 사령관의 말은 정확했다. 그 당시에 애굽은 강하지 못했고 도움을 줄 수도 없었다. 만약 유다의 계교가 **여호와**께 의지한 것이라고 한다면, 그 사령관은 나라 전체에 여호와를 경배하는 장소인 **산당들과 제단들**(참조, 4절)을 제거한 것 때문에 **히스기야**가 하나님의 진노의 대상이 되었다고(그의 추측으로) 말했을 것이다. 앗수르 사람들은 유다에서 무슨 일이 진행되고 있었는지에 대해 모든 정보를 갖고 있었지만, 히스기야의 행동이 하나님에 대한 불경에서 나온 것이 아니라 하나님의 명령에 순종해서 이뤄진 것임은 알지 못했다.

18:23~24 그 사령관은 **조약을 맺고** 항복을 받아 내기 위해 히스기야를 방문했다. 그가 이와 같은 판단을 내린 것은 현명했다. 유다 사람들은 말을 조금밖에 갖고 있지 않았다. 이것이 히스기야가 애굽으로부터 도움 받기를 원했던 일부분이다. 비록 산헤립이 유다에 **이천 마리의 말**을 준다 할지라도 히스기야에게는 그것들을 탈 기마병이 없었다. 물론 유다의 군대는 실제적으로는 그렇게 적지 않았을 것이다. 그러나 앗수르의 군대와 비교하면 적었다. 그 사령관이 볼 때, 유다의 이천 명의 기마병은 앗수르의 **한 명**의 **지휘관**과도 상대가 안 되었다. 다른 말로 하면 유다의 군대는 양과 질에서 모두 열세였다.

18:25 그 사령관의 마지막 요구는 강력했다. 그는 **여호와**께서 자신의 주인에게 예루살렘을 **공격해서 파괴**하라고 명령했다고 주장했다. 이것은 있을 법한 일이 아니었지만, 불가능한 것도 아니었다(참조, 사 45:1~6). 유다의 백성은 이스라엘이 앗수르에 의해 붕괴되는 것을 보았다. 유다에 대한 하나님의 계획도 그와 같은 것이 아니었을까?

18:26~27 히스기야의 세 명의 대표자들은 이러한 논의가 백성을 낙심시킬 수 있다는 것을 깨달았다. 많은 유다 사람들이 **성벽 위**에 앉아서 무슨 말이 오가고 있는지를 엿듣고 있었기 때문에, 세 명의 유다 대사들은 앗수르인들에게 이스라엘의 교육받은 지도자들만 이해할 수 있는 **아람어**로 말할 것을 요구했다.

그러나 그 **사령관**은 그 요구를 거절했다. 그는 앗수르 군대에 대항한 군사적 행동에서 성공할 수 있다는, 그들 자신의 능력에 대한 백성의 자신감을 꺾는 것이 중요하다고 생각했기 때문이다. 사령관은 유다의 지도

자들이 아니라 모든 백성에게 이 전갈을 전하기 위해 보내졌다고 대답했다. 결국, 오랜 포위 공격과 그 결과로 야기되는 기아에 가장 고통을 받는 것은 평범한 사람들이었다. 그들은 **자신들의 배설물을 먹고 자신들의 소변을 마시는** 상태에 빠지게 될 것이었다. 예루살렘의 거주자에게 이러한 가능성보다 더욱 불쾌한 일은 없었다. 사령관은 백성이 저항보다는 항복이 낫다는 결론을 내리기를 원했다.

18:28~31 그때 앗수르의 수석장관은 주위에 있는 일반인들에게 들으라고 큰 소리로 외치고 성벽 위를 응시했다. 그의 말은 그들의 왕에 대한 신뢰를 훼손시키고, 저항하기로 한 히스기야의 결정에 반대하는 사람들을 부추기도록 꾸며져 있었다. 그는 **히스기야가 성을 구해 낼 힘이나 능력도 갖지 못했고, 하나님도 역시 구해 주시지 않을** 것이라고 주장했다.

그 **사령관**은 만약 백성이 항복한다면 백성을 잘 대해 주겠다고 약속했다. 포위 공격과 굶주림보다는 평화와 먹고 마실 것들이 있다는 말로 유혹했다. 각 사람들이 자기 **자신의 포도나무와 무화과나무**를 가진다는 것은 평화와 번영을 누리리라는 비유적 표현이다(참조, 왕상 4:25; 미 4:4; 슥 3:10).

포위 공격 동안에 백성이 접하는 일차적 필요 중 하나가 물이다. 히스기야는 이러한 요구를 기혼 샘으로부터 성벽 지하로 실로암 못까지(참조, 20:20) 굴을 뚫는 것을 통해 해결했다. 하지만 앗수르인들은 이것에 대해 몰랐거나 그것을 무시하기로 했을 것이다.

18:32~35 때를 맞춰 사령관은 그들을 다른 성으로 이주시키겠다고 했다. 백성은 이것이 앗수르의 정책이라는 것을 알고 있었다. 그러나 그는 그들이 **좋아하는** 음식과 음료를 많이 얻을 수 있는 그들 **자신의 지**

방과 유사한 곳으로 보낼 것이라고 했다. 그는 저항과 확실한 죽음보다는 항복과 생명을 선택하라고 하면서 감동적이고 유혹적으로, 강력하게 주장했다.

그는 다음으로 여호와께서 그들을 구해 내시리라는, 백성에게 주어진 히스기야의 약속에 초점을 맞추었다. 그의 생각은 하나님에 대한 복합적이고 이교도적인 개념을 반영했는데, 그것을 듣는 사람들의 마음에 의문을 야기하지 않을 수 없었다. 어떠한 다른 신들도 앗수르의 힘으로부터 그들의 숭배자들을 구해 낼 수 없었다. 언급된 장소들(34절)은 유다 사람들에게도 알려져 있었을 것이다. 아르밧은 아람의 아르밧 13마일 북쪽에 있었다. 헤나와 아와는 유브라데 강 북쪽 하맛 남쪽에 있었다(참조, 17:24, 하맛과 스발와임). 이스라엘 사람들을 구원할 사마리아 신의 무능력에 대한 사령관의 언급은, 이스라엘의 하나님이 또한 유다의 하나님이었기 때문에 매우 효과적이었다.

18:36~37 앗수르 사령관의 과장된 6개의 질문들(참조, 33~35절)은 대답을 필요치 않았고, 백성도 그에게 대답하지 않았다. 그들은 침묵을 지켰다. 이전에 히스기야는 백성에게 그 사령관의 말에 대답하지 말라고 지시했다. 그러한 격심한 논의는 앗수르의 사신들이 떠난 후 평민들 사이에서 많은 격앙된 논쟁을 일으켰다.

그 수뇌 회담은 해산됐고, 히스기야의 세 명의 대표자(참조, 18절)는 왕에게로 돌아왔다. 그는 그들이 극심한 고통으로 그들의 옷을 찢는 것을 볼 수 있었다(참조, 창 37:29, 34; 수 7:6; 왕하 5:7; 6:30; 11:14; 22:11; 에 4:1; 욥 1:20; 2:12). 그들은 가장 심각한 상황에 직면했다. 그러고 나서 그들은 앗수르인이 무엇이라고 말했는지 그의 말을 전했다.

c. 주님의 약속(19:1~7)

19:1~2 왕은 그의 사신들의 보고를 듣고서 자신의 **옷을 찢었다**. 그는 자기 고통과 절망을 상징하는, 굵은 염소 털로 된 **베옷**을 입었다(참조, 창 37:34; 왕상 21:27; 느 9:1; 에 4:1~4; 단 9:3). 그런 후에 그는 기도 중에 하나님을 뵈려고 **성전**에 들어갔다. 그는 또한 엘리야김과 셉나(참조, 18:18)와 **제사장 중 장로들**에게 **베옷**을 입혀서 예루살렘에 살고 있던 **선지자 이사야**에게로 보냈다. 이사야와 히스기야는 서로 아는 사이였고, 서로 존중하고 있었다.

19:3~4 왕의 대표자들은 이것이 유다의 역사에서 정말로 **치욕의 날**이라는 히스기야의 전갈을 전했다. 그들은 괴로웠고, 자신들의 죄로 인해 하나님께 꾸지람을 들었으며, 그들의 적들 앞에서 망신을 당했다. 위기는 절정에 달했지만 앗수르의 침공에 저항할 충분한 힘이 없었다. 그것은 마치 임산부가 산고가 시작되었는데 힘이 부족해서 아이를 **낳을 수 없는 것**과 같았다. 마치 나라 전체가 죽은 것처럼 보였다. 히스기야의 소망은 앗수르인에 의해 조롱받았던 **하나님**이 그분의 백성 편에 서서 행하시고, 하나님의 백성을 기적적으로 구해 내시는 것을 통해 하나님의 신실하심과 살아 계심을 증명하는 것이었다. 왕은 선지자에게 예루살렘과 유다에 남아 있는 **자들**을 위하여 기도해 달라고 요청했다.

19:5~7 이사야는 왕의 요청에 대해 **여호와**로부터 온 희망의 전갈로 응답했다. 여호와께서는 왕에게 산헤립의 부하들의 **모욕하는 말**을 두려워하지 말라고 격려하셨다. 산헤립은 한 보고(하나님이 조정하신 어떤 일)를 듣

고서 본국으로 돌아갈 것이고, 그곳에서 끔찍하게 죽게 될 것이다.

d. 여호와의 전환시키심(19:8~13)

19:8 산헤립의 전투사령관은 예루살렘 근처에 그의 막사를 세우고 히스기야가 그에게 보낼 항복 전갈을 기다리고 있었다. 사령관이 그곳에 머무는 동안 산헤립이 라기스로 돌아간다(참조, 18:14)는 말이 그에게 전달되었다. 그는 예루살렘에서 철수했고, 립나 부근에서 전투에 임하고 있는 그의 주인을 찾아냈다. 립나는 라기스에서 단지 몇 마일 북쪽에 있었다. 이것이 전투사령관이 그의 대군(18:17)을 예루살렘의 성벽으로부터 옮긴 이유다.

19:9~13 산헤립은 립나(혹은 라기스)에 있는 동안, 그는 구스(오늘날의 이집트 남쪽, 수단, 에티오피아 북쪽)로부터 온 애굽의 왕 디르하가와 히스기야의 동맹이 자신과 싸우려고 진군해 온다는 보고(참조, 7절)를 받았다. 디르하가는 당시에 소년이어서 산헤립과의 전쟁(18:17~19:36)을 이끌 능력이 없었기 때문에, 이 일이 BC 701년보다는 BC 686년에 일어났음이 틀림없다는 논쟁은 증거가 불충분하다.

산헤립은 여호와가 앗수르인으로부터 예루살렘을 구해 낼 것이라고 유다 왕이 말한(이사야에 의해) 것을 알았다. 그는 히스기야에게 전갈을 보내 마치 앗수르인들이 철수한 것처럼 보일지라도 이 예언을 믿지 말라고 했다. 그는 항복한 모든 나라들에 대한 이전의 승리들에 관해 떠벌렸다. 그의 군대는 많은 나라들을 완전히 파괴했다. 그는 분명히 예루살렘도 용서받지 못할 것이라고 주장했다.

"패배한 백성의 신들 가운데서 어느 신이 그들을 구해 낼 수 있었느냐"

는 산헤립의 말은, 그가 그 나라들의 우상들보다 여호와께 특별한 경외를 표하지 않고 있음을 보여 준다. 앗수르 왕은 그의 경고를 강하게 주장하기 위해 10개의 성과 나라를 말했는데, 그중 5개는 이전에 언급된 적이 없었다. 고산은 아브라함이 얼마 동안 살았던 마을인 하란 동쪽 하봇 강변에 위치해 있었다. 레셉은 팔미라 북동쪽, 하란 남쪽에 있던 루사파(Rusafah) 혹은 지사파(Risafe)일 것이다. 에덴은 발리크 강 서쪽 유브라데 유역의 작은 왕국이었고, 들라살은 이 지역의 성들 중 하나였다. 5개의 다른 지역은 18장 11, 34절에 언급되어 있다.

e. 히스기야의 기도(19:14~19)

19:14~16 히스기야는 사자(참조, 9절)에 의해 그에게 전달된 산헤립의 전갈을 받아서 읽고 난 후 다시 기도하러 성전으로 돌아갔다(참조, 1절). 그는 기도 가운데 하나님의 주권을 인정하고(15절) 앗수르인의 도전에 대해서 말하면서(16~18절) 구원을 요청했다(19절). 편지를 여호와 앞에 펴 놓고서, 히스기야는 그룹들 사이의 법궤 위 속죄소('자비의 자리', KJV)에 보좌를 가지신 이스라엘의 하나님께 기도했다. 하나님은 자신이 그룹들 사이에서 거하는 유일한 존재라고 말씀하셨다(삼상 4:4; 삼하 6:2; 대상 13:6). 왕은 하나님이 나무 조각이나 돌이 아니라 영이시라는 것을 깨달았다(참조, 18절). 하나님은 하나뿐인(참조, 19절) 유다의 진실한 지배자이셨고, 그 주권이 앗수르를 포함한 지구상의 모든 국가에까지 미치는 하늘과 땅의 전지전능한 창조주이셨다. 히스기야는 그가 말하고자 하는 바에 귀 기울여 주시고, 어떤 일이 일어나고 있는지 친히 보여 달라고 하나님께 간청했다. 그 후 그는 산헤립의 불경스러운 모욕들을 보고했다.

19:17~19 히스기야는 왜 앗수르가 자신들의 적을 성공적으로 쳐부수었는지 쉽게 이해할 수 있었다. 보호해 줄 것으로 믿었던 그들 나라의 신들은 단지 **나무나 돌조각에 불과했기** 때문이다. 그들은 창조주가 아니라 (참조, 15절) 만들어진 물건이었다. 그래서 그들은 아무런 힘도 없었으며 쉽게 **파괴되었다**. 그러나 히스기야는 살아 계신 하나님께 산헤립의 손으로부터 하나님의 백성을 **구해 달라고** 간청했다. 히스기야는 하나님이 하실 수 있다는 것을 믿었다. 이것은 믿음의 기도였다. 그리고 그의 간구의 목적은 근본적으로 자신의 생존이 아니라 하나님의 영광이었다. 그는 하나님이 단지 무기력한 우상이 아니라는 것을 증명하시고, 자신을 **옹호하셔서** 온 세상이 하나님을 인정하게 해 달라고 요구했다. 히스기야의 간구는 성경에서 가장 뛰어난 기도 중 하나다.

f. 여호와의 응답(19:20~34)

19:20 히스기야의 요청(15~19절)에 대한 여호와의 응답은 이사야를 통해 주어졌으며, 사자에 의해 왕에게 전달되었다. 하나님은 그의 기도가 응답되었다고 하시면서 **히스기야를 안심시키셨다**. 그리고 나서 하나님은 산헤립의 불경에 대한 심판의 소식을 알리셨다.

19:21~24 하나님의 응답의 첫 부분(20~28절)은 산헤립에 대한 하나님의 심판의 이유를 말하고 있다. 그 상징적이고 시적인 언어는 응답의 중요성과 신적인 근원을 강조하는 데 사용되었을 것이다.

처녀 딸 시온이라는 표현은 예루살렘이 이스라엘의 지배로 넘어온 이후 결코 정복당한 적이 없다는 것을 암시한다. 예루살렘은 산헤립을 경멸하고 무시해서 그 왕이 예루살렘에서 도망할 때 머리를 흔들었다. 산헤립은 예루살렘이 아니라 **이스라엘의 거룩한 자**(참조, 이사야 서론의 "내적 증거")이신 하나님께 불경과 자만의 무례한 말을 했다. 이것이 그의 커다란 죄악이었고 타락이었다. 그와 그의 **사자**들은 그들의 승리는 그들 자신의 힘의 결과라고 주장함으로써 **여호와**를 모욕했다.

산헤립이 레바논의 나무를 잘랐다(23절)고 문학적으로 표현한 것은 아마도 그가 여러 나라의 지도자들을 처형한 것을 의미한다. 레바논은 특별히 **이스라엘**의 북 왕국에 대한 언급일 것이다. 가장 **훌륭한** 나무들은 그 나라의 지도자들이었다. 앗수르는 이스라엘을 지배했고 그곳의 많은 훌륭한 백성들을 죽였다. 산헤립은 그가 많은 **외국의 땅**을 다 밟고 그들의 희생에 만족할 때까지 스스로 빼앗았다고 자랑했다. 그는 이러한 일을 유다의 남 왕국에서도 했는데, 여기서는 비유적으로 **애굽**에 대해 언급했다 (혹은 엘드게라는 유다 마을에서 애굽 군대가 당한 패배에 대한 언급). 그는 포위 공격으로 그들에게 생명을 주는 자원인 물의 흐름을 막았노라고 자랑했다.

19:25~26 산헤립이 이렇게 예언한 것과 관련하여, 하나님은 그가 앗수르의 성공에 대해 자신의 공으로 돌릴 것이 없다고 말씀하셨다. 그것들은 오히려 하나님이 **결정**하고 **계획**하셔서 일어난 일이다. 하나님이 모든 일들을 **이루신 것이다**(참조, 사 10:5). 물론 **요새화된 성들**은 앗수르에 의해 모두 파괴되었다. 정복당한 **사람들**은 저항할 아무 힘도 없었다. 뿌리가 얕은 풀이 **지붕 꼭대기**까지 자라더라도 순식간에 죽어 버리는 것과 같이 충분한 힘을 가질 수가 없었다. 그러나 이 모든 것은 하나님이 행하신 일이었다.

19:27~28 주님은 산헤립의 모든 것과 주님께 대항한 모반을 통해서 그의 교만한 충동을 아셨다. 앗수르의 군주는 하나님을 미워했고, 하나님에 대해 무례하게 말했기 때문에 산헤립이 그렇게 많은 사람들을 포로로 잡았을 때와 같이 하나님은 그 왕을 취하셨다.

고기를 잡고 말을 조정하는 것을 생생하게 묘사한 **갈고리**와 **재갈**이라는 표현은 너무나도 적절했다. 상당수의 고대 유적에 의하면, 앗수르 정복자들은 그들 자신을 희생자의 코에 있는 고리를 끈으로 묶어서 끌고 가는 사람들로 그렸다. 하나님은 그들이 다른 사람들에게 한 것대로 그들에게 하겠다고 말씀하셨다. 하나님은 그들이 왔던 곳으로 다시 그들을 이끌고 가며, 또한 그들의 이전의 비참한 상황으로 끌어내리겠다고 하셨다.

19:29~31 그 후에 하나님은 이사야를 통해 **히스기야**에게 이러한 예언들(26, 28절)이 실제로 이뤄질 **한 표적**을 약속했다. 이 징조는 예언의 모호한 부분의 성취를 확실하게 증거하는 것으로, 근래에 일어날 기적이었다.

이 년 동안 예루살렘 사람들은 그들 땅의 소출을 **먹을** 것이다. 만약 앗수르인들이 예루살렘을 포위 공격하려고 돌아왔다면, 그 땅에 해를 끼쳤을 앗수르인들에게 그것들을 **빼앗기지** 않을 수 없었을 것이다. 앗수르인들이 있었기 때문에 유다 사람들은 성벽 밖에는 곡식을 심을 수 없었다. 그러나 하나님은 자연적으로 씨가 뿌려져 자라난 적당한 곡식으로 그들을 이 년 동안 먹이겠다고 약속하셨다. **삼 년째**에 백성은 씨를 뿌리고 추수를 하는 그들의 일상적인 주기로 돌아갈 수 있었다.

이렇게 양식을 늘리게 하는 준비는 적은 수로 줄어든 유다 사람들의 수를 기적적으로 증가시키려고 하시는 하나님의 계획에 따라 아주 잘 고안되었다. 산헤립은 유다로부터 이십만 백오십 명의 죄인을 잡아갔다고 주장했다. 비록 유다가 줄어든 수로 인해 외적으로는 국가로서 끝난 것 같았지만, 하나님은 그들을 재건시키겠다고 약속하셨다. 곡식들이 뿌리를 내리고 **열매를 맺는** 것같이 백성 중에 남은 이들도 안정되고 번영될 것이다. 하나님의 백성에 대한 **열심** 때문에 이 일은 이뤄질 것이다(참조, 사 9:7).

19:32~34 그때 산헤립의 운명이 계시되었다. 그는 힘 있게 예루살렘을 빼앗거나 포위하거나 혹은 예루살렘을 향해 화살 한 개조차 쏠 수 없었다. 대신에 그는 예루살렘에 들어가 보지도 못하고 자신의 고향 땅으로 돌아가야만 했다. 하나님은 산헤립의 화로부터 예루살렘을 지키고 구하겠다고 약속하셨다. 하나님은 이 일을 하나님의 종인 다윗(왕상 11:13)에게 하신 약속과 하나님 자신의 평판(참조, 19절)을 위해 행하셨다.

g. 산헤립의 떠남(19:35~36)

19:35~36 앗수르의 군대가 유다의 시골에 주둔해 있던 바로 그 밤에 여호와의 사자(참조, 창 16:9의 주해)가 그들의 병사 **십팔 만 오천 명**을 죽였다. 예루살렘 사람들은 **아침**에 일어나서 커다란 이변을 발견했다. 산헤립은 아마도 이것을 초자연적인 사건으로 인식했을 것이다. 어떻게 결론을 내렸든, 그는 잠시 동안 **머무르게 될 니느웨**로 떠났다.

h. 산헤립의 죽음(19:37)

19:37 해가 지나고(BC 681년) 산헤립은 신전에서 그의 신인 니스록을 경배하고 있었다. 이 앗수르의 신은 반은 독수리고 반은 사람인 것으로 묘사되어 있다. 그 신전은 아마도 앗수르의 수도인 니느웨에 있었을 것이다. 그곳에서 그 왕은 그의 아들이 두 명의 암살자의 음모에 희생되었다. 기이하게도 그의 신은 자신의 신전에서조차 그를 구해 낼 수 없었다. 그를 살인한 아들들은 니느웨로부터 북쪽으로 약 300마일 떨어진 아라랏(아르메니야) 땅으로 도망쳤다. 아르메니야는 현재 러시아, 터키, 이란에 의해 분할되었다. 다른 아들인 에살핫돈(BC 681~669년)이 산헤립의 뒤를 이어 왕이 되었다. 그리하여 주님의 말씀(7절)은 성취되었다.

4. 히스기야의 질병(20:1~11)

a. 히스기야의 간구(20:1~7)

20:1 그때에는 18장 13절~19장 36절에 기록된 산헤립에 의한 예루살렘 침공 시기와 연관되어 있다. 하나님은 자비로써 히스기야의 간구에 대한 응답으로 그의 생명을 십오 년 연장시켜 주셨다(20:6). 이 사건은 산헤립이 침략한 해(참조, 사 38장)인 BC 701년에 발생했고, 히스기야는 BC 686년에 죽었다.

히스기야의 심한 질병(종기의 일종. 참조, 7절)은 산헤립의 침공과 직접적인 관련이 있거나 혹은 아닐 수도 있다. 하나님은 이사야를 보내셔서 히스기야가 죽을 것을 그에게 알려 주셨다. 선지자는 그에게 그의 집

(문제)을 질서 있게 정리하고 죽음을 준비하라고 지시했다.

20:2~3 히스기야는 여호와께 열심히 기도함으로써 이 나쁜 소식에 대처했다. 왕은 자신의 온전한 헌신과 하나님의 부섭정 같은 자신의 훌륭한 행동을 언급함으로써 하나님께 대한 자신의 신실함을 생각하시도록 했다. 그는 그의 죽음이 산헤립에게 자랑할 무엇을 주리라고 느꼈고, 그의 상속자인 므낫세가 아직 너무나 어렸으며(이 부분에 대한 저자의 설명은 잘못되었다. 히스기야는 십오 년의 생을 연장받았고, 그가 십오 년 뒤에 죽고 므낫세가 왕위에 올랐을 때의 나이가 십이 세이므로[21:1] 이때 므낫세는 태어나지도 않았다—편집자 주), 그가 더 살아서 통치하기를 원했으므로 슬프게 울었다.

20:4~6 왕의 그 기도의 간구가 하나님께 들렸다. 이사야가 그의 집을 향해 왕궁을 떠나기 전에 여호와께서는 그에게 두 번째 소식을 주셨다. 그것은 왕에게 전갈을 가지고 돌아가서 그의 죽음이 연기되었다고 알려 주라는 것이었다. 히스기야가 하나님의 첫 번째 전갈에 대해 반응하여 행동한 것은 참아들 다윗처럼 행한 것이었다. 히스기야의 기도(그의 말)와 그의 눈물들(그가 말한 것에 대한 그의 마음)이 하나님을 움직여서 그를 치유케 하셨다. 이사야는 삼 일 안에 왕이 성전에 가서 하나님을 경배할 만큼 좋아질 것이라고 전했다. 하나님은 히스기야의 생명(BC 701~686년)을 십오 년 연장시켜 주겠다고 약속하셨다. 주님은 또한 산헤립의 포위 공격으로부터 히스기야와 예루살렘을 구해 내고, 하나님 자신과 다윗을 위해(참조, 19:34) 예루살렘을 보호해 주겠다고 약속하셨다.

20:7 그때 이사야는 히스기야에게 그의 병에 대한 치료법을 알려 주었다. 무화과 반죽은 고대 세계에서는 종기와 궤양의 치료를 돕는 것으로 널리 알려져 있었는데, 히스기야의 의사는 이 방법을 권하지 않았다. 어떤 사람들은 이 치료법이 왕을 회복시키시는 하나님의 초자연적인 힘을 보여 주기 위한 것이라고 생각했다.

b. 히스기야의 징조(20:8~11)

20:8 하나님께서 약속하신 것을 실제로 행하실 것인지에 대한 증거를 요청하는 일은 이스라엘 사람들에게는 평범한 일이었다(참조, 삿 6:17, 36~40; 고전 1:22). 하나님은 만약 징조가 요청될 경우, 그것이 그것을 구하는 사람들의 믿음을 굳세게 한다면 그와 같은 요청을 거부하지 않으셨다. 징조라는 것은 하나님이 진실로 행하겠다고 말씀하신 것을 의미하는 기적이었다. 히스기야가 산헤립 때문에 당면한 급박한 상황이 그로 하여금 이와 같은 징조를 구하게 한 것 같다.

20:9~11 하나님은 왕으로 하여금 일상적으로 그랬듯이 그림자를 앞으로 가게 할 것인지 혹은 뒤로 가게 할 것인지 선택하라고 하셨다. 아하스의 계단(참조, 11절)은 분명히 아하스 왕이 만든 계단이다. 그것은 낮에 시간을 측정하기 위한 해시계로 건축되었을 것이다. 아니면 일반적인 계단으로서 하나님이 히스기야가 요청한 징조를 제공하는 이와 같은 경우에 사용되었을 것이다.

그림자가 앞으로 나아가게 하는 것은, 보통의 속도로는 아무런 징조도 되지 않기 때문에 그것을 고의적으로 빠르게 나가게 하는 것이었다.

히스기야는 가장 명확하고 극적인 대안을 요구했다. 그것은 태양의 그림자를 10칸 뒤로 물러나게 하는 것이었다. 하나님이 이 기적을 나타내시는 데 지구의 회전을 거꾸로 할 필요는 없었다. 이와 유사한 몇몇 기적들은 우주적이지 않고 지역적으로 제한되어 그들의 지역에서만 행해졌다(참조, 출 10:21~23; 수 10:12~13).

5. 히스기야의 방문객들(20:12~19)

이 사건은 히스기야가 그의 병에서 회복된 직후에 발생한 것이다(사 39:1~2).

a. 히스기야의 접대(20:12~15)

20:12~13 브로닥발라단은 바벨론의 왕으로서 BC 721~710년과 BC 703~702년, 두 기간 동안 통치했다. BC 702년에 그는 도망자로서 앗수르의 지배에 계속 저항하면서 엘람의 시골로 도망갔다. 아마도 동맹군으로서 사절들을 보내서 유다의 도움을 구하려던 시기였을 것이다(참조, 사 39:1 주해, 히스기야의 질병, 브로닥발라단의 방문, 산헤립의 공격). 그는 히스기야가 아프다는 것을 듣고서 선물을 보냄으로써 히스기야의 호의를 구했다. 또한 그 땅에서 발생했던 기적에 대해 묻고 싶었다(대하 32:31).

히스기야는 그의 동맹자들이 유다가 얼마나 그들의 반앗수르적 노력에 기여할 수 있는지를 알아야 한다고 결론 내렸기 때문에, 그의 모든 부와 군비를 바벨론 방문객에게 보여 주었다.

20:14~15 히스기야는 그 방문객들에 대해 문의하려고 보내진 이사야에게 그가 했던 어떠한 것도 감추지 않았다. 유다의 왕은 **바벨론과 동맹을 맺으려는** 그의 소망이 하나님에 대한 믿음의 부족의 표현이거나 정치적으로 어리석은 행동일 것이라고는 생각지 않았을 것이다.

b. 히스기야의 심판(20:16~19)

20:16~18 히스기야의 마음이 교만했으므로(대하 32:25) 하나님은 이사야를 통해 바벨론 사람들이 히스기야가 그들에게 보여 준 모든 것을 갖고 가게 될 것임을 알려 주었다. 아직 태어나지 않은 왕족 중 상당수는 포로로 잡혀서 바벨론의 왕궁에서 환관이 될 것이었다. 환관(싸리쓰[סָרִיס], 단 1:3과 비교해 보라)은 때때로 고관이었다.

20:19 히스기야는 자신의 교만함을 회개하고(대하 32:26), 그 나라에 닥칠 하나님의 심판을 겸손히 받아들였다(**여호와의 말씀이 선하니이다**). 그는 또한 그의 생애 가운데서 하나님의 자비로 유다가 누린 태평과 진실에 감사했다.

6. 히스기야의 죽음(20:20~21)

20:20~21 기혼 샘으로부터 실로암 **못**까지 굴을 만든 것은, 저자에 의해 히스기야의 중요한 업적 중 하나로 선택되었다(참조, 대하 32:30). 히스기야는 예루살렘 성벽 바로 밖에 있는 오래된 수원으로부터 성벽 지하로 성 안쪽의 저장소까지 1,777피트의 굴을 뚫었다. 그 후 그는 앗수르 침략

자들이 그 샘을 발견해서 예루살렘의 물 공급을 끊어 버릴까 봐 샘을 덮어 버렸다. 양 끝으로부터 가운데를 향하여 파진 이 굴은 오늘날도 여전히 볼 수 있는 놀라운 공학적 업적이다.

히스기야는 죽기 수년 전인 BC 697년에 그의 아들 므낫세를 후계자로 삼았다. 아버지와 아들은 히스기야가 BC 686년에 죽을 때까지 함께 다스렸다. 그러고 나서 므낫세는 단독 왕으로서 히스기야의 뒤를 이어 통치했다.

B. 므낫세의 악한 통치(21:1~18)

므낫세가 유다나 이스라엘의 다른 어떤 왕보다 오랜 기간 동안 통치했지만, 그의 통치 기록은 간단하다.

1. 므낫세의 사악함(21:1~9)

21:1~6 므낫세는 십이 세에 그의 아버지 히스기야와 함께 부섭정으로 통치를 시작했다(BC 697년). 그는 모두 오십오 년간 통치했다. 므낫세는 그의 아버지의 하나님을 섬기는 정책들을 계속하기보다는, 그의 할아버지 아하스의 정책으로 돌아가서 가나안 원주민들의 가증스러운 풍속들을 따랐다. 그는 또한 히스기야가 그들의 땅을 정화하기(18:4) 전까지는 나라 안에 너무나 흔했던 산당을 다시 지었다(참조, 왕상 22:43; 왕상 3:2~3 주해). 므낫세는 바알의 제단을 다시 세우고, 아합이 사마리아에서 했던 것처럼(왕상 16:33) 아세라(참조, 21:7)를 나타내는 목상을 만

들었다. 므낫세는 결국은 신실하고 살아 계신 하나님을 섬기기 위해 예비해 두라고 말씀하신(왕상 8:29) **성전**의 안뜰과 **성전**에 우상을 위한 제단을 **지었다**. 므낫세는 또한 별을 숭배하는 앗수르 국가에도 문호를 개방했다(17:16; 23:4~5).

므낫세는 또한 인간 제물을 드리고, 힌놈 계곡에서 암몬 족속의 신인 몰록에게 자신의 아들 중 한 명을 제물로 바쳤다(왕상 11:7, 33; 왕하 23:10, 13). **사술, 점, 신접한 자, 박수**는 모세의 율법에 금지되어 있는 것이었으나 므낫세의 종교 체계에 모두 포함되었다(참조, 17:17). 왕은 율법에 규정된 여호와의 유일신 숭배보다 모든 것을 숭배하는 것이 백성에게 더 좋다고 믿었다. 그의 정책은 **여호와를 노하게 했고**(참조, 21:15; 22:13, 17; 23:19, 26; 24:20) 하나님이 보시기에 악한 것이었다(참조, 21:2).

21:7~9 므낫세는 그가 만든 아로새긴 아세라 목상을 성전 안에 둠으로써 성전을 더욱 모독했다(참조, 3절). 그렇게 함으로써 그는 하나님이 홀로 거하시는 장소에 우상을 두었다(참조, 4절; 왕상 8:16~20; 대하 6:6, '하나님의 **이름**' 주해). 이러한 행동은 왕의 조상들에 대한 하나님의 약속이나 하나님의 약속에 대한 신실하심에 대해 아무런 존경도 없는 것을 보여 준다. 므낫세는 **모세의 율법**을 모욕적으로 다루었고, 하나님의 **백성**을 하나님의 계명으로부터 멀어지게 했다. 놀랍게도 므낫세 치하의 백성은 그들 이전의 가나안 사람들보다 **더 많은 악**(15~16절)을 행했다.

2. 예루살렘의 운명(21:10~15)

21:10~13 므낫세와 유다에 대한 하나님의 심판이 선지자들(아마도 이사야나 다른 이들)을 통해 전해졌다. 아모리 족속은 여호수아 시대에 팔레스타인의 가장 사악한 족속들 중 하나였다. 므낫세는 유다 사람들을 그와 함께 죄로 이끎으로써 그의 사악함을 가중시켰다. 그래서 하나님은 예루살렘과 유다의 재앙 소식을 듣는 모든 나라를 놀라게 하겠다고 말씀하셨다. 하나님은 사마리아와 아합의 가계(가족 혹은 왕가)에 하셨던 것처럼 예루살렘과 므낫세에 다림 보던 추와 줄(파괴를 상징함)을 대겠다고 말씀하셨다. 하나님은 접시닦이가 접시를 닦듯이 유다의 모든 타락을 씻어 내겠다고 하셨다.

21:14~15 하나님은 또한 그의 기업에서 남은 자(유다)를 버리고 그들의 적으로 하여금 그들을 징계하게 하셨다. 유다 사람들은 그들의 적들에 의해 강탈당하고 약탈당할 것이었다. 이 심판은 하나님이 그들을 애굽에서 이끌어 내시고 그들의 나라가 세워진 후로 그들이 내내 악을 행했기 때문에(참조, 9, 16절) 내려진 것이다. 유다는 다른 심판도 겪었지만 이것이 가장 혹심한 것이었다.

3. 므낫세의 죽음(21:16~18)

21:16~17 므낫세는 자신의 아들(참조, 6절)과 그의 경배의 본보기를 따랐던 사람들의 아들과 딸들을 포함해서 **무죄한 피를 흘리게 했다**. 유다의 전통에 따르면, 이사야는 므낫세에 의해 두 토막으로 잘려서 죽었다(히 11:37).

역대기 저자는 므낫세가 자신의 죄 때문에 앗수르의 왕 바니팔 (BC 669~626년)에 의해 바벨론에 포로로 잡혀 갔다고 기록했다(대하 33:11). 그곳에서 므낫세는 그의 죄를 회개했다. 하나님은 자비로써 포로 기간이 지난 후에 므낫세가 예루살렘으로 돌아가는 것을 허락하셨다 (대하 33:12~13, 18~19). 그는 돌아와서 유다의 많은 우상숭배를 깨끗하게 했다(대하 33:15~17). 그렇지만 므낫세의 죄가 유다를 철저히 더럽혔으므로, 나중에 요시야의 지배하에 개혁되기는 했지만, 하나님의 심판을 피할 수는 없었다(23:26).

21:18 므낫세가 죽자 그는 유다의 선한 왕들과 같이 왕실 묘지에 묻히지 않고 그의 왕궁 정원에 안장되었다. 그의 아들 암몬이 그의 뒤를 이었다.

C. 암몬의 악한 통치(21:19~26)

21:19~22 암몬은 이십이 세에 통치를 시작했지만, 단지 2년을 더 살았을 뿐이다(BC 642~640년). 암몬은 그의 아버지가 말년에 행한 정책을 계속하지 않고, 초기 통치(참조, 2~7절)로 특징지어지는 혼합주의적이고 우상을 숭배하는 정책으로 복귀했다. 암몬은 **여호와의 길**에서 완전히 벗어났다.

21:23~26 암몬의 정책이 분명히 가져올 계속적인 대파괴를 두려워하여

왕의 신하들 중 몇 사람이 그를 암살했다. 그러나 민중의 폭동이 뒤따랐고, 암몬의 살해자들은 재판을 받고 처형되었다. 암몬이 죽자 그의 아들 요시야가 왕좌에 앉았다. 암몬은 그의 아버지와 같이 **왕궁 정원**에 묻혔다(참조, 18절).

D. 요시야의 선한 통치(22:1~23:30)

1. 요시야의 선함(22:1~2)

22:1 요시야는 유다의 가장 훌륭한 왕들 중 한 명이었다. 그의 통치는 평화, 번영, 개혁으로 특징지어진다. 요시야가 왕이 된 것은 그가 팔 세 때였고, 그는 유다를 31년간 다스렸다(BC 640~609년). 그의 통치 기간 동안 세계의 힘은 앗수르로부터 바벨론으로 넘어갔다. 앗수르의 수도 니느웨는 BC 612년에 파괴되었고, 앗수르 제국은 BC 609년에 망했다.

22:2 요시야 이전의 아사와 히스기야처럼 그는 **여호와 보시기에 정직히 행하여 그의 조상 다윗의 모든 길을 따랐다. 그는 통치 기간의 어느 때라도 이 길에서 벗어나지 않았다.**

역대기 기자는 요시야가 십육 세에 여호와를 따르기 시작했고, 이십 세에 종교 개혁을 시작한 사실을 첨가했다(대하 34:3~7).

2. 요시야의 개혁(22:3~23:25)

요시야는 아사, 여호사밧, 히스기야의 뒤를 이은 유다 왕들 중 네 번째이자 마지막 개혁자였다. 그리고 요시야의 개혁은 그의 어떠한 전임자들보다 더욱 광범위했다.

a. 요시야의 성전 수리(22:3~7)

22:3~7 성전은 그곳에 이교의 제단과 형상들을 만들었던 므낫세에 의해 파손되고 더럽혀졌다(참조, 21:4~5, 7, 21). 요시야 왕 **열 여덟째 해**에, 그의 나이 26세 때에 그는 성전을 수리하기 시작했고, 그것을 예전 상태로 회복시켰다. 그는 성전을 수리하려고 다른 고관들과 함께(대하 34:8) 서기관 사반(아마도 국무장관인 듯)을 보냈다(참조, 렘 26:24, "사반의 가계" 도표). 얼마 동안 이러한 목적으로 돈이 모였다. 이제는 일을 시작할 만큼 충분한 돈이 수중에 들어왔다. 그 절차는 요아스가 행한 것과 유사했다(12:10). 감독자도 믿을 만하다는 것이 증명되었다(참조, 대하 34:8~13).

b. 힐기야의 발견물(22:8~13)

22:8~10 성전을 수리하는 과정에서 **율법책** 사본(신명기였거나 혹은 모세오경으로 보는 것이 더 타당할 것이다)을 발견했다. 므낫세나 암몬이 다른 사본들을 파괴했기 때문에 이와 같은 발견은 중요한 것이었다. 대제사장 힐기야는 그의 발견물을 사반에게 읽도록 했다. 사반은 요시야에게

복원의 진척 사항을 보고한 후에, 이 중요한 발견물에 대해 알리고 그것을 왕에게 읽어 주었다.

22:11~13 요시야는 하나님이 그분의 백성에게 무엇을 요구했는지를 듣고서 그들이 얼마나 하나님의 뜻에서 멀리 떨어져 있었는지를 깨달았다. 그는 비탄에 잠겨 **자신의 옷을 찢고**(참조, 창 37:29, 34; 수 7:6; 왕하 5:7; 6:30; 11:14; 19:1; 에 4:1; 욥 1:20; 2:12) 눈물을 흘렸다(19절). 그러고 나서 그는 고위 관리 다섯 명을 보내서 어떻게 된 일인지 여호와께 **묻게 했다**. 요시야는 하나님의 **진노**를 두려워했고, 그것이 자신뿐 아니라 온 유다 **사람들**로부터 돌려지기를 원했다. 율법 내용에 대한 왕의 경악은 유다에서 오랫동안 율법을 염두에 두지 않았다는 것을 드러낸다.

c. 훌다의 예언(22:14~20)

22:14 왕의 다섯 명의 관리들(참조, 12절)이 여선지자 **훌다**를 찾았다는 사실은 그녀의 예언적 능력이 높게 여겨졌다는 것을 의미한다. 당시에 예루살렘과 그 주변에는 예레미야(렘 1:2), 스바냐(습 1:1), 그리고 아마도 나훔과 하박국을 포함한 다른 선지자들이 살고 있었기 때문이다. 그러나 그 다섯 사람이 어떤 이유로 훌다와 의논했는지는 설명되어 있지 않다. 이 여인은 왕가 또는 제사장들의 **예복**을 주관하는 **살룸의 아내**였다. 그녀는 다른 지역보다 낮은 직위에 해당하는 사람들이 살았던 **예루살렘의 제2구역**에 살았다.

22:15~18 훌다는 여호와의 말씀을 들은 후에, 하나님의 전갈을 왕에게

로 보냈다. 하나님은 모세의 율법에서 경고했듯이 진실로 예루살렘과 유다 사람들에게 재앙을 내리겠다고 하셨다. 이러한 심판은 그들이 하나님을 저버렸고 우상을 만들었으며 우상들에게 향을 피웠기 때문에 내려졌다. 하나님의 분노는 근본적으로 그 백성이 복과 기쁜 삶을 누리고, 다른 모든 백성에게 주의 이끄심에 따라 사는 것이 얼마나 영광스러운지를 보여 줄 수 있도록 지시하신 길을 저버렸기 때문에(참조, 13절) 임했다.

22:19~20 그렇지만 요시야는 하나님의 말씀에 응답했고, 모세의 율법을 듣고서 주 앞에서 겸손했음으로 개인적으로 하나님의 자비를 경험했다. 하나님은 유다에 심판이 내리기 전에 왕이 죽고 장사될 것이라고 말씀하셨다. 요시야는 BC 605년에 느부갓네살이 예루살렘을 처음 공격하기 4년 전인 BC 609년에 죽었다.

d. 율법을 읽음(23:1~3)

23:1~2 왕은 성전의 수리가 완전히 끝나기까지 기다리지 않고 그전에 집회를 소집한 바, 이 집회는 율법이 발견되자마자 바로 소집되었다. 그는 이 중요한 성전의 의식에 모든 장로들, 제사장들, 선지자들(예레미야와 스바냐도 포함), 그리고 높고 낮은 모든 백성을 불러 모았다. 왕은 그 책의 모든 말씀을 다 읽었다. 아마도 이것은 완전한 모세오경이었을 것이고, 그중에서도 순종에 대한 축복과 불순종에 대한 징계를 약속한 부분이었을 것이다(신 27:15~28:68).

23:3 왕은 성전 안뜰의 기둥(참조, 11:14) 옆에 서서 백성이 여호와와 여호

와의 말씀에 재봉헌하도록 했다. 그는 첫 번째로 여호와를 신실히 따르고 또한 모세의 율법에 쓰인 말씀대로 행하겠다고 맹세했다(왕상 2:3). 그러자 모든 백성도 그와 같이 하기로 맹세했다(참조, 출 19:8; 수 24:21~24).

e. 요시야의 개혁(23:4~14)

23:4~7 그러고 나서 요시야는 그의 조상들이 유다와 예루살렘에 세웠던, 우상숭배와 관계있는 모든 것들을 제거했다. 문을 지킨 자들은 성전 출입의 통제를 책임져야 할 레위 사람들이었다. 이 경배의 집은 바알과 아세라에게 제사 드리기 위해 들여온 모든 기구와 점성술의 신으로부터 깨끗하게 치워졌다(참조, 21:3~5). 요시야는 바로 예루살렘 동쪽 기드론 계곡에서(참조, 6, 12절) 이것들을 태웠다(참조, 신 7:25). 그는 이교 숭배의 중심부에 뿌리려고 이 유물들의 재를 벧엘로 가져왔다.

그는 또한 다양한 형태의 우상숭배로 사람들을 이끌었던 이교도의 제사장들을 몰아냈다. 이교도의 제사장은 히브리어 크마림(כְּמָרִים)을 번역한 것으로, 호세아 10장 5절과 스바냐 1장 4절 등에서도 사용된다. 그들은 우상 앞에 스스로 엎드린 제사장들이다.

왕은 또 성전의 아세라 목상을 제거하여(참조, 21:7) 그것을 기드론 계곡에서 태웠고, 다시 그 재(참조, 4절)를 우상숭배 한 사람들의 묘지 위에 뿌렸다. 이교 숭배의 일부로 일했던 남창들이 성전의 안뜰에 집을 세웠다. 요시야는, 아세라의 경배를 위해 사용되어 여성 숭배자들이 재료를 모아 그곳에 세웠던 거처들에 그렇게 했듯이, 이것들을 부수어 버렸다.

23:8~9 요시야는 모든 레위 제사장들을 다시 불러 모으고, 모세의 율

법과는 반대로 주님이 경배되었던(신 12:2~7, 13~14) 산당(참조, 왕상 22:43 비교)을 헐어버렸다. 히스기야 역시 그것들을 부수었지만(18:4) 므낫세가 그것들을 재건했다(21:3). 요시야는 유다의 북쪽 국경선인, 게바로부터 남쪽 국경선인 브엘세바까지 이교도의 예배 장소를 모두 파괴했다. 그는 또한 예루살렘의 통치자 여호수아의 처소 근처의 성문과 다른 성문에 있던 산당들을 파괴했다. 이런 제단들은 사람들이 성으로 들어가는 문 왼쪽에 위치해 있었다. 산당에 제물을 드렸던 레위 제사장들은 성전 제단의 재봉헌에 참여하도록 허가되지는 않았지만, 무교병을 성전으로 가져와서 먹는 것은 허락되었다(참조, 레 6:9~10, 16).

23:10~11 암몬의 신(참조, 13절)인 몰록의 숭배자들의 처소인 도벳에서는 그들의 아이들을 제물로 불태웠다. 이곳은 시온 산 남쪽의 힌놈의 아들의 골짜기에 있었다(참조, 수 15:8). 요시야는 이 우상숭배자들이 더 이상 제사 드리지 못하도록 이 터를 말끔히 치워 버렸다. 또한 태양을 숭배하던 예식에 쓰인, 신성시되었던 말들을 제거했다. 이러한 동물들은 유다의 왕들(아하스, 므낫세, 암몬)에 의해 바쳐진 것이며, 성전 안뜰에 매여 있었다. 요시야는 이러한 우상숭배적 절차에 쓰인 예식용의 전차를 불태웠다.

23:12~14 아하스는 분명히 성전 문에 있는 건물 중의 하나에 다락방을 지었다. 그 다락의 옥상 근처에 아하스는 아마도 별이나 혹성에 대한 것이었을 제단을 만들었다(참조, 습 1:5; 렘 19:13; 32:29). 히스기야는 이들 제단을 파괴했으나 므낫세 혹은 암몬이 그것들을 재건했다.

므낫세 또한 성전의 안뜰에 제단을 만들었다(21:5). 요시야는 이러한 모든 것들을 파괴해서 기드론 계곡에 던져 버렸다(참조, 23:6). 그는 또

유다의 마지막 다섯 왕들

1. 요시야
31년간 통치
(BC 640~609년)

2. 여호아하스(살룸)
3개월 통치(BC 609년)
파라오 네코에 의해
애굽에 포로로 잡혀감

3. 여호야김(엘리야김)
11년간 통치
(BC 609~598년)
예루살렘에서 죽음

5. 시드기야
11년간 통치(BC 597~586년)
느부갓네살에 의해
바벨론에 포로로 잡혀감

4. 여호야긴(여고냐, 고니야)
3개월간 통치
(BC 598년 12월 9일~597년 3월 16일)
느부갓네살에 의해 바벨론에 포로로 잡혀감

한 타락의 언덕으로 알려진 감람 산의 남쪽 언덕 위에 세워진 제단을 다 헐었다. 이러한 제단들은 솔로몬의 통치에서 비롯되었다(왕상 11:5, 7). 요시야는 또한 그곳에 있던 이교도의 신성한 돌들과 아세라의 목상(참조, 6, 15절) 전부를 제거했다. 그 후로 숭배의 장소로서 어울리지 않는 불결한 그곳에 사람의 해골을 넣어 놓았다.

f. 여로보암의 제단(23:15~20)

23:15~16 여로보암 1세가 벧엘에 세운(약 BC 931년) 고대의 제단(참조, 왕상 12:28~29) 역시 요시야에 의해 제거되었다. 요시야는 그 장소를 영원히 부정하게 만들기 위해(참조, 10, 13절) 묘지에 매장되었던 사람들의 해골을 꺼내 언덕 근처에서 잘라서 제단 위에 불태워 버렸다(제단이 파괴되기 전임). 이 해골들은 아마도 제단을 받들지 않고 죽어서 근처에 묻힌 제사장들(참조, 왕상 12:31~32)의 것이다. 이러한 일들은 요시야의 이름으로 행해졌지만, 이는 여로보암의 시대에 유다에서 하나님의 사람이 예견한 예언의 성취였다(왕상 13:2~3).

23:17~18 왕은 묘비에 새겨진 것을 보고 그것이 요시야의 행동을 예견했던, 유다에서 온 하나님의 사람의 무덤임을 알게 되자(참조, 16절), 그에 대한 존경의 마음에서 그의 무덤을 그대로 두라고 지시했다. 젊은 선지자(왕상 13:31~32) 옆에 묻힌 벧엘(북 왕국의 사마리아이며, 아직 지어지지 않았던 사마리아 성이 아니다)의 늙은 선지자의 뼈도 그대로 두라고 했다.

23:19~20 요시야의 정화 작업은 오래된 북 왕국의 지역까지 확대되었다. 그러한 그의 능력은 그 당시에 이스라엘을 다스리던 앗수르 제국의 무력함을 반영한다. 사마리아가 망한 후에도 그들의 땅에 남아 있던 상당수의 이스라엘 사람들은 요시야가 파괴한 산당에서 여전히 예배를 드렸다. 요시야가 이스라엘에서 처형했던 **제사장들**은 아마도 레위인이 아니라, 여로보암이 임명했던 우상숭배의 제사장들이었을 것이다(참조, 왕상 12:31).

g. 요시야의 유월절(23:21~23)

23:21~23 요시야는 간단히 우상숭배를 제거했다. 그는 또한 하나님에 의해 규정된 **유월절**을 회복시켰다. 유월절은 하나님이 애굽에서의 압제 상태로부터 하나님의 백성을 구출하신 것을 다시 기억하기 위한 중요한 축제일이었다. 또한 이스라엘의 가장 오래된 축제일이었다. 요시야에 의해 치러진 이 의식은 **사사들의 시대** 이래로 어떤 유월절보다 더 율법에 부합되도록 많은 주의를 기울였다. 또한 유다 왕국과 오래된 **이스라엘 왕국**의 사람들이 모두 함께 참여했으므로 특별했다(대하 35:18). 이 축제 의식은 역대하 35장 1~19절에 상세히 서술되어 있다. 그것은 요시야 통치 열여덟 째 해에 발생했다. 분명히 기록된 모든 개혁(22:3~23:20)은 같은 해에 발생했다(참조, 22:3).

h. 요시야의 위대함(23:24~25)

23:24~25 요시야의 정화 작업은 하나님이 정죄했던(레 20:27; 신 18:9~12) 비공식적인 의식 실행자들(**신접한 자와 점쟁이**, 참조, 21:6)도

뿌리 뽑았다. 왕실의 신들은 번영의 근원과 신탁으로 숭배받았다. 다른 우상들과 마찬가지로 이러한 것들도 유다와 예루살렘에서 파괴되었다. 요시야는 모세의 율법에 직접적으로 복종하여 이 모든 일을 했다. 여호와의 말씀에 그렇게 성실하게 복종했던 왕은 **전무후무했다**(참조, 신 6:5; 렘 22:15~16).

3. 유다의 심판(23:26~27)

23:26~27 요시야의 개혁이 그렇게 위대했지만, 특히 므낫세의 지도하(참조, 22:16~17)에 누적된 **유다를 향한 하나님의 진노를** 일소할 수는 없었다. 27절에 있는 여호와의 말씀은 당시의 무명의 선지자를 통해 주어진 예언의 직접적인 인용이거나 혹은 하나님의 이전의 경고의 말씀을 자유롭게 인용한 것이다. 하나님은 징계하기 위해 그들을 적에게 넘겨줌으로써 하나님의 백성, 그들의 성, 그의 성전을 물리치셨다. 하나님 앞에서 **쫓겨난다**(24:3, 20)는 것은 그 땅에서 쫓겨난다는 것을 의미한다(참조, 17:18, 20, 23).

4. 요시야의 죽음(23:28~30)

23:28~30 요시야의 통치 기간에 대한 다른 사건들은 저자에 의해 자료 비망록에 기록되었다.

요시야의 죽음은 역대하 35장 20~27절에 더 자세하게 기록되어 있다. 요시야는 앗수르나 애굽이 힘을 축적해서 유다를 공격하려는 어떤 의도도 분쇄하려는 마음에서 **애굽의 바로 느고 2세**(BC 610~595년)와 싸움을 일으킨 것으로 보인다. 애굽과 앗수르는 연합하여 바벨론이 새로운 세계의 지도자가 되는 것을 저지하려 했다. 요시야는 앗수르나 애굽보다 바벨론이 덜 위협적이라고 생각했다. 바로 느고가 BC 609년에 그의 군대를 이끌고서 지중해 해변을 따라 진군해 오자, 요시야는 옛 이스라엘의 잘 구축된 요새인 므깃도에서 바로 느고를 저지하기로 마음먹고 그의 군대를 북서쪽으로 향하게 했다. 불행하게도, 요시야는 그 전투에서 죽었다. 그의 시체는 예루살렘으로 돌아왔고 왕실 묘지에 장사되었다. 유다의 관리들이 그의 아들 여호아하스를 왕좌에 앉혔다.

요시야는 그의 시대에 의(義)에 대해 큰 영향력을 행사한, 가장 능력 있는 통치자였다. 그의 철저한 개혁의 성공은, 그가 그의 신념에 반대하는 국민의 강력한 의견도 이겨 낼 수 있는 능력을 가졌음을 시사해 준다. 그의 영향력은 멸망한 북 왕국의 영토에까지 확대되었다. 그의 통치는 비극적으로 너무 일찍 끝났다.

E. 여호아하스의 악한 통치(23:31~35)

23:31~32 요시야에게는 네 명의 아들이 있었는데, 요시야의 죽음 이후 그들 중 세 명이 유다를 다스렸다(참조, 대상 3:15, "유다의 마지막 다섯 왕들" 도표). 여호아하스는 나이보다 영리한 가운데 국민에 의해 요시야의 후계자로 선택되었다. 그가 왕위에 오른 것은 이십삼 세 때였지만 그는 단지 3개월만 다스렸을 뿐이다(BC 609년). 그의 할아버지 예레미야는 같은 이름을 가진, 하나님이 결혼을 허락하시지 않았던 동시대의 선지자와는 다른 사람이다(렘 16:2). 그 짧은 기간 동안 여호아하스는 그의 아버

지의 훌륭한 예를 따르기보다는 우상을 숭배하던 그의 조상들의 방법을 따르기로 결정하고 그렇게 했다.

23:33 바로 느고가 므깃도에서 요시야를 물리치자(참조, 29절) 유다는 애굽의 지배 아래 떨어졌다. 바로 느고는 새로 임명된 유다 왕을 다메섹 북쪽으로 65마일가량 떨어진 곳에 위치한 오론테스 강의 **립나**로 송환했다. 애굽 왕은 나중에 보다 북쪽에 있는 그의 적인 하란의 바벨론 사람 나보폴라사르를 향해 북쪽으로 계속 전진했다. 바로 느고는 여호아하스를 비협조적인 노예로 취급해서 그를 가두고, 결국에는 그가 죽어야 했던(참조, 렘 22:10~12) 애굽으로(참조, 34절) 보냈다. 바로 느고는 또한 유다에 은 백 달란트(약 $3^3/_4$톤)와 금 한 달란트(약 75파운드)를 벌금으로 부과했다.

23:34~35 그때 바로 느고는 여호아하스의 형인 **엘리야김**('하나님이 세우셨다'라는 뜻)을 유다의 왕좌에 앉히고 그의 이름을 **여호야김**(여호와가 세우셨다라는 뜻)으로 **고쳤다**. 고대 근동에서 사람에게 이름을 붙여 주는 것은 주권자의 특권으로 간주되었다. 이것을 행함으로써 바로 느고는 자신이 유다를 다스리고 있음을 보여 주었다. **여호야김**은 바로 느고의 지배에 굴복했으며, 유다 백성에게서 거둬들인 세금으로 애굽 왕이 요구한 은과 금을 공물로 바쳤다.

F. 여호야김의 악한 통치(23:36~24:7)

1. 여호야김의 사악함(23:36~37)

여호야김은 그의 동생 여호아하스보다 두 살 위였다(BC 609년에 여호야김은 이십오 세, 여호아하스는 이십삼 세였다). 여호야김은 꼭두각시 왕으로 11년 동안(BC 609~598년) 다스렸다. 그의 어머니의 고향인 루마는 세겜 근처에 있었다(참조, 삿 9:41). 여호야김도 그의 아버지의 훌륭한 본보기를 따르는 것에 실패했고, 우상숭배와 자기 신뢰의 길을 선택했다. 여호야김은 허약한 통치자였다. 이는 그가 요시야의 장남이었음에도 불구하고 유다 국민에 의해 그의 아버지의 계승자로 뽑히지 않은 사실로 미루어 알 수 있다. 또한 느고는 여호야김을 그의 동생 여호아하스보다 더 쉽게 통제할 수 있으리라고 느꼈다.

2. 유다의 적들(24:1~7)

24:1~4 BC 605년 느부갓네살이 바벨론의 왕인 그의 아버지 나보폴라사르의 왕위를 계승했다. 그해 초에 느부갓네살은 그의 아버지의 군대를 이끌고서 아람의 북쪽 유브라데 강의 갈그미스에서 바로 느고 휘하의 애굽인들과 싸워서 그들을 쳐부수었다. 이 전쟁이 바벨론을 근동에서 가장 강한 나라로 만들었다. 이 승리로 이집트와 유다를 포함한 속국들이 바벨론 사람의 지배하에 들어갔다.

느부갓네살은 같은 해(BC 605년) 말에 유다를 그의 통치하에 확실히 두기 위하여 유다 땅을 침략했다. 그때 그는 다니엘과 몇몇 포로들을 바벨론으로 데리고 갔다(단 1:1~3). **여호야김은 삼 년 동안 느부갓네살에게 복종하다가 반란을 일으켰지만 애굽의 도움을 구하는 데 성공하지 못했다.** 그는 결국 바벨론에 포로로 붙잡혔다(대하 36:6). 하지만 그는 예루살렘에서 죽었기 때문에 풀려났거나 탈출한 것으로 보인다(렘 22:19. 참조, 왕하 24:10~11 주해). 여호야김의 통치 기간 후기에 약화된 유다의 상황을 이용한 바벨론, 아람, 모압, 암몬의 침략군 무리로 인해 유다는 고통을 받았다. 하나님은 이사야, 미가, 예레미야, 하박국, 그리고 다른 선지자들의 말대로 유다의 죄를 벌하기 위해 유다에 대항하는 적들을 보내셨다. 하나님은 **므낫세의 죄**(참조, 21:1~16) 때문에 하나님의 면전에서(참조, 17:18, 20, 23; 23:27) 그들을 제거하셨다.

24:5~7 예레미야 선지자는 **여호야김의 사악함 때문에 그를 몹시 싫어했다**(참조, 렘 22:18~19; 26:20~23; 36장). 여호야김이 BC 598년에 예루살렘에서 죽자 그의 아들 **여호야긴**이 유다의 왕좌를 이었다. 여호야김은 왕으로서 장례식을 치르지는 못했다(렘 22:19).

바로 느고는 느부갓네살에게 빼앗긴 남쪽의 **애굽** 강과 북쪽의 **유브라데** 강 사이의 팔레스타인 전부를 되찾겠다는 주장을 다시 하지 **못했다**. 이것 역시 하나님의 민족을 훈계하고, 그 당시 바벨론의 힘을 예증하는 하나님의 탁월한 계획의 한 부분이었다.

G. 여호야긴의 악한 통치(24:8~17)

1. 여호야긴의 악함(24:8~9)

24:8~9 여호야긴은 그의 아버지인 여호야김이 죽자 통치를 시작했다. 그는 십팔 세의 나이에 왕이 되어 유다를 석 달간 다스렸고, 여호야김처럼 그도 여호와께서 보시기에 악을 행하였다.

2. 두 번째 유형(24:10~17)

24:10~12 느부갓네살은 유다의 왕이 계속해서 바벨론의 지배에 저항하고, 바벨론의 지배로부터 벗어나기 위해 애굽에 도움을 청하려 했기 때문에 여호야김 통치 후기에 예루살렘에 군대를 파견했다. 여호야김은 예루살렘 포위 공격 중에 죽었거나 아니면 유다를 괴롭힌 다른 나라의 침략자에 의해 죽었을 것이다(참조, 2절). 느부갓네살이 직접 예루살렘으로 가려고 결정했지만, 그가 도착했을 때(BC 597년)는 이미 여호야김이 죽고 여호야긴이 그를 대신해서 왕으로 있었다. 여호야긴은 그의 어머니와 그의 모든 신하와 귀족과 관리들과 함께 느부갓네살에게 항복했다. 그때 느부갓네살이 왕을 바벨론에 포로로 잡아갔다.

24:13~16 느부갓네살은 또한 성전과 솔로몬이 만든 금그릇을 포함한 왕궁의 모든 보물을 가져갔다. 이 침략은 하나님의 말씀을 성취시킨 것이

다(왕상 9:6~9). 느부갓네살은 또한 모든 관리와 칠천 명의 군사들(16절) 뿐 아니라 천 명의 장인과 대장장이를 포로로 잡아갔다. 이때 선지자 에스겔을 포함해서 전부 만 명이 포로로 잡혀갔다(겔 1:1~3). 매우 가난한 사람들만이 유다에 남았다. 이로써 유다인이 두 번째로 바벨론에 포로로 잡혀갔다. 첫 번째로 포로로 잡혀간 것은 느부갓네살의 BC 605년의 승리 때 행해졌다.

24:17 예레미야가 예언했던 것처럼 여호야긴의 아들들은 유다의 왕좌에 앉지 못했다(렘 22:30). 바벨론의 왕은 **여호야긴의 삼촌인 맛다니야를 왕으로 세웠다.** 이 사람은 유다를 다스린 요시야의 3번째 아들이다(참조, 23:31~32, "유다의 마지막 다섯 왕들" 도표). 그는 여호아하스와 여호야김의 나이 어린 동생이었다. 느부갓네살은 군주의 특권을 사용하여 맛다니야의 이름을 시드기야로 바꾸었다(참조, 23:34 주해).

H. 시드기야의 악한 통치(24:18~25:7)

비록 시드기야가 남 왕국의 왕이었지만 당시에 유다 사람들은 그렇게 여기지 않았다. 아마도 그가 외국 왕에 의해 왕위에 앉혀진 것에서 기인했을 것이다(대하 36:10~13). 이것은 왜 그 당시의 비문이 여호야긴을 유다의 마지막 왕으로 언급했는지를 설명해 준다(Pritchard ed., *Ancient Near Eastern Texts Relating to the Old Testament*, 308).

1. 시드기야의 악함(24:18~20)

24:18~20 시드기야가 통치를 시작했을 때 그는 이십일 세였고, 십일 년 동안 통치했다(BC 597~586년). 그도 그의 형인 여호야김이 행하였던 것 같이 악을 행하였다. 여호야김이 언급된 것은 아마도 그가 십일 년을 다스린 반면, 시드기야의 바로 전 전임자인 여호야긴은 단지 3개월을 다스렸기 때문일 것이다. 다시금 유다의 문제가 하나님의 백성의 배교에 대한 하나님의 진노 때문이라는 사실이 지적되었다(참조, 21:6, 15; 22:13, 17; 23:19, 26). 여호와께서는 그들을 **여호와** 앞에서 쫓아 버리셨다(참조, 17:18, 20, 23; 23:27; 24:3).

수년 동안 시드기야는 바벨론의 주인에게 복종했다. 그러나 본국의 민족주의자들(렘 37~38장)의 계속되는 압력에 의해 어리석게도 반역을 했다. 그는 반바벨론주의자인 호전적인 바로 호브라(BC 589~570년)와 동맹을 맺었다.

2. 예루살렘의 마지막 포위 공격(25:1~7)

25:1~3 BC 588년 1월(시드기야 구 년 **열째 달**)에 느부갓네살이 다시 **예루살렘**으로 진군해서 포위했다. 이 포위 공격은 애굽이 느부갓네살을 공격했을 때 잠시 동안 해제되었지만(렘 37:5), 결국 바벨론 사람들은 유다의 동맹국을 쉽게 쳐부수고 그 포위 공격을 재개했다. 예루살렘 사람들은 이러한 장기간에 걸친 **포위 공격**으로 인해 기근과 공포에 시달렸다.

25:4~7 마침내 바벨론 사람들은 예루살렘을 함락시켰다. 이날은 BC 586년 7월 16일, 시드기야 왕 십일 년 넷째 달이었다(참조, 2~3절). 몇 명의 남은 군사들은 이중으로 된 벽의 문을 통하여 밤에 도망쳤다. 그들은 아라바를 향하여(요르단 계곡) 동쪽으로 나아갔다(참조, 24:16). 그러나 추격을 당해서 여리고 부근에서 사로잡혔다. 시드기야도 군인들과 같이 도시를 빠져나와 달아났지만(렘 39:4) 그도 역시 **사로잡혔다.** 그는 다메섹 북쪽 오론테스 강의 립나(참조, 23:33)에 있는 느부갓네살의 본부로 **끌려갔다**(느부갓네살은 또한 라기스의 편지에 따라서 두로와 다른 유다 성에 대한 전투를 지휘했다). 느부갓네살은 시드기야의 눈앞에서 그의 아들들을 죽이고(왕위 계승자를 없애 버림) 시드기야를 눈멀게 했으며(더 심한 배반을 불가능하게 하기 위해서. 참조, 겔 12:3), 그를 사슬로 묶어서 **바벨론으로** 끌고 갔다(참조, 렘 32:4; 34:1~3; 39장).

I. 바벨론 통치하의 유다(25:8~30)

1. 예루살렘의 불탐(25:8~12)

25:8~12 도시가 함락된 지 약 4주 후에(참조, 3, 8절) 느부갓네살은 황제 호위군의 지휘관인 **느부사라단**을 보내어 **예루살렘을** 불태웠다. 이날은 느부갓네살의 **열아홉째 해 오월 칠일**이었다(BC 586년 8월 16일). 그러나 예레미야 52장 12절에서는 "열째 날"로 나온다. 그 관리는 그의 군대를 이끌고서

거의 14세기 동안 서 있었을 성전과 왕궁을 포함한 예루살렘의 모든 중요한 건물들을 태워 버렸다. 그때 전체 군대가 성벽의 상당한 부분을 부숴 버렸기 때문에 남아 있던 거주자들은 바벨론 정복자로부터 자신들을 지킬 수 없었다. 느부사라단은 아주 가난한 사람들을 제외한 모든 사람들을 바벨론으로 끌고 갔다. 이러한 포로들 중 얼마만이 바벨론 사람들에게 항복했고, 나머지 사람들은 항복하지 않았다. 느부갓네살은 땅이 완전히 황폐화되어 경작할 수 없게 되는 것을 막기 위해 남겨진 농부들을 이용하였다.

2. 신전의 파괴(25:13~17)

25:13~17 바벨론 사람들은 커다란 놋기둥과 성전의 장식품들을 부숴서 놋을 운반하기에 편하게 만들었다. 작은 놋, 금, 은으로 된 장식품들을 간단하게 꾸려서 바벨론으로 싣고 갔다.

신전 입구에 있던 두 개의 기둥은 너무나 거대해서 그것들의 놋의 무게가 얼마만큼 되는지 측량할 수가 없었다(참조, 왕상 7:15~22; 렘 52:20~23).

3. 지도자의 처형(25:18~21)

25:18~21 에스라의 조상(스 7:1)인 스라야와 다른 제사장들은 또 다른 반란을 이끌지 못하도록 포로로 잡혔다. 같은 이유로 장관과 서기관도 체포되었다. 느부갓네살은 립나의 그의 본부에서 이들 지도자 72명을 모두 처형하였다(참조, 6절).

4. 그달리야의 살인(25:22~26)

25:22~24 그달리야는 요시야 왕의 개혁으로 요시야의 서기관으로서의 권한을 받은 사반의 자손이다(22:3). 그달리야는 예레미야의 친구로(렘 39:14) 바벨론 사람들과 협조하라는 예언자의 권고를 따른 사람이다. 그달리야가 바벨론 편인 것처럼 보였기 때문에 느부갓네살은 그를 유다의 **통치자로 지명했다**. 예루살렘이 황폐해져 있었기 때문에 **그달리야**는 그의 사령부를 미스바에 두었다(예루살렘 북쪽으로 약 8마일). 바벨론 사람들의 처형으로부터 도망쳐서 미스바에 있던 애굽 편의 지도자와 그들의 추종자들 일행이 그를 방문했다. 그달리야는 이 사람들에게 이 땅에 머물러야 하고, 자신들의 이익을 위해 느부갓네살을 **섬겨야** 한다는 것을 주지시키려고 노력했다.

25:25~26 그러나 얼마의 시간이 흐른 후 왕족이었고 유다를 지배하기를 원했던 이스마엘은 그달리야에 대해 반란을 일으켜서 그를 죽였다(참조, 렘 41:2). 그달리야는 이러한 가능성에 대해 경고를 받았지만, 그것을 심각하게 받아들이지 않았다(렘 40:13~16). 그달리야의 부하들도 **역시 죽음을 당했다**. 이 암살을 저지하는 데 실패하고 목숨을 구하기 위해 **애굽으로 달아난**, 군대장관을 포함한 모든 유다 사람들은 느부갓네살의 보복이 두려워 피신했고, 예레미야를 강제로 그들과 함께 데리고 갔다(렘 41:1~43:7).

5. 여호야긴의 복(25:27~30)

25:27~30 여호야긴이 바벨론으로 잡혀간 지 삼십칠 년 십이월 되던 날은 BC 560년 3월이었다(그가 잡혀간 때는 597년이었다. 참조, 24:15). BC 562년 초에 새로운 왕 에윌므로닥이 바벨론의 지배자가 되었다(참조, 에윌므로닥은 BC 562~560년까지 다스렸다. 다니엘서 서론, "신바벨론 제국의 왕들" 도표). 그는 유다의 왕을 죄인같이 다루던 이전의 정책을 바꾸고, 왕에게 특권을 주었다. 여호야긴은 동일하게 바벨론에 죄인으로 있었던 다른 정복당한 왕들보다 더욱 정중히 다뤄졌다. 이러한 대우는, 본문에서는 언급되지 않았지만, 여호야긴이 마음의 변화를 일으켜 여호와 앞에서 회개한 결과였을 것이다. 여호야긴은 그의 여생 동안 포로 생활에서 최소한의 안락을 누렸고, 에윌므로닥이 제공한 음식도 먹었다(렘 52:31~34).

열왕기하 끝부분의 긍정적인 기록은 열왕기상·하에서 반복해서 기록된 여호와의 자비를 다시 드러낸 것이다. 이러한 언급은 하나님이 그분의 민족을 영원히 이끌겠다고 약속하신 다윗 왕가의 계승에 초점을 둔 것이다(삼하 7:16). 여호야긴에 대한 에윌므로닥의 태도에는 이스라엘 민족에게 더 많은 자유를 허용하는 정책이 뒤따랐다. 고레스가 바벨론을 전복시켰을 때, 그는 유다인들이 그들의 땅으로 돌아가는 것을 허락했다(스 1:1~4).